W&G
anwenden und verstehen

W&G
anwenden und verstehen

Wirtschaft und Gesellschaft
B-Profil
Theorie und Aufgaben

1. Semester

VERLAG:SKV | kv bildungsgruppe schweiz

Team

Dieses Lehrmittel ist ein Gemeinschaftswerk von ausgewiesenen Lehrpersonen mit jahrelanger Praxis in Schule und Betrieb. Aktuell zeichnet sich folgendes Team für die Inhalte verantwortlich.

Finanzwirtschaftliche Zusammenhänge

Dr. Daniela Fluder, Handelslehrerin, Dozentin Weiterbildung, Wirtschaftsschule KV Zürich

Betriebswirtschaftliche Zusammenhänge

Karin Wild, Handelslehrerin, Handelsschule KV Basel

Recht und Staat

Dominik Müller, Handelslehrer, Leiter Berufsmaturität BM, WKS KV Bildung Bern

Gesamtwirtschaftliche und gesellschaftliche Zusammenhänge

Corinne Sylla, Handelslehrerin, Wirtschaftsschule KV Zürich

Prof. Dr. Roman Dörig, Dozent am Institut für Angewandte Medienwissenschaft (IAM) an der Zürcher Hochschule für Angewandte Wissenschaften (ZHAW) und Privatdozent Universität St. Gallen, wirkt als wissenschaftlicher Berater in fachlicher und methodisch-didaktischer Hinsicht mit.

Haben Sie Fragen, Anregungen, Rückmeldungen oder Kritik?
Kontaktieren Sie uns unter feedback@verlagskv.ch.
Das Autorenteam freut sich auf Ihr Feedback.

6. Auflage 2020

Bundle ohne Lösungen: ISBN 978-3-286-34606-2
Bundle mit digitalen Lösungen: 978-3-286-34792-2

© Verlag SKV AG, Zürich
www.verlagskv.ch

Alle Rechte vorbehalten.
Ohne Genehmigung des Verlags ist es nicht gestattet,
das Buch oder Teile daraus in irgendeiner Form zu reproduzieren.

Projektleitung: Jeannine Tresch

Umschlagbild: Shutterstock

Zu diesem Buch

Konzept

Das Lehrmittel «W&G anwenden und verstehen» zeichnet sich durch folgende Punkte aus:

- exakt abgestimmt auf die Inhalte und die Semesterreihung gemäss Bildungsplan (BIVO 2012)
- pro Semester ein Band
- im Theorie- und Aufgabenteil konsequent nach Lernschritten aufgebaut
- verständlich formuliert mit anschaulichen Strukturdarstellungen
- mit vielen Zusatzaufgaben für den differenzierten Unterricht oder das individuelle Lernen
- als gebundenes Lehrmittel oder in Ordnerform einsetzbar
- vielfältige digitale Begleitmaterialien (Enhanced Book, Wissens-Check etc.) für Lehrpersonen und Lernende

Aufbau

Das Lehrmittel ist unterteilt in vier Fachbereiche, entsprechend den Richtzielen des Bildungsplans:

1.5.1 **Finanzwirtschaftliche Zusammenhänge (FWZ)**
1.5.2 **Betriebswirtschaftliche Zusammenhänge (BWZ)**
1.5.3 **Recht und Staat (R&S)**
1.5.4 **Gesamtwirtschaftliche und gesellschaftliche Zusammenhänge (GWZ)**

Mit der Erarbeitung der Theorie und dem Lösen aller Aufgaben eines Bandes ist sichergestellt, dass die Leistungsziele eines Semesters umfassend behandelt und geübt werden.

Eine Inhaltsübersicht über alle Semesterbände steht den Lehrpersonen im Bookshelf zur Verfügung. Der sechste Semesterband enthält eine zielgerichtete Repetition als Vorbereitung auf die Abschlussprüfung.

Aufgabensystematik

Der systematische Aufbau von Theorie und Aufgaben in Lernschritten erlaubt, die Lerninhalte deduktiv oder induktiv zu vermitteln.

Aufgabentyp	Beschreibung
Einführend	Nach Lernschritten geordnete Aufgaben, die ins Leistungsziel einführen
Weiterführend	Nach Lernschritten geordnete Aufgaben, die der Festigung und Automatisierung dienen
Kontrollfragen	Wissensfragen, welche mithilfe des Theorieteils selbstständig gelöst werden können (mit Lösungen)
Zusatz	Nach Lernschritten geordnete Zusatzaufgaben (mit Lösungen), welche der Repetition, der individuellen Förderung und dem differenzierten Unterricht dienen

Kontrollfragen und Zusatzaufgaben stehen digital zur Verfügung und können selbstständig gelöst sowie kontrolliert werden.

Begleitmaterialien

Im Bundle sind vielfältige digitale Begleitmaterialien inklusive: Mit dem Enhanced Book steht beispielsweise das gesamte Lehrmittel digital mit diversen Zusatzfunktionen und Hilfsmitteln zur Verfügung. Die Begleitmaterialien können mit beiliegendem Lizenzschlüssel unter **bookshelf.verlagskv.ch** aktiviert werden.

Lernortkooperation

Der konsequente Aufbau des Lehrmittels nach den schulischen Leistungszielen gemäss Bildungsplan ermöglicht eine direkte Verknüpfung mit den betrieblichen Leistungszielen. Das Enhanced Book kann als Plattform für eine aktive Lernortkooperation dienen. Es ermöglicht, z.B. in den Überbetrieblichen Kursen (ÜK) auf dem Schulstoff aufbauend die betrieblichen Leistungsziele zu vertiefen und mit Beispielen aus Branche und Betrieb anzureichern. Umgekehrt kann in der Schule das im ÜK erworbene praktische Wissen direkt einfliessen.

Aktualisierung der Inhalte

Das Lehrmittel wird regelmässig überarbeitet und weiterentwickelt. Neuerungen respektive Änderungen in Bezug auf die Inhalte oder die Rahmenbedingungen werden dabei berücksichtigt. Rückmeldungen zum Lehrmittel fliessen mit ein.

Inhaltsübersicht

Theorie und Aufgaben

Finanzwirtschaftliche Zusammenhänge

1 Kaufmännisches Rechnen	1
2 Kaufmännische Buchführung	33

Betriebswirtschaftliche Zusammenhänge

1 Kaufmännische Ausbildung	65
2 Unternehmen, Anspruchsgruppen und Umweltsphären	73
3 Umsetzung unternehmerischer Ideen	103
4 Aufbauorganisation	119
5 Grundbegriffe des Marketings	147
6 Marketing-Mix	181

Recht und Staat

1 Grundlagen des Rechts	217
2 Öffentliches Recht	229

Gesamtwirtschaftliche und gesellschaftliche Zusammenhänge

1 Bedürfnisse und Güterarten	263
Stichwortverzeichnis	IX

1 Finanzwirtschaftliche Zusammenhänge
Kaufmännisches Rechnen

Inhaltsverzeichnis

	Theorie	Aufgaben
1.1 Dreisatz	2	15
1.2 Prozent- und Bruchrechnen	4	18
1.3 Zinsrechnen	11	26
1.4 Kaufmännisch runden	13	31

Leistungsziele   14

1 Kaufmännisches Rechnen

Einführungsfall

Evelyne Meister arbeitet in der Marketingabteilung eines Grossverteilers. Sie analysiert den Gemüsemarkt und hat begonnen, dafür folgende Tabelle zu erstellen:

	Umsatz Jahr 1	
	in 1000 CHF	in %
Grossverteiler A	500	40
Grossverteiler B		30
Grossverteiler C		
Grossverteiler D		10
Total		100

Umsatz Jahr 1	Veränderung		Umsatz Jahr 2	Veränderung		Umsatz Jahr 3
	absolut	in %		absolut	in %	
	+20		1500			1650

Vervollständigen Sie diese Tabelle für Frau Meister. Die Werte sind kaufmännisch auf zwei Dezimalen zu runden.

Wie hoch war die abzuliefernde Mehrwertsteuer im Jahr 3, wenn die oben ausgewiesenen Umsätze inkl. 2,5 % Mehrwertsteuer sind?

Dieser typische Fall aus dem Alltag einer Kauffrau oder eines Kaufmanns zeigt, dass dieser Beruf rechnerische Fertigkeiten verlangt: z.B. Berechnen von Umsatz und Marktanteilen oder Kalkulieren von Verkaufspreisen und Zuschlagssätzen.

Kaufmännisches Rechnen beinhaltet Dreisatzrechnungen, Prozent- und Bruchrechnen, Zinsrechnen und korrektes Runden.

1.1 Dreisatz

Das Ziel des Dreisatzes ist es, eine gesuchte vierte Grösse mithilfe von drei bekannten Grössen zu ermitteln. Man unterscheidet zwischen dem direkten und dem indirekten Dreisatz. In diesem Kapitel wird der direkte Dreisatz behandelt.

Direkter Dreisatz

Beispiel Eine kaufmännische Angestellte soll für ihr Unternehmen Kugelschreiber bestellen. Beim letzten Einkauf musste sie für 22 Stück CHF 33 bezahlen. Diesmal möchte sie 50 Stück bestellen. Wie hoch wird bei gleichen Konditionen (Bedingungen) der Kaufpreis sein?

Finanzwirtschaftliche Zusammenhänge

Dies ist eine typische Aufgabe eines **Dreisatzes**. Diese erkennt man daran, dass drei Zahlen gegeben sind und eine vierte gesucht wird. Verändern sich die relevanten Grössen (z.B. Stückzahl und Kaufpreis) in gleicher Richtung und in gleichem Verhältnis, so handelt es sich um einen direkten Dreisatz.

Beispiel Je grösser die Stückzahl, desto grösser der Kaufpreis bzw. je kleiner die Stückzahl, desto kleiner der Kaufpreis.

Lösung mit einer Gleichung

Vorgehen	Umsetzung am Beispiel
1. Formulieren des Gleichungssatzes: Was ist bekannt?	22 Stück = CHF 33
2. Formulieren des Fragesatzes: Was ist gesucht?	50 Stück = CHF x
3. Berechnen des Resultats: Zahlen über das Kreuz multiplizieren und durch die dritte Zahl dividieren.	$\dfrac{\text{CHF } 33 \times 50 \; \cancel{\text{Stück}}}{22 \; \cancel{\text{Stück}}} = \text{CHF } 75$
4. Überprüfen der Logik des Resultats: 1) Entspricht das Resultat logischen Erwartungen? 2) Hat das Resultat die gewünschte Masseinheit?	Das Resultat muss grösser sein als CHF 33, weil 50 Stück teurer sein müssen als 22 Stück. Das Resultat sollte die gewünschte Einheit (CHF) haben, die andere Einheit wird durch die Division verschwinden, in diesem Falle ergibt Stück durch Stück eins.
5. Lösungssatz formulieren	Der Preis für 50 Kugelschreiber beträgt CHF 75.

Lösung mit Zwischenschritt auf eine Einheit

Vorgehen	Umsetzung am Beispiel
1. Formulieren des Gleichungssatzes: Was ist bekannt?	22 Stück = CHF 33
2. Zurückrechnen auf eine Einheit.	Gegeben: 22 Stück / Gesucht: 1 Stück $\dfrac{\text{CHF } 33}{22 \; \text{Stück}} = \text{CHF } 1.50 \text{ je Stück}$
3. Multiplizieren mit der dritten, bekannten Zahl:	Gegeben: 22 Stück / Gegeben: 1 Stück / Gesucht: 50 Stück $\dfrac{\text{CHF } 33 \times 50 \; \cancel{\text{Stück}}}{22 \; \cancel{\text{Stück}}} = \text{CHF } 75$
4. Überprüfen der Logik des Resultats: 1) Entspricht das Resultat logischen Erwartungen? 2) Hat das Resultat die gewünschte Masseinheit?	Das Resultat muss grösser sein als CHF 33, weil 50 Stück teurer sein müssen als 22 Stück. Das Resultat sollte die gewünschte Einheit (CHF) haben.
5. Lösungssatz formulieren	Der Preis für 50 Kugelschreiber beträgt CHF 75.

A   E-Aufgaben 1 und 2, W-Aufgaben 3 bis 8

1.2 Prozent- und Bruchrechnen

Prozent- und Bruchrechnungen beziehen sich immer auf einen **Basiswert** (Grundwert); dieser ist die Grundlage für alle Berechnungen und immer 100%. Die gesuchte Grösse beim Prozentrechnen kann immer mit einem direkten Dreisatz ermittelt werden.

Beispiel   10% von 200 = 20 → In dieser Berechnung ist die Basis 200.

Hat man erkannt, was die Basis ist, lässt sich der Rechenweg leichter finden.
Es gibt grundsätzlich drei Arten von Berechnungen:
- Berechnen von Anteilen
- Berechnen von Veränderungen
- Berechnen des Basiswerts

1.2.1 Berechnen von Anteilen

Für verschiedene Fragestellungen ist es nötig, einen Basiswert (Grundwert) in Teile zu zerlegen.

Beispiel   Ein Unternehmen macht pro Jahr CHF 250 000 Umsatz. Wie gross ist der Anteil der Sparte Feinchemikalien mit einem jährlichen Umsatz von CHF 50 000?

Basiswert in CHF	Anteile		
	absolut in CHF	relativ als Dezimale oder Bruch	relativ in %
250 000	50 000	0,2 oder ⅕	20
Berechnung:		$\dfrac{50000}{250000}$	$\dfrac{50000 \times 100\%}{250000}$

Wichtige Anteile:

Bruch	Dezimale	Prozent
½	0,50	50
⅓	0,3$\overline{3}$	33,3$\overline{3}$
¼	0,25	25

Bruch	Dezimale	Prozent
⅕	0,20	20
⅙	0,16$\overline{6}$	16,6$\overline{6}$
⅛	0,125	12,5

Finanzwirtschaftliche Zusammenhänge

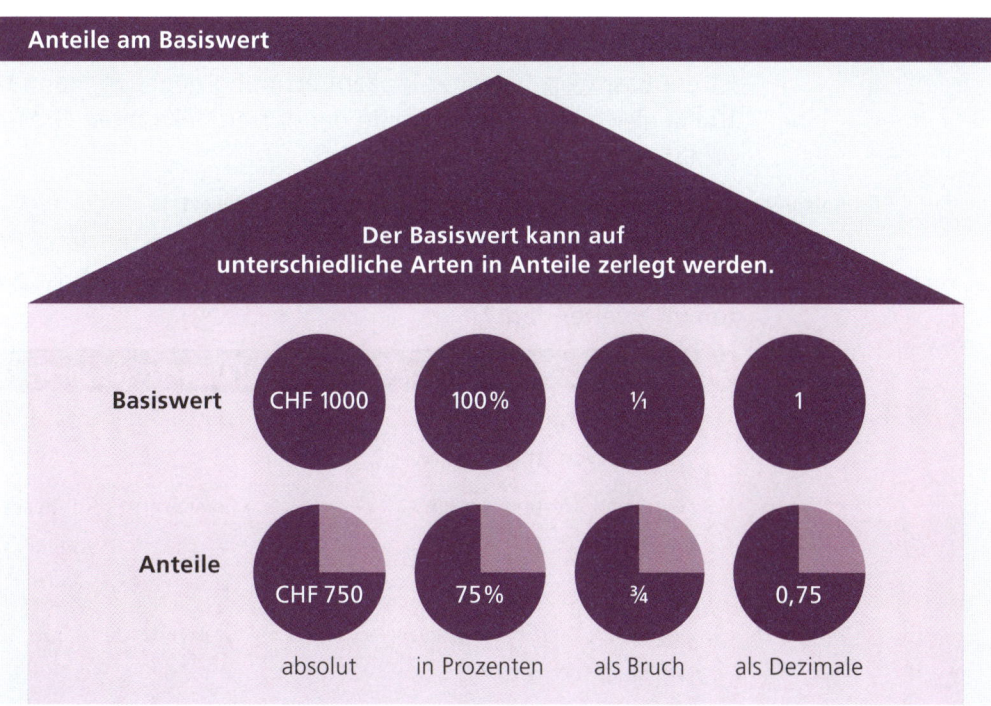

A E-Aufgaben 9 bis 11, W-Aufgaben 17 und 18

1.2.2 Berechnen von Veränderungen

Viele Berechnungen im kaufmännischen Alltag haben eine Veränderung des Basiswerts zur Grundlage.

Beispiel Karin Grosjean verdient im 1. Jahr nach der Lehre CHF 3700, nach drei Jahren CHF 4070. Wie hoch ist ihre Lohnerhöhung in Prozenten?

$$\text{Die Lohnerhöhung von CHF 370 entspricht } \frac{\cancel{\text{CHF}}\ 370 \times 100\%}{\cancel{\text{CHF}}\ 3700} = 10\%$$

Die Bestimmung des Basiswerts als Ausgangswert der Berechnung ist zentral:

Denkschritt	Fragestellung			
1. Basiswert bestimmen	Welcher Wert ist der Basiswert (= 100%)? Auf welche Grösse bezieht sich die Fragestellung?			
2. Gegebene Werte notieren	Was ist bekannt?			
3. Gesuchte Grösse bestimmen	Was ist gesucht?			
	Veränderter Basiswert	**Gesuchter Wert⁺** (Basiswert + Zunahme)		in % oder absolut?
		Gesuchter Wert⁻ (Basiswert − Abnahme)		
	Veränderung	**Zunahme**		
		Abnahme		
4. Gesuchte Grösse berechnen	Direkter Dreisatz			
5. Lösungssatz formulieren				

Berechnungen vom Basiswert (100%) aus

Ist der Basiswert bei einer Prozentrechnung gegeben, kann man diesen immer mit 100% gleichsetzen und mithilfe der dritten bekannten Grösse die gesuchte Grösse ermitteln.

Beispiel **Basiswert plus Veränderung (Gesuchter Wert⁺)**

Ein Unternehmen hatte 4000 Beschäftige im ersten Jahr. Im zweiten Jahr ist die Zahl der Beschäftigten um 20% gewachsen. Wie hoch ist die Zahl der Beschäftigten im zweiten Jahr?

Vorgehen	Umsetzung am Beispiel
1. Basiswert bestimmen Welcher Wert ist der Basiswert?	Beschäftigte im Jahr 1 = 4000
2. Gegebene Werte notieren Was ist bekannt?	Basiswert (4000 Beschäftigte) 100% + Zunahme von 20% = Gesuchter Wert⁺ 120%
3. Gesuchten Wert bestimmen Was ist gesucht?	Beschäftigte im zweiten Jahr → 120%
4. Gesuchten Wert berechnen Was gebe ich in den Taschenrechner ein?	Beschäftigte im zweiten Jahr = $\frac{4000 \times 120}{100}$ = 4800 oder 4000 × 120% = 4800
5. Lösungssatz formulieren	Im zweiten Geschäftsjahr hat das Unternehmen 4800 Beschäftigte.

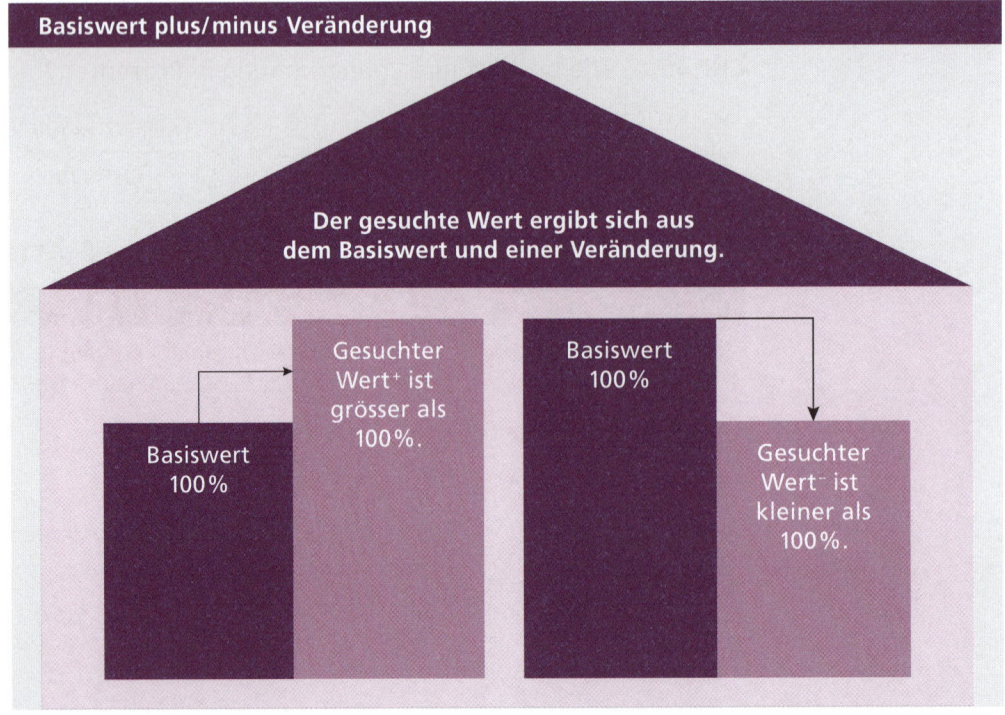

Basiswert plus/minus Veränderung

Der gesuchte Wert ergibt sich aus dem Basiswert und einer Veränderung.

Basiswert 100% — Gesuchter Wert⁺ ist grösser als 100%.

Basiswert 100% — Gesuchter Wert⁻ ist kleiner als 100%.

Finanzwirtschaftliche Zusammenhänge

Beispiel **Prozentuale Veränderung**

Ein Hotel im Berner Oberland hatte vor zwei Jahren 16 200 Übernachtungen und im letzten Jahr nur noch 13 770 Übernachtungen. Wie hoch ist die prozentuale Abnahme der Übernachtungen?

Vorgehen	Umsetzung am Beispiel
1. Basiswert bestimmen Welcher Wert ist der Basiswert?	Übernachtungen vor zwei Jahren = 16 200
2. Gegebene Werte notieren Was ist bekannt?	Übernachtungen letztes Jahr 13 770 ./. Übernachtungen vor zwei Jahren −16 200 = Abnahme Übernachtungen von −2 430
3. Gesuchten Wert bestimmen Was ist gesucht?	Abnahme von Übernachtungen in % → 2 430 in % von 16 200
4. Gesuchten Wert berechnen Was gebe ich in den Taschenrechner ein?	Abnahme in % = $\dfrac{-2430 \times 100}{16\,200}$ = −15 %
5. Lösungssatz formulieren	Die Zahl der Übernachtungen hat um 15 % abgenommen.

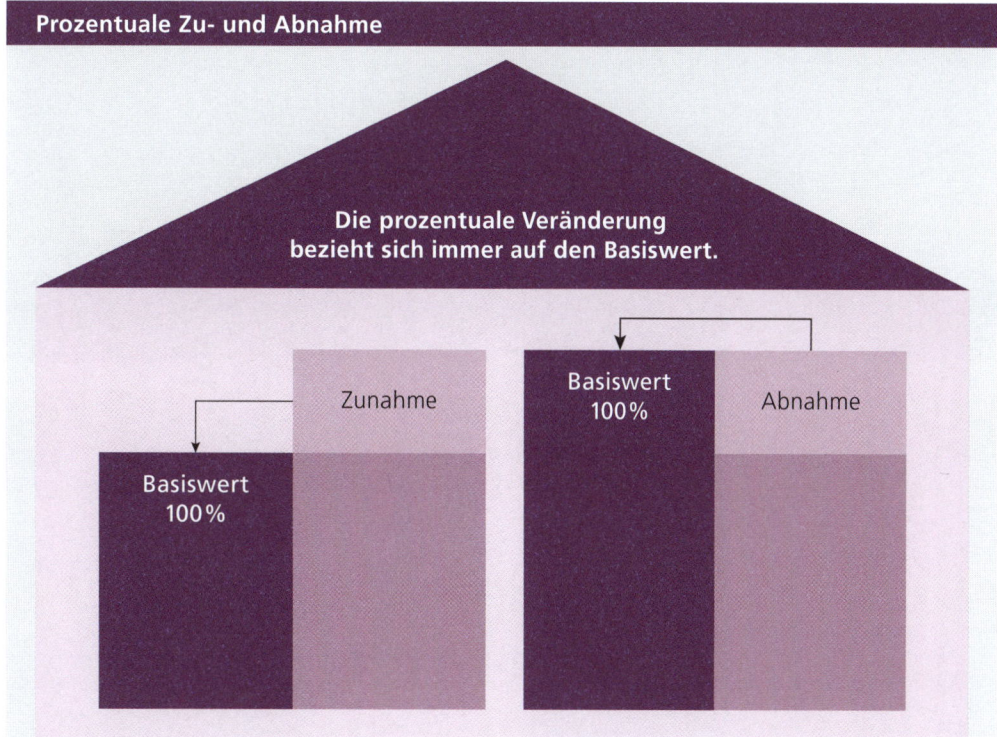

Prozentuale Zu- und Abnahme

Die prozentuale Veränderung bezieht sich immer auf den Basiswert.

Merke Die gleich hohe Zu- oder Abnahme kann eine unterschiedlich hohe prozentuale Veränderung darstellen, je nachdem, wie hoch der Ausgangswert – der Basiswert – ist.

Beispiel Würden die Übernachtungen umgekehrt um 2430 von 13 770 auf 16 200 steigen, würde dies einer Zunahme von 17,6 % entsprechen.

Kaufmännisches Rechnen

Beispiel **Absolute Veränderung**

Ein Freibad hat im letzten Sommer 24 250 Tageseintritte verkauft; in diesem Jahr 12 % mehr. Wie viele Tageseintritte mehr hat das Freibad demnach in diesem Jahr verkauft?

Vorgehen	Umsetzung am Beispiel
1. Basiswert bestimmen Welcher Wert ist der Basiswert?	Tageseintritte letztes Jahr = 24 250
2. Gegebene Werte notieren Was ist bekannt?	12 % Zunahme an Tageseintritten
3. Gesuchten Wert bestimmen Was ist gesucht?	Absolute Zunahme an Tageseintritten → 12 % von 24 250
4. Gesuchten Wert berechnen Was gebe ich in den Taschenrechner ein?	Zunahme absolut = $\dfrac{24\,250 \times 12}{100}$ = 2910 oder 24 250 × 12 % = 2910
5. Lösungssatz formulieren	Die Zahl der Tageseintritte hat absolut um 2910 zugenommen.

A E-Aufgaben 12 bis 15, W-Aufgaben 19 bis 21

1.2.3 Berechnen des Basiswerts

Beispiel Eine Jacke kostet im Ausverkauf nach Abzug von 20% noch CHF 160. Wie viel hat die Jacke ursprünglich gekostet?

Die Jacke kostet noch 80% des ursprünglichen Preises, der die Basis ist.
Davon wurden 20% abgezogen:

CHF 200 − CHF 40 = CHF 160
100% − 20% = 80%

Anspruchsvollere Prozentrechnungen können Mühe bereiten, weil nicht auf den ersten Blick ersichtlich ist, welches der Basiswert ist. Es lohnt sich deshalb, Schritt für Schritt vorzugehen:

Denkschritt	Fragestellung
1. Basiswert bestimmen	Welcher Wert ist der Basiswert (= 100%)?
2. Gegebenen Wert notieren	Wie hoch ist der gegebene Wert absolut und in Prozenten?
3. Resultat abschätzen	Ist der Basiswert grösser als der gegebene Wert? → Hinaufrechnen auf 100% Ist der Basiswert kleiner als der gegebene Wert? → Hinunterrechnen auf 100%
4. Basiswert berechnen	Direkter Dreisatz
5. Lösungssatz formulieren	

Hinaufrechnen auf hundert Prozent

Beispiel Eine Kundin bezahlt eine Rechnung innerhalb von zehn Tagen und überweist per Bank CHF 2474.75. Sie hat 2% Skonto abgezogen. Wie hoch war der Rechnungsbetrag (auf 5 Rappen runden)?

Vorgehen	Umsetzung am Beispiel
1. Basiswert bestimmen Welcher Wert ist 100%?	Der Rechnungsbetrag, von welchem die Kundin den Skonto abzieht.
2. Gegebenen Wert notieren Wie hoch ist der gegebene Wert absolut und in Prozenten?	Absolut: CHF 2474.75 In %: 100% − 2% = 98%
3. Resultat abschätzen Ist der Basiswert kleiner oder grösser als der gegebene Wert?	Die Kundin hat von der Rechnung 2% abgezogen. → Der Basiswert (Rechnung) ist grösser als die Zahlung.
4. Basiswert berechnen	$\text{Rechnung} = \dfrac{\text{CHF } 2474.75 \times 100\%}{98\%} = \text{CHF } 2525.25$
5. Lösungssatz formulieren	Die Rechnung betrug CHF 2525.25.

Kaufmännisches Rechnen

Hinunterrechnen auf hundert Prozent

Beispiel Das Mittagsmenu kostet im Gasthaus Ochsen CHF 21.75 inkl. 7,7 % Mehrwertsteuer. Die beim Gast einkassierte Mehrwertsteuer muss der Steuerbehörde überwiesen werden. Wie viel kostet das Mittagessen ohne Mehrwertsteuer (auf 5 Rappen runden)?

Vorgehen	Umsetzung am Beispiel
1. Basiswert bestimmen Welcher Wert ist 100 %?	Das Mittagessen ohne Mehrwertsteuer
2. Gegebenen Wert notieren Wie hoch ist der gegebene Wert absolut und in Prozenten?	Absolut: CHF 21.75 In %: 100 % + 7,7 % = 107,7 %
3. Resultat abschätzen Ist der Basiswert kleiner oder grösser als der gegebene Wert?	Das Gasthaus addiert die Mehrwertsteuer von 7,7 % zum Menupreis. → Der Basiswert (Menupreis ohne MWST) ist kleiner als der Menupreis inkl. MWST
4. Basiswert berechnen	Menüpreis = $\dfrac{\text{CHF } 21.75 \times 100\,\%}{107,7\,\%}$ = CHF 20.20
5. Lösungssatz formulieren	Das Mittagsmenu kostet netto ohne Mehrwertsteuer CHF 20.20.

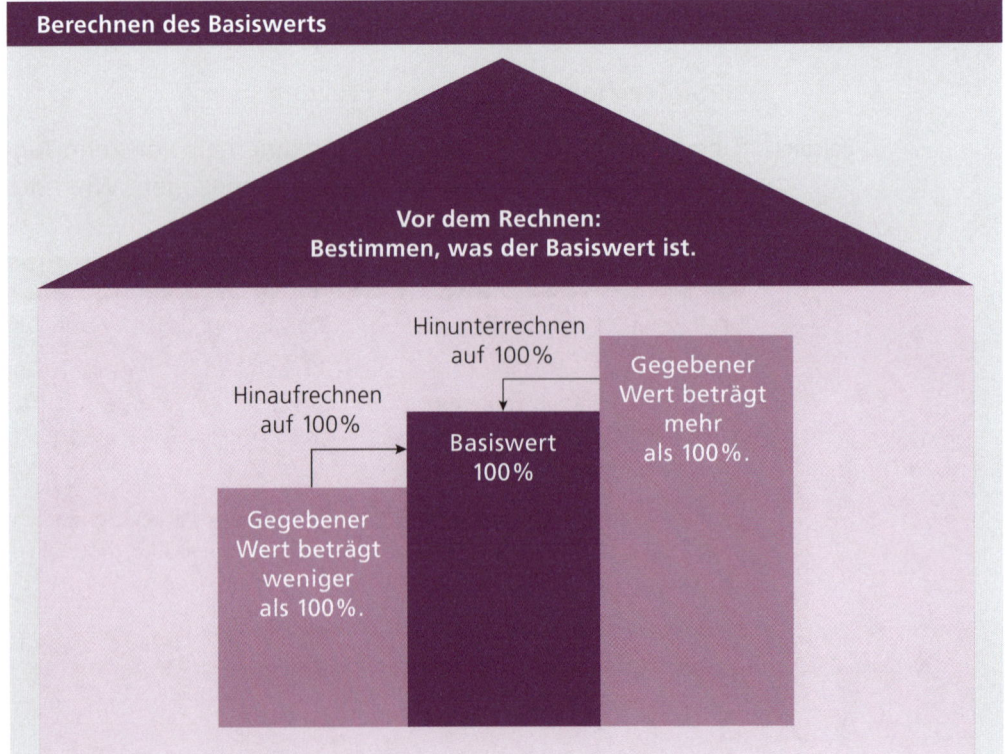

A E-Aufgabe 16, W-Aufgaben 22 und 23

1.3 Zinsrechnen

1.3.1 Funktionsweise

Der Zins ist die finanzielle Entschädigung für das Bereitstellen von Kapital (Geld) für eine bestimmte Zeit. Der Zins ist aus der Sicht des Kapitalgebers gerechtfertigt, weil ein Risiko des Kapitalverlusts besteht und das Kapital für einen bestimmten Zeitraum für eigene Interessen nicht verfügbar ist. Der Kapitalnehmer ist bereit, einen Zins zu bezahlen, da er durch das fremde Kapital finanzielle Möglichkeiten erhält, die er sonst nicht hätte.

1.3.2 Zinsformel

Kapital wird nicht immer für ein ganzes Jahr ausgeliehen. Auch bei den täglichen Geschäften mit der Bank wechselt der Kontostand mit jeder Überweisung, jedem Geldbezug am Bancomaten laufend. Damit ändert sich auch der Zinsbetrag, welchen der Schuldner für ausgeliehenes Geld zu bezahlen bzw. der Gläubiger zugute hat. Zins, der nicht für ein ganzes Jahr, sondern nur für einen Bruchteil des Jahres (Tage, Monate) berechnet wird, nennt man **Marchzins**.

Die Formel für die Berechnung des Zinsbetrags lautet:

$$\text{Zinsbetrag (Z)} = \frac{\text{Kapital (K)} \times \text{Zinssatz (p)} \times \text{Zeit (t)}}{100 \times 360}$$

Z (Zinsbetrag) = Entschädigung z.B. in Franken für das geliehene Kapital
p (Zinssatz) = prozentuale Entschädigung für das geliehene Kapital pro Jahr
K (Kapital) = das ausgeliehene oder investierte Kapital
t (Zeit) = die Zeitdauer, meist in Tagen (d) angegeben

Für die Berechnung der Zeitdauer in Tagen wird vereinfacht von folgenden Regeln ausgegangen:
- Jeder Monat hat 30 Tage, das Jahr hat 360 Tage.
- Der letzte Tag des Monats gilt immer als 30., auch im Februar.
- Der erste Tag der Frist wird nicht eingerechnet, der letzte hingegen schon.

Dies ist die Tageberechnung nach der **deutschen Zinsusanz**, ein Beispiel für **Gewohnheitsrecht**. Mithilfe des Computers wird heutzutage oft auch genau mit 365 Tagen gerechnet. In diesem Lehrmittel wird der Zinsbetrag jedoch stets nach deutscher Zinsusanz berechnet.

Berechnung des Zinsbetrags (Z)

Beispiel Ein Sparguthaben mit einer Einlage von CHF 45 000 und einem Zinssatz von 1,75 % wird für 100 Tage auf der Bank angelegt. Wie hoch ist der Zinsbetrag?

$$Z = \frac{K \times p \times t}{100 \times 360} = \frac{\text{CHF } 45\,000 \times 1{,}75\,\% \times 100 \text{ Tage (d)}}{100\,\% \times 360 \text{ Tage (d)}} = \text{CHF } 218.75$$

Fälligkeitsanzeige der Bank

Beispiel Die Fälligkeitsanzeige für den Hypothekarzins des Einfamilienhauses der Familie Mattmüller.

Der Zins für die Zeit vom 30.9. bis 31.12. wird von der Bank wie folgt berechnet:

$$Z = \frac{\text{CHF } 350\,000 \times 1{,}950\,\% \times 90 \text{ Tage}}{100\,\% \times 360 \text{ Tage}} = \text{CHF } 1706.25$$

A E-Aufgaben 24 und 25, W-Aufgaben 26 bis 29

1.4 Kaufmännisch runden

Viele Berechnungen wie Multiplikationen, Divisionen, Prozent- und Dreisatzrechnungen ergeben oft Zahlen mit vielen Kommastellen. Für den täglichen Gebrauch – z.B. bei Zeugnisnoten, Preisen, Rabatten – ist es praktischer, die Zahlen den Bedürfnissen entsprechend zu runden.

Zeugnisnoten rundet man normalerweise auf ganze oder halbe Noten, Preise auf 5 Rappen, Rabatte auf ganze Prozente. Kaufleute müssen also verschiedene Rundungsregeln beherrschen.

Beispiel Sabina hat in W&G folgende Noten erzielt: 4,5; 5; 5. Sie möchte ihre Zeugnisnote ausrechnen, ist sich aber nicht ganz sicher, wie dabei gerundet wird. Sabina hat einen Durchschnitt von 4,83333; diese Note wird auf eine 5 aufgerundet.

1.4.1 Runden auf Dezimale

Rundet man auf Dezimale, betrachtet man immer die **Ziffer** rechts von der **Stelle**, die gerundet werden soll.
→ Ist die Ziffer 0, 1, 2, 3 oder 4, bleibt die zu rundende Stelle unverändert.
  Beispiel für Runden auf zwei Dezimalen: 5.5**34** → 5.5**3**
→ Ist die Ziffer 5, 6, 7, 8 oder 9, wird die zu rundende Stelle aufgerundet.
  Beispiel für Runden auf zwei Dezimalen: 5.5**36** → 5.5**4**

1.4.2 Runden auf fünf Rappen

Rundet man auf fünf Rappen, so gilt Folgendes:
→ Ab CHF x.x25 (2½ Rappen) wird auf den nächsten 5er aufgerundet.
→ Ab CHF x.x75 (7½ Rappen) wird auf den nächsten 10er aufgerundet.

Beispiel Runden auf fünf Rappen:
CHF 5.522 → CHF 5.50
CHF 5.525 → CHF 5.55
CHF 5.574 → CHF 5.55
CHF 5.575 → CHF 5.60

Lösung Einführungsfall

	Umsatz Jahr 1	
	in 1000 CHF	in %
Grossverteiler A	500	40
Grossverteiler B	375	30
Grossverteiler C	250	20
Grossverteiler D	125	10
Total	1250	100

Umsatz Jahr 1	Veränderung		Umsatz Jahr 2	Veränderung		Umsatz Jahr 3
	absolut	in %		absolut	in %	
1250	250	+20	1500	150	+10	1650

$$\frac{CHF\ 1\,650\,000 \times 2{,}5\,\%}{102{,}5\,\%} = CHF\ 40\,243.90$$

Die abzuliefernde Mehrwertsteuer im Jahr 3 beträgt CHF 40 243.90.

A E-Aufgabe 30, W-Aufgabe 31

Leistungsziele

1.5.1.3 Kaufmännisches Rechnen

- Ich beherrsche Prozentrechnungen in verschiedenen kaufmännischen Anwendungsbereichen.
- Ich berechne Zinsen anhand praxisorientierter Beispiele.

E 1.1 Dreisatz

1. Berechnung mit Lösungsschema

a) Der Inhaber eines kleinen Gemüseladens hat 50 kg Tomaten zum Preis von CHF 475 gekauft. Er möchte von Ihnen wissen, wie hoch der Preis für 85 kg wäre.

Lösen Sie die Aufgabe mit dem Lösungsschema und formulieren Sie einen Lösungssatz.

Lösung mit einer Gleichung

Vorgehen	Umsetzung am Beispiel
1. Formulieren des Gleichungssatzes: Was ist bekannt?	
2. Formulieren des Fragesatzes: Was ist gesucht?	
3. Berechnen des Resultates: Zahlen über das Kreuz multiplizieren und durch die dritte Zahl dividieren.	
4. Überprüfen der Logik des Resultates: 1) Entspricht das Resultat logischen Erwartungen? 2) Hat das Resultat die gewünschte Masseinheit?	
5. Lösungssatz formulieren	

b) Die Köchin eines Altersheims hat 250 kg Karotten zum Preis von CHF 487.50 gekauft. Sie möchte von Ihnen wissen, wie hoch der Preis für 125 kg sein würde. Antworten Sie ihr mit einem vollständigen Satz.

Lösungssatz:

Kaufmännisches Rechnen

2. Berechnung ohne Lösungsschema

Eine Gemeinde von 540 Haushalten hat einen Stromverbrauch von 3 240 000 kWh im Jahr. Ein zusätzliches Quartier mit 40 Haushalten ist in Planung. Berechnen Sie den Stromverbrauch pro Monat dieser Gemeinde mit den neuen Haushalten. Antworten Sie mit einem vollständigen Satz.

Lösungssatz:

W 1.1 Dreisatz

3. Bestimmung Mindestmenge

Ein Freund von Ihnen hat an einem von ihm organisierten Fest für 1450 Drinks insgesamt CHF 6525 eingenommen. Er plante mit Einnahmen aus Getränken von etwa CHF 7500. Er möchte nun von Ihnen wissen, welche Anzahl von Drinks er hätte verkaufen müssen, um die geplanten Einnahmen zu erzielen. Antworten Sie Ihrem Freund mit einem vollständigen Satz.

$$6525 = 1450$$
$$7500 = ?$$

Lösungssatz:

4. Kostenreduktion

Ein Unternehmen schaltet bei der «Coopzeitung» jeweils ein ⅝-seitiges vierfarbiges Inserat und bezahlt dafür im Jahr CHF 1 482 936. Der Werbeverantwortliche des Unternehmens macht ein Budget und einen Werbeplan für das kommende Jahr. Er möchte anstatt in allen 52 Ausgaben nur noch in 45 Ausgaben ein Inserat publizieren.

a) Berechnen Sie den neuen Werbeaufwand für Inserate in der «Coopzeitung» für dieses Unternehmen.

b) Berechnen Sie den Einnahmerückgang für die «Coopzeitung» aufgrund dieses Entscheides.

5. Berechnung von Übernachtungen

Thomas Handschin verreist geschäftlich nach London und zahlt für 12 Übernachtungen im Hotel CHF 1380. Sein Freund möchte ihn für ein verlängertes Wochenende besuchen. Berechnen Sie, wie viel sein Freund für zwei Übernachtungen bezahlen müsste.

6. Berechnung Kostenerhöhung

Der Lehrling Miladin Milic ist in seinem Betrieb für die Bestellung von Mineralwasser für Kundenbesuche usw. zuständig. Er bestellt jeweils 10 Harassen à 6 Flaschen für CHF 4.50 pro Harasse. Der Preis pro Harasse wird jetzt auf CHF 5.00 erhöht. Im Jahr hat die Firma einen Verbrauch von 654 Flaschen. Sein Vorgesetzter möchte von ihm die zusätzlichen Kosten für Mineralwasser aufgrund der Preiserhöhung wissen. Berechnen Sie diese und antworten Sie in einem Satz.

Lösungssatz:

Kaufmännisches Rechnen

7. Berechnung verminderte Verbrauchsmenge

Eine Gemeindeverwaltung verbraucht für ihre Rasenfläche von 910 m² ungefähr 80 kg Dünger. In der letzten Abstimmung hat das Stimmvolk entschieden, aus Kostengründen die gepflegte Rasenfläche um 400 m² zu verkleinern. Berechnen Sie auf ganze kg aufgerundet die neue Düngermenge.

8. Kostenberechnung

Freunde von Ihnen haben sich entschieden zu heiraten. Sie sind für die Organisation des Apéros zuständig. Ursprünglich haben Sie mit 80 Gästen gerechnet und das Catering hat Ihnen dafür CHF 450 ohne Getränke offeriert. In der Zwischenzeit hat das Brautpaar noch 26 weitere Gäste eingeladen. Berechnen Sie die zusätzlichen Kosten für das Essen während des Apéros.

E 1.2 Prozent- und Bruchrechnen

9. Berechnen von prozentualen Anteilen

Ein Unternehmen hatte im vergangenen Jahr diverse Ausgaben. Ergänzen Sie die Tabelle mit den Prozentsätzen. Das Resultat ist auf zwei Dezimalen zu runden.

Ausgaben	CHF	Prozentsatz
Wareneinkäufe	1 705 245	
Löhne	992 500	
Miete	402 000	
Werbung	165 000	
Diverse Ausgaben	35 405	
Total Ausgaben	3 300 150	

10. Anteile in unterschiedlicher Schreibweise

Ergänzen Sie die Tabelle.

Bruch	Dezimale	Prozent
a)	½	
b)	⅓	
c)		25%
d)	0,20	

Bruch	Dezimale	Prozent
e) ⅙		
f)		0,125
g)	¹⁄₁₀	

11. Prozent-, Dezimal- und Bruchwerte in Franken

Berechnen Sie die fehlenden Grössen.

Aufgabe	Lösung in CHF
a) 1% von CHF 2000	
b) 5% von CHF 5000	
c) 20% von CHF 550 000	

Aufgabe	Lösung in CHF
d) ⅖ von CHF 23 400	
e) ¼ von CHF 120 000	
f) 75 Rappen	

12. Berechnen von gesuchten Werten

a) Die Offerte eines Generalunternehmens für den Umbau der Geschäftsliegenschaft lautet auf CHF 355 000 exkl. MWST. Berechnen Sie, auf welchen Betrag diese Offerte inkl. 7,7% MWST lauten würde.

Vorgehen	Umsetzung am Beispiel
1. Basiswert bestimmen Welcher Wert ist der Basiswert?	
2. Gegebenen Wert notieren Was ist bekannt?	
3. Gesuchte Grösse bestimmen Was ist gesucht?	
4. Gesuchte Grösse berechnen	
5. Lösungssatz formulieren	

b) Eine Rechnung lautet auf den Betrag CHF 285. Berechnen Sie den Zahlungsbetrag, wenn man einen Skonto von 2% geltend macht.

13. Berechnung der absoluten Zunahme

Die Mitgliederzahl eines Fanclubs betrug im Vorjahr 2430. Durch intensive Werbung ist die Mitgliederzahl im aktuellen Jahr um 20% gewachsen. Berechnen Sie die Anzahl neuer Mitglieder.

14. Berechnen der prozentualen Zunahme

Die Lohnsumme hat sich aufgrund von neuen Anstellungen von CHF 65 000 pro Monat auf CHF 81 250 erhöht. Berechnen Sie die prozentuale Zunahme des Lohnaufwandes.

Vorgehen	Umsetzung am Beispiel
1. Basiswert bestimmen Welcher Wert ist der Basiswert?	
3. Gegebenen Wert notieren Was ist bekannt?	
2. Gesuchte Grösse bestimmen Was ist gesucht?	
4. Gesuchte Grösse berechnen	
5. Lösungssatz formulieren	

15. Berechnen der prozentualen Abnahme

Ein kleines Unternehmen hatte im Vorjahr einen Gewinn von CHF 120 000, in diesem Jahr ist der Gewinn um CHF 40 000 kleiner. Berechnen Sie die prozentuale Abnahme des Gewinns.

16. Berechnen des Basiswerts

a) Ein Kunde hat einen Mängelrabatt von 15 % erhalten und zahlt nun für die gekaufte Ware noch CHF 13 175. Berechnen Sie den ursprünglichen Rechnungsbetrag.

Vorgehen	Umsetzung am Beispiel
1. Basiswert bestimmen Welcher Wert ist 100 %?	
2. Gegebene Werte notieren Wie hoch ist der gegebene Wert absolut und in Prozenten?	
3. Resultat abschätzen Ist der Basiswert kleiner oder grösser als der gegebene Wert?	
4. Basiswert berechnen	
5. Lösungssatz formulieren	

b) Ein Unternehmen gibt einem Maler den Auftrag, die Fassade des Firmengebäudes neu zu streichen. Die Rechnung des Malers lautet auf CHF 8400; darin macht der Maler einen Mehraufwand von 5 % geltend. Berechnen Sie den ursprünglich vereinbarten Betrag dieses Auftrags.

Kaufmännisches Rechnen

W 1.2 Prozent- und Bruchrechnen

17. Prozentuale Anteile berechnen

Eine Fastfoodkette hat in Europa mehrere Filialen und möchte nun gerne die prozentuale Verteilung auf die einzelnen Länder wissen. Ergänzen Sie die folgende Tabelle (Resultate auf eine Dezimale runden).

Land	Anzahl Filialen	Prozentsatz
Deutschland	1 388	
England	1 450	
Frankreich	1 030	
Niederlande	352	

Land	Anzahl Filialen	Prozentsatz
Österreich	172	
Schweiz	148	
Spanien	35	
Total	4 575	

18. Absolute Werte, relative und prozentuale Anteile bestimmen

Die Halbjahresnoten einer Schulklasse betragen im Fach Kaufmännisches Rechnen:

Nr.	Schüler/-in	Note
1	Bader H.	5
2	Baumann K.	5
3	Olic C.	4
4	Hirsiger F.	6
5	Gonzalez M.	4
6	Jocham G.	5
7	König U.	5

Nr.	Schüler/-in	Note
8	Manser A.	3
9	Moll R.	4
10	Sahin D.	4
11	Noch D.	3
12	Oppliger D.	5
13	Raible P.	5
14	Richter K.	4

Nr.	Schüler/-in	Note
15	Schneider M.	6
16	Sohler M.	4
17	Straub E.	3
18	Petrovic P.	6
19	Mustavar A.	5

Vervollständigen Sie die folgende Tabelle.

Note	Anzahl absolut	Anteile relativ (auf drei Kommastellen)	prozentual (auf eine Kommastelle)
6			
5			
4			
3			
2			
1			
Total			

Finanzwirtschaftliche Zusammenhänge

19. Berechnen von Veränderungen des Basiswerts

a) Der Preis für eine neue Jeanshose beträgt CHF 190. Der Verkäufer gewährt einen Rabatt von 25%. Berechnen Sie den Zahlungsbetrag für diese Jeanshose.

b) Ein Unternehmen kommuniziert, dass es aufgrund von höheren Rohstoffpreisen seine Produktpreise um 5% erhöht hat. Ursprünglich kostete ein Produkt CHF 25. Berechnen Sie, wie teuer dieses Produkt nach der Preiserhöhung ist.

c) Der Angestellte Markus Hunziker hat einen Monatslohn von CHF 3580. Sein Vorgesetzter erhöht den Lohn um 6% und würdigt dadurch das gute Arbeitsverhalten von Herrn Hunziker. Berechnen Sie seinen neuen Lohn.

d) Auf den Katalogpreis von CHF 1500 werden 20% Rabatt gewährt. Berechnen Sie den Nettokaufpreis.

20. Absolute Veränderung berechnen

Eine Volleyballmannschaft hat in der letzten Saison 15 Siege erzielt. In dieser Spielzeit hat die Anzahl Siege um 20% zugenommen. Berechnen Sie, wie viel Mal mehr die Volleyballmannschaft in dieser Saison gewonnen hat.

Kaufmännisches Rechnen

21. Prozentuale Veränderungen berechnen

a) Durch den Kauf eines Konkurrenzunternehmens ist der Lohnaufwand von CHF 150 000 im Monat auf CHF 186 000 gestiegen. Berechnen Sie die prozentuale Veränderung des Lohnaufwands.

b) Eine politische Partei hat in den letzten Wahlen 15 Parlamentssitze erreicht, in den aktuellen Umfrageresultaten würde die Partei 9 Parlamentssitze erhalten. Berechnen Sie die voraussichtliche prozentuale Veränderung der Parlamentssitze.

c) Ein kleines Dorf ist in den letzten Jahren von 2555 auf 3066 Einwohner gewachsen. Berechnen Sie das prozentuale Bevölkerungswachstum.

d) Eine Schreinerei hatte im letzten Jahr einen Umsatz von CHF 857 540. Der Umsatz des aktuellen Jahrs ist um CHF 102 905 gesunken. Berechnen Sie die prozentuale Veränderung.

22. Basiswerte berechnen

a) Vom Bruttolohn werden jedem Mitarbeiter / jeder Mitarbeiterin Sozialversicherungsbeiträge abgezogen. Ausbezahlt wird der Nettolohn. Bei einem Abzug für Sozialversicherungen von 6,225 % erhält Eric Zehndner einen Nettolohn von CHF 3984.35 ausbezahlt. Berechnen Sie den Bruttolohn.

b) Dieses Jahr konnte der Umsatz eines Artikels um 12,5 % auf CHF 82 710 gesteigert werden. Berechnen Sie den Vorjahresumsatz.

c) Die neue Ladeneinrichtung kostet CHF 14 310 inkl. 7,7 % MWST. Berechnen Sie den Preis dieser Ladeneinrichtung ohne Mehrwertsteuer.

d) In einer repräsentativen Umfrage haben sich 340 Teilnehmer, d.h. 40 % für die Installation einer neuen Funkantenne in ihrem Quartier ausgesprochen. Berechnen Sie die Anzahl Teilnehmer, die insgesamt an dieser Umfrage teilgenommen haben.

23. Basiswert, Anteile, Veränderungen

Ergänzen Sie die fehlenden Grössen. Die Beträge sind auf fünf Rappen oder auf eine Dezimalstelle zu runden.

	Prozentsatz in %	Prozentwert in CHF	Basiswert in CHF	Berechnung
a)		72.50	1450	
b)	4,5		10 500.50	
c)	15	652.50		
d)	65		3 405.75	

E 1.3 Zinsrechnen

24. Tage berechnen

Berechnen Sie für die folgenden Zeitabschnitte die Tage nach der Deutschen Usanz, d. h., man zählt jeden Monat mit 30 Tagen und den letzten Tag im Monat zählt man als dreissigsten Tag.

Zeitabschnitt	Tage
3. März bis 27. März	
3. März bis 5. April	
3. März bis 5. Juli	
21. August – 28. Dezember	
6. Oktober bis 31. Oktober	
7. Februar bis 31. August	
1. Juli bis 31. Oktober	

25. Rechnen mit der Zinsformel

a) Markus Meier leiht seinem Nachbarn für den Kauf eines Motorrads CHF 2500 zu einem Zinssatz von 3,5% für ein Jahr lang aus. Berechnen Sie den Zins.

b) Ein Bankkunde hat Anfang Jahr auf seinem Sparkonto ein Guthaben von CHF 33410. Berechnen Sie die Höhe des Guthabens Ende Jahr nach der Gutschrift des Jahreszinses (es ist keine Verrechnungssteuer zu berücksichtigen). Der Zinssatz beträgt 2,5%.

c) Lyn Kaiser legt ein Kapital von CHF 85 000 zu einem Zinssatz von 1,5% an. Mit dem Zinsertrag möchte Sie ein Velo für CHF 1200 kaufen. Reicht dafür die Anlagedauer von 10 Monaten?

d) Max Konic gewährt einem Freund ein Darlehen von CHF 7800 zu einem Zinssatz von 2,5%. Er möchte von Ihnen wissen, wie viele Franken er damit in 168 Tagen verdienen kann.

e) David Ramsers Freund zahlt ihm ein Darlehen von CHF 150 000 nach 825 Tagen zurück. Berechnen Sie den Zins, wenn der Zinssatz für dieses Darlehen 3 % betrug (ohne Zinseszins).

W 1.3 Zinsrechnen

26. Zinsberechnung Eigenheimfinanzierung

a) Die Familie Wagner möchte ein Einfamilienhaus für CHF 780 000 kaufen. Die Bank würde zur Finanzierung eine Hypothek von CHF 450 000 zu einem Zinssatz von 2,5 % zur Verfügung stellen. Ermitteln Sie aufgrund dieser Hypothek die jährliche Belastung für die Familie.

b) Der Familie Wagner fehlen neben der Hypothek und den eigenen Mitteln noch CHF 120 000 für den Kauf des Einfamilienhauses. Ein Freund der Familie würde dieses fehlende Geld in Form eines Darlehens bereitstellen. Er möchte als Gegenleistung einen Zins von 4 % im Jahr. Berechnen Sie die jährlichen Zinskosten.

c) Berechnen Sie die monatliche Zinsbelastung für die Familie Wagner, wenn sie unter den oben genannten Bedingungen das Einfamilienhaus kaufen würde.

d) Die Familie Wagner erbt während des kommenden Jahres unerwartet CHF 150 000 und zahlt mit diesem Erbe das Darlehen zurück. Berechnen Sie den Zins für das Darlehen, wenn die Familie das Darlehen nach 225 Tagen zurückzahlt.

27. Zinsberechnung beim Sparkonto

Ein Kunde legt am 15. Juni CHF 12 250 auf ein Bankkonto ein. Wie hoch ist sein Bankguthaben am 31. Dezember, wenn die Bank einen Jahreszins von 0,5 % gewährt und CHF 18 Spesen verrechnet? (auf 5 Rp. runden)

Kaufmännisches Rechnen

28. Zinsberechnung beim Privatkredit

a) Sascha Rufer sieht auf einem Plakat die Werbung für Konsumkredite. Er leistet sich mit einem Privatkredit von CHF 10 000 (Zinssatz 9,9 %) einen schönen Urlaub in Florida und ein Occasionsauto. Berechnen Sie den Jahreszins und die monatliche Zinsbelastung für diesen Privatkredit.

b) Sascha Rufer zahlt den Privatkredit nach 545 Tagen zurück. Berechnen Sie den Zins, den er für diese Zeit insgesamt bezahlen musste.

29. Zinsberechnung beim Darlehen

a) Ein Mitarbeiter ist unverschuldet in eine kurzfristige finanzielle Schwierigkeit geraten. Die Personalabteilung entscheidet sich, diesem Mitarbeiter ein kurzfristiges Darlehen über CHF 1800 für den Zeitraum von 80 Tagen zu einem Zinssatz von 1,5 % zu gewähren. Berechnen Sie den Zins für dieses Darlehen.

b) Der Mitarbeiter konnte das Darlehen schon nach 36 Tagen zurückbezahlen. Berechnen Sie den Zins für diesen Zeitraum.

E 1.4 Kaufmännisch runden

30. Auf verschiedene Kommastellen runden

Runden Sie die Zahl 5,77449 auf die vorgegebene Anzahl Stellen.

Runden auf ganze Zahl		Runden auf fünf Rappen	
Runden auf eine Stelle		Runden auf drei Stellen	
Runden auf zwei Stellen		Runden auf vier Stellen	

W 1.4 Kaufmännisch runden

31. Mit Rundungsregeln arbeiten

Runden Sie die folgenden Beträge den Anweisungen entsprechend.

CHF	Auf eine Dezimalstelle	Auf zwei Dezimalstellen	Auf fünf Rappen
56.4299			
34.0749			
51.3333			
48.0250			

2 Finanzwirtschaftliche Zusammenhänge
Kaufmännische Buchführung

Inhaltsverzeichnis

		Theorie	Aufgaben
2.1	Grundlagen	**34**	48
2.2	Bestandeskonten	**37**	49

Leistungsziele   47

2 Kaufmännische Buchführung

Einführungsfall — Der Bäcker Antonio Agosti erbt von seinem Onkel unverhofft 200 000 Franken. Dieses Geld möchte er verwenden, um sich selbstständig zu machen. In seiner Verwandtschaft gilt er bereits als bester Pizzabäcker. So spielt er mit dem Gedanken, einen Pizzakurierdienst aufzuziehen. Geeignete Räumlichkeiten findet er in einer ausgedienten Kleinbäckerei. Problemlos sind für ihn als Bäcker das Einrichten der Pizzabäckerei und die Zubereitung von Pizzen. Das Bekanntmachen seines neuen Geschäfts und die Werbung würde seine Freundin übernehmen. Kopfzerbrechen machen ihm aber die Finanzen. Bisher hat er einfach ausgegeben, was er monatlich verdient hat, und auf gut Glück konnte er noch ein wenig sparen. Für das neue Geschäft gehen ihm aber dauernd die folgenden Fragen durch den Kopf: «Was mache ich, wenn die 200 000 Franken nicht reichen? Wie soll ich meine Einnahmen und Ausgaben in den Griff kriegen?

2.1 Grundlagen

Wer ein Geschäft betreibt, kommt nicht um die Fragen herum, was er über seine Finanzen festhalten soll und wie er möglichst schnell seinen Erfolg prüfen kann. Auch muss abgeklärt werden, welche gesetzlichen Vorschriften zu berücksichtigen sind.

2.1.1 Aufgabe und gesetzliche Basis der kaufmännischen Buchführung

Aufgabe des Rechnungswesens ist es, jenen Teil des täglichen Unternehmensgeschehens, der finanzielle Folgen nach sich zieht, systematisch aufzuschreiben (= **buchen**) und auszuwerten. Dazu gehören beispielsweise der Kauf einer Maschine, die Entlöhnung der Mitarbeiter oder der Verkauf von Produkten. Solche Geschäftsfälle bezeichnet man als **Buchungstatsachen**. Keine Buchungstatsachen sind demgegenüber Geschäftsaktivitäten ohne direkte finanzielle Auswirkungen, wie das Diskutieren mit einem Kunden, die Durchführung einer Sitzung oder die Arbeitsverteilung durch den Chef.

Das Rechnungswesen liefert eine Übersicht über das Vermögen, die Schulden, das von den Eigentümern zur Verfügung gestellte Kapital, die Ausgaben und die Einnahmen des Unternehmens. Damit kann jederzeit festgestellt werden, ob die finanzielle Situation gut oder schlecht ist und ob das Unternehmen Gewinn oder Verlust macht.

Art. 957 OR — Grundsätzlich sind alle Unternehmen zur Buchführung und Rechnungslegung verpflichtet. Verschiedene Vorschriften im Schweizerischen Obligationenrecht (OR) und andere Erlasse bestimmen im Detail, wie die Buchhaltung eines Unternehmens geführt sein muss, und sind damit die Grundlage für die Ausgestaltung des Rechnungswesens in der Praxis.

2.1.2 Das Konto

Das **Konto** (italienisch: il conto = die Rechnung) ist ein Hilfsmittel, um die Zu- und Abgänge von Geldbeträgen zu erfassen. Jedes Konto besteht grundsätzlich aus zwei Betragsspalten (Kolonnen), die linke wird mit **Soll** und die rechte mit **Haben** bezeichnet. Diese Regel gilt immer, egal um was für ein Konto es sich handelt. Die Begriffe Soll und Haben stammen ursprünglich aus dem Italienischen (deve dare = soll geben/ deve avere = soll haben), bedeuten aber in der heutigen Buchhaltung nichts anderes als **links** und **rechts** in einem Konto.

Jedes Konto wird mit dem Namen des dargestellten Buchungsgegenstands bezeichnet.

Beispiel Für das Bargeld eines Unternehmens führt man das Konto «Kasse».

Kasse	
Soll	Haben
= links	= rechts

Je nach Art des Kontos werden alle Beträge, die zu einer Zunahme führen, in die linke oder rechte Spalte eingetragen, und alle, die zu einer Abnahme führen, in die andere. Die Differenz zwischen dem Total der Sollseite und dem Total der Habenseite nennt man **Saldo**. Er wird jeweils beim Abschluss eines Kontos (quasi als Restgrösse) auf die betragsmässig schwächere Seite eingetragen, damit das Gesamttotal auf beiden Seiten gleich gross ist. Dieses wird immer auf gleicher Höhe sowohl im Soll als auch im Haben eingetragen und doppelt unterstrichen. Buchhalterisch heisst das: jetzt ist das Konto ausgeglichen.

Beispiel Max Klein notierte im Dezember seine Bargeldveränderungen auf einem Notizblatt und überträgt nun zur besseren Übersicht die Beträge in das Konto «Kasse».

Bargeldbestand in Kasse	CHF 300
Kauf von Briefmarken	CHF −80
Kauf von Druckpapier und Bleistiften	CHF −70
Spende für Heilsarmee	CHF −100
Bargeldbezug ab Postomat	CHF +300
Einkauf für Pausenerfrischungen	CHF −65
Bareinnahmen	CHF +560
Benzinbezug	CHF −123

Soll (+)	Kasse	Haben (−)
300		80
300		70
560		100
		65
		123
		Saldo 722
1160		1160

Bargeld nimmt zu. (Soll-Seite)
Bargeld nimmt ab. (Haben-Seite)

In der Praxis wird häufig die ausführliche Darstellungsform mit einer dritten Spalte, die laufend den aktuellen Bestand (Saldo) aufzeigt, verwendet. Zusätzlich wird jeder Eintrag mit einem kurzen Text und dem Eintragsdatum versehen.

Beispiel Ausführliche Variante des Kontos «Kasse» von Max Klein

Datum	Text	Soll	Haben	Saldo
1.12.	Anfangsbestand	300		300
10.12.	Kauf von Briefmarken		80	220
12.12.	Kauf von Druckpapier und Bleistiften		70	150
15.12.	Spende für Heilsarmee		100	50
17.12.	Barbezug Postomat	300		350
18.12.	Einkauf für Pausenerfrischungen		65	285
20.12.	Bareinnahmen	560		845
22.12.	Benzinbezug		123	722
31.12.	**Saldo (= Bargeldbestand am 31.12.)**		**722**	
		1160	1160	

Die Grundlage für jede Buchung, d.h. für jeden Konteneintrag zwischen der Eröffnung und dem Abschluss, bildet ein **Beleg** wie z.B. eine Barquittung, ein Lieferschein, eine Rechnung, ein Bankauszug, der als Beweis für die im Konto eingetragene Veränderung dient.

Grundsätzlich unterscheidet man vier Arten von Konten:

→ 2.2
- Aktiv- und Passivkonten fasst man unter der Bezeichnung «**Bestandeskonten**» zusammen.

→ 2. Semester 3.3
- Aufwands- und Ertragskonten fasst man unter der Bezeichnung «**Erfolgskonten**» zusammen.

Lösung Einführungsfall Antonio Agosti kann mithilfe von Konten einerseits festhalten, welches Kapital er und andere Kapitalgeber ins Unternehmen stecken und wie er dieses Kapital einsetzt (investiert). Er kann laufend kontrollieren, ob er noch genügend Geld hat, um seine offenen Rechnungen zu bezahlen. Andererseits muss er laufend notieren, welche Ausgaben er tätigt und wie viel er mit dem Verkauf verdient.

A E-Aufgaben 1 und 2

2.2 Bestandeskonten

2.2.1 Aktivkonten (a)

Jedes Unternehmen besitzt unterschiedliche Bestände an Vermögen, die für die Herstellung und den Verkauf von Produkten oder Dienstleistungen eingesetzt werden. Diese Bestände nennt man **Aktiven**. Ihre Veränderungen werden während des Geschäftsjahrs in den entsprechenden Konten festgehalten.

Merke   Aktiven sind Geld und andere Vermögensteile, die dem Unternehmen irgendwann Geld oder einen in Geld gemessenen Nutzen bringen.

Buchungsregeln für Aktivkonten

Beim **Aktivkonto** trägt man den aktuellen Wert der Vermögensposition als **Anfangsbestand** im **Soll** (links) ein. Das heisst, man eröffnet Aktivkonten im Soll. Alle **Zunahmen** werden im **Soll** eingetragen und alle **Abnahmen** im **Haben** (rechts). Der **Saldo** ergibt sich als Restgrösse auf der betragsmässig schwächeren, der Habenseite. Er zeigt den Wert der Vermögensposition beim Rechnungsabschluss, den Schlussbestand.

Bei der Wiedereröffnung von Aktivkonten trägt man den Saldo als neuen Anfangsbestand wieder auf die Sollseite. Da es sich um den Saldo des vorangegangenen Abschlusses handelt, den man in die neue Rechnung «vorträgt», nennt man ihn häufig auch **Saldovortrag**.

Soll	Aktivkonto	Haben
Anfangsbestand (Saldovortrag)	– Vermögensabnahmen	
+ Vermögenszunahmen	Schlussbestand (Saldo)	

Aktivkonten für den laufenden Geldverkehr

Der tägliche Geldverkehr wird normalerweise bar oder häufiger über ein laufendes Konto bei einer Bank oder bei der PostFinance abgewickelt (sog. **Kontokorrent**). Grundlage der Buchungen sind die entsprechenden Kontoauszüge. Bei der Kasse sind es Quittungen. Die Konten «Kasse» und «Bankguthaben» werden in der Bilanz oft zu einem Konto «**Flüssige Mittel**» (auch «Liquide Mittel» genannt) zusammengefasst.

Alle Einnahmen bzw. Gutschriften werden als **Vermögenszunahme** im **Soll** und alle Ausgaben bzw. Belastungen als **Vermögensabnahme** im **Haben** gebucht.

Beispiel Bankguthaben UBS, Volketswil

Datum	Text	Soll	Haben
1.1.	Anfangsbestand (Saldovortrag)	1200	
10.1.	Barbezug		260
15.1.	Gutschrift für Überweisung von Kunde A. Pfaff	2100	
25.1.	Belastung für Überweisung an Lieferant E. Meier		3000
31.1.	Saldo (Schlussbestand)		40
		3300	3300
1.2.	Anfangsbestand (Saldovortrag)	40	

Forderungen aus Lieferungen und Leistungen

Im Geschäftsverkehr ist es üblich, Waren und Dienstleistungen gegen Rechnung zu liefern. Der Kunde, der **Debitor**, erhält bis zum Zahlungstermin Kredit, weshalb man das auch **Lieferung auf Kredit** nennt. In der Praxis wird für jeden Kunden ein separates Konto geführt. Dies ermöglicht eine bessere Debitoren- und Zahlungskontrolle. Bei wenigen Kreditlieferungen und für Schulzwecke hingegen werden der Einfachheit halber sämtliche Forderungen im Sammelkonto «Forderungen aus Lieferungen und Leistungen» (abgekürzt: Forderungen LL) zusammengefasst.

Aufgrund der Kundenrechnungen (**Fakturen**) wird das **Guthaben** als Vermögenszunahme im Konto «Forderungen LL» im **Soll** gebucht. Sobald der Kunde zahlt oder man ihm nachträglich aus welchem Grund auch immer eine Gutschrift gewährt (Rabatt, Skonto, Warenrücknahme), wird das als Minderung des Guthabens, als **Vermögensabnahme** im **Haben** gebucht. Der **Saldo** zeigt immer den **aktuellen Bestand** an **offenen** (noch nicht bezahlten) **Rechnungen**.

Soll (+)	Forderungen LL	Haben (–)
Anfangsbestand: offene Kundenrechnungen		– Kundenzahlungen Nachträgliche Gutschriften (Rabatte, Skontoabzüge, Rückgaben)
+ Rechnungen an Kunden		Saldo = Bestand offene Kundenrechnungen bei Abschluss

Finanzwirtschaftliche Zusammenhänge

Darlehen (als Forderung)

Unter einem Darlehen versteht man einen Kredit, den z. B. ein Unternehmen einem Dritten gewährt. Das heisst, es leiht ihm Geld gegen einen meistens jährlich zu zahlenden Zins. Der Darlehensgeber, für den dieses Darlehen ein langfristiges Guthaben darstellt, führt dafür ein Aktivkonto (Aktivdarlehen).

Eine **Erhöhung** des Kredits ist im **Soll**, eine **Rückzahlung** im **Haben** zu buchen.

Beispiel Darlehen an Mathea Marti, Wülflingen

Datum	Text	Soll	Haben
1.1.	Anfangsbestand	50 000	
11.2.	Krediterhöhung	40 000	
9.12.	Teilrückzahlung		20 000
31.12.	Saldo (= Darlehensguthaben per 31.12.)		70 000
		90 000	90 000
1.1.	Saldovortrag	70 000	

Konten für langfristige Sachanlagen

Damit ein Unternehmen erfolgreich wirtschaften kann, braucht es Vermögensanlagen wie Maschinen, Laden- und Verwaltungseinrichtungen, Fahrzeuge und Liegenschaften. Die Nutzung für die herzustellenden Produkte oder Dienstleistungen zieht sich über längere Zeit hin und bringt indirekt über deren Verkauf wieder flüssige Mittel.
Im Soll werden als Zunahmen alle Neukäufe gebucht und im Haben alle Wertabnahmen durch die Nutzung sowie allfällige Verkäufe oder Entsorgungen. Der Saldo zeigt den **Buchwert** der Anlagen, also Anschaffungspreis inkl. Lieferung und Montage abzüglich bisher verbuchte Wertabnahmen (Abschreibungen).

Beispiel Mobiliar und Einrichtungen

Datum	Text	Soll	Haben
1.1.	Anfangsbestand	145 000	
11.2.	Kauf von zwei Büroregalen	1 500	
1.8.	Kauf neue Bürotische	3 500	
9.8.	Entsorgung von alten Bürotischen		500
31.12.	Wertabnahme durch Nutzung		25 000
31.12.	Saldo (= Buchwert)		124 500
		150 000	150 000
1.1.	Saldovortrag	124 500	

Gebräuchliche Aktivkonten	
Kasse	Bestand an Bargeld
Bankguthaben (häufig vereinfachend «Bank» genannt)	Kontokorrente, d.h. Guthaben bei Banken oder PostFinance, die dem laufenden Zahlungsverkehr dienen. Das Guthaben kann jederzeit in beliebiger Höhe und ohne Kündigung für Zahlungen eingesetzt werden. Hat ein Unternehmen bei mehreren Geldinstituten ein Konto, werden sie in seiner Buchhaltung mit deren Namen bezeichnet.
Wertschriften	An der Börse gehandelte Wertschriften wie Aktien und Obligationen, die auch **kotierte Wertschriften** genannt werden
Forderungen aus Lieferungen und Leistungen (LL)	Guthaben aufgrund von Lieferungen an und Leistungen für Kunden, auch Debitoren- oder Kundenforderungen genannt
Vorräte	Bestände und Veränderungen an Rohstoffen, fertigen oder unfertigen Erzeugnissen oder Handelswaren im Warenlager, bewertet zu Kauf- oder Herstellpreisen
Darlehen (Aktivdarlehen)	Kredite an Dritte in der Regel mit Laufzeit von über einem Jahr; meistens gegen einen jährlich zu zahlenden Zins
Beteiligungen	Langfristige Beteiligungen (Aktienanteile) an anderen Unternehmen
Maschinen und Apparate	Für die Produktion benötigte Einrichtungen
Mobiliar und Einrichtungen	Bewegliche Gebrauchsgüter für den Verkauf und die Verwaltung wie Büroeinrichtungen, Verkaufsregale usw.
Büromaschinen	Büromaschinen, Kopiergeräte, Informatik- und Kommunikationsanlagen in der Verwaltung; werden häufig auch im Konto «Mobiliar und Einrichtungen» erfasst.
Fahrzeuge	Personen-, Liefer-, Lastwagen und übrige Fahrzeuge, die für den Einkauf, die Produktion oder den Verkauf genutzt werden
Geschäftsliegenschaften (Immobilien)	Unbewegliche Gebrauchsgüter wie Liegenschaften, Häuser, Land

Mindestens einmal im Jahr, spätestens beim Jahresabschluss der Buchhaltung, werden die Konten saldiert. Das heisst, es wird der Saldo berechnet und auf der linken (Soll-)Seite der Bilanz eingetragen. Die Addition zeigt den Wert des Vermögens zu diesem Zeitpunkt.

Finanzwirtschaftliche Zusammenhänge

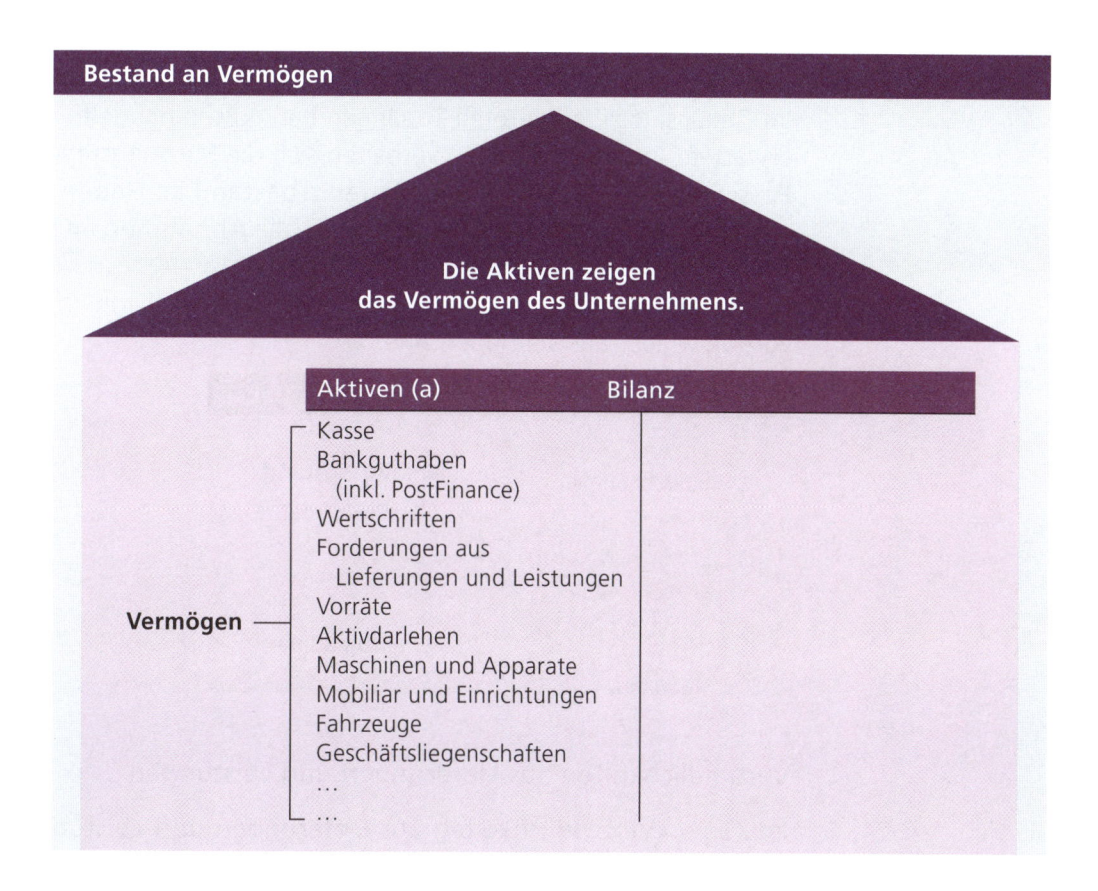

Bestand an Vermögen

Die Aktiven zeigen das Vermögen des Unternehmens.

Aktiven (a)	Bilanz
Vermögen – Kasse Bankguthaben (inkl. PostFinance) Wertschriften Forderungen aus Lieferungen und Leistungen Vorräte Aktivdarlehen Maschinen und Apparate Mobiliar und Einrichtungen Fahrzeuge Geschäftsliegenschaften … …	

A E-Aufgabe 3, W-Aufgaben 7a bis 7c

2.2.2 Passivkonten (p)

Jedes Unternehmen hat neben den Vermögensbeständen auch Bestände an **Kapital** (Verbindlichkeiten). Die Aktiven müssen irgendwie finanziert werden, das heisst, jemand muss Kapital zur Verfügung stellen. Das können die Eigentümer selbst sein, aber auch Fremde wie Banken, Lieferanten usw. Die daraus entstehenden Verbindlichkeiten («Schulden»), die irgendwann zu einem **Abgang** (Rückzahlung) führen, werden in den Passivkonten erfasst und zeigen, **woher** die finanziellen Mittel des Unternehmens kommen.

Merke Passiven sind Bestände an Verbindlichkeiten («Schulden») gegenüber Fremden oder dem Eigentümer.

Buchungsregeln für Passivkonten

Im Gegensatz zu erwarteten Zugängen bei Aktiven handelt es sich bei Passiven um erwartete Abgänge. Deshalb verhalten sich die Buchungsregeln genau umgekehrt. **Passivkonten** werden mit dem **Anfangsbestand** im **Haben** eröffnet. Alle **Zunahmen** werden im **Haben** eingetragen und alle **Abnahmen** im **Soll**. Der **Saldo** ergibt sich als Füllgrösse auf der Sollseite.

Bei der Wiedereröffnung von Passivkonten trägt man folglich den Saldo als Saldovortrag wieder auf die Habenseite.

Soll	Passivkonto	Haben
– Schuldabnahmen		**Anfangsbestand** (Saldovortrag)
Schlussbestand (Saldo)		+ Schuldzunahmen

Verbindlichkeiten aus Lieferungen und Leistungen

Im Konto «**Verbindlichkeiten aus Lieferungen und Leistungen**» (abgekürzt: Verbindlichkeiten LL) werden alle **erhaltenen Rechnungen** von Lieferanten im **Haben** gebucht. Die Begleichung wie auch nachträglich erhaltene Gutschriften (Rabatt, Skonto, Warenrückgabe) werden als **Minderung der Schuld** ins **Soll** eingetragen. Der **Saldo** zeigt immer den **aktuellen Bestand** an **geschuldeten, offenen Rechnungen**.

Auch hier wird wie bei den Forderungen in der Praxis häufig für jeden Lieferanten ein eigenes Konto geführt. Diese Gläubiger von Forderungen aus Lieferungen und Leistungen nennt man **Kreditoren**.

Soll (–)	Verbindlichkeiten LL	Haben (+)
– Begleichung von Lieferantenrechnungen Nachträgliche Gutschriften von Lieferanten (Rabatte, Skontoabzüge, Rückgaben)		Anfangsbestand: offene Lieferantenrechnungen
Saldo = Bestand offene Lieferantenrechnungen bei Abschluss		+ Rechnungen von Lieferanten

Beispiel Verbindlichkeiten aus Lieferungen und Leistungen

Datum	Text	Soll	Haben
1.5.	Anfangsbestand (Saldovortrag)		890
15.5.	Merz GmbH, Rechnung für Ware		450
19.5.	Banküberweisung an Lieferant König	670	
25.5.	Wirz & Co., Rechnung für Büromaterial		160
29.5.	Postüberweisung an Lieferant Küng	220	
31.5.	Saldo	610	
		1500	1500
1.6.	Anfangsbestand (Saldovortrag)		610

Merke Forderungen LL   = offene Rechnungen an Kunden (a) → Debitoren
Verbindlichkeiten LL = offene Rechnungen bei Lieferanten (p) → Kreditoren

Bankkontokorrent als Passivkonto

Ein Kontokorrent bei der Bank kann auch als Passivkonto geführt werden. Nämlich dann, wenn die Bank dem Unternehmen einen Kredit bis zu einem bestimmten Betrag gewährt. Wenn ein Unternehmen ein Bankkonto überzieht, wird es plötzlich zu einem Passivkonto, das heisst, aus dem Guthaben wird eine Schuld bei der Bank. Dann bedeutet ein weiterer Habeneintrag nicht mehr eine Abnahme von Guthaben, sondern eine Zunahme von Schulden. In beiden Fällen handelt es sich um eine Bankbelastung. Eine Bankgutschrift wird entsprechend je nachdem als Zunahme von Guthaben oder als Abnahme von Schulden immer im Soll gebucht.

Soll	Bankguthaben	Haben	Soll	Bankverbindlichkeiten	Haben
Gutschrift		**Belastung**	**Gutschrift**		**Belastung**
= Zunahme von Guthaben		= Abnahme von Guthaben	= Abnahme von Schulden		= Zunahme von Schulden

Merke Ohne zusätzliche Angaben werden die Bankkonten in folgenden Beispielen und Aufgaben immer als Aktivkonten geführt.

Darlehen (als Verbindlichkeit)

Im Gegensatz zu den eher kurzfristig zu zahlenden Verbindlichkeiten an Lieferanten handelt es sich bei Darlehensschulden normalerweise um von Dritten (z.B. Bank, Geschäftspartner oder dem Geschäft nahestehende Personen) **langfristig** zur Verfügung gestelltes Kapital. Meistens ist das nicht gratis, es muss je nach Abmachung regelmässig ein Zins bezahlt werden. Die Konteneinträge während des Jahres beschränken sich im **Soll** auf **Rückzahlungen** oder im **Haben** auf **Krediterhöhungen**. Besteht die Sicherheit für den Darlehensgeber in einer Liegenschaft, handelt es sich um ein **Hypothekardarlehen** (abgekürzt **Hypothek**).

Eigenkapital

Buchhalterisch werden Eigentümer wie Gläubiger des Unternehmens behandelt. Sie stellen dem Unternehmen Kapital zur Verfügung. Aus Sicht des Unternehmens stellt dieses Privatkapital eine Verbindlichkeit an den oder die Eigentümer dar. Es werden also in Abhängigkeit vom Kapitalgeber grundsätzlich zwei Arten von Passiven unterschieden:

- **Fremdkapital** = Verbindlichkeiten des Unternehmens gegenüber **Fremden**
- **Eigenkapital** = Verbindlichkeiten des Unternehmens gegenüber **Eigentümern**

Im Konto **Eigenkapital** werden sämtliche **Kapitaleinlagen** von Eigentümern als Verbindlichkeiten des Unternehmens gegenüber Eigentümern im **Haben** gebucht. Bezieht hingegen ein Eigentümer für sich privat etwas aus dem Unternehmen, in welcher Form auch immer, wird das als **Kapitalrückzahlung** oder **Abnahme der Verbindlichkeiten** im **Soll** gebucht.

Soll (–)	Eigenkapital	Haben (+)
– Kapitalrückzahlungen an Eigentümer		Anfangsbestand von Verbindlichkeiten an Eigentümer
Saldo = Bestand an Eigenkapital bei Abschluss		+ Zusätzliche Kapitaleinlagen von Eigentümern

Gebräuchliche Passivkonten		
Fremdkapital	Verbindlichkeiten aus Lieferungen und Leistungen	Schulden aufgrund von erhaltenen Lieferantenrechnungen, zahlbar zwischen 30 und 90 Tagen, auch Kreditoren genannt
	Bankverbindlichkeiten	Kontokorrentschulden. Die Bank gewährt bis zu einer vereinbarten Limite Kredit für den laufenden Zahlungsverkehr.
	Passivdarlehen	Schulden aufgrund eines längerfristigen Kredits (ein oder mehrere Jahre) von einem Finanzinstitut oder einer Drittperson
	Hypotheken	Darlehen, die mit einer Liegenschaft abgesichert sind
	Eigenkapital	Kapital, das der Eigentümer dem Unternehmen überlässt. Kann als Verbindlichkeit des Unternehmens gegenüber dem Eigentümer betrachtet werden.

Auch die Passivkonten werden spätestens beim Jahresabschluss saldiert und der Bestand an Verbindlichkeiten auf der rechten (Haben-) Seite der Bilanz eingetragen.

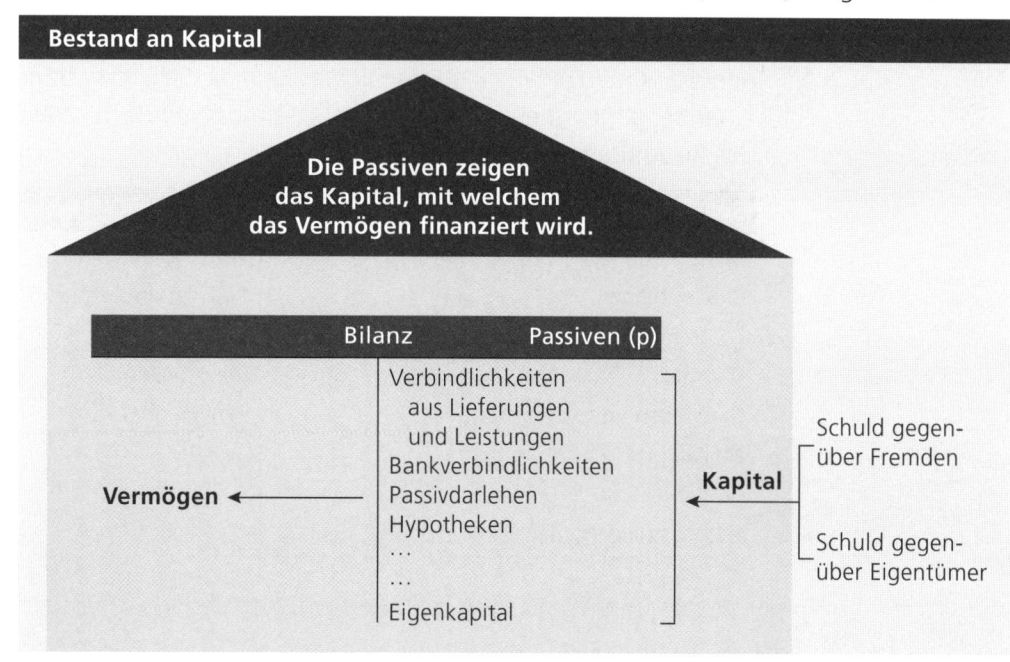

Die **Passiven** werden in der Bilanz auf der rechten Seite (Haben) aufgeführt.

Bestand an Kapital

Die Passiven zeigen das Kapital, mit welchem das Vermögen finanziert wird.

Bilanz	Passiven (p)
Vermögen ←	Verbindlichkeiten aus Lieferungen und Leistungen / Bankverbindlichkeiten / Passivdarlehen / Hypotheken / ... / ... / Eigenkapital

Kapital:
- Schuld gegenüber Fremden
- Schuld gegenüber Eigentümer

2.2.3 Buchungsregeln für die Bestandeskonten

Zusammenfassend lassen sich die Buchungsregeln wie folgt darstellen:

Die Buchungsregeln für Aktiv- und Passivkonten sind spiegelverkehrt.

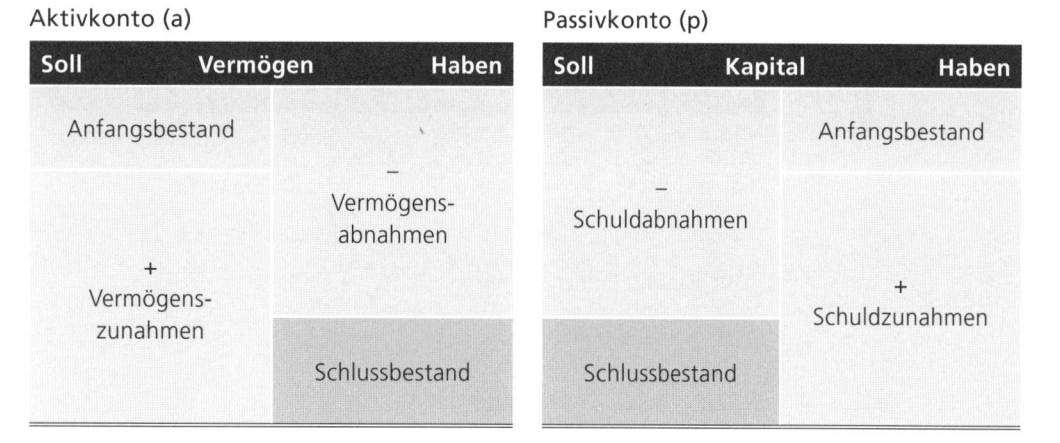

Aktivkonto (a)

Soll	Vermögen	Haben
Anfangsbestand		
		– Vermögensabnahmen
+ Vermögenszunahmen		
		Schlussbestand

Passivkonto (p)

Soll	Kapital	Haben
		Anfangsbestand
– Schuldabnahmen		
		+ Schuldzunahmen
Schlussbestand		

A E-Aufgaben 4 und 5, W-Aufgaben 7d und 7e sowie 8 bis 10

Kaufmännische Buchführung

2.2.4 Die Bilanz als Momentbild aller Aktiv- und Passivkonten

→ 2. Semester 4.1

Will man eine Übersicht über alle Bestände an Aktiven und Passiven erhalten, können die Konten jederzeit abgeschlossen und die Schlussbestände (Saldi) in der **Bilanz** einander gegenübergestellt werden. Das muss mindestens einmal jährlich, am Ende des Rechnungsjahrs, geschehen.

Soll = Saldi aller Aktiven	Bilanz vom 31.12.20_0	Haben = Saldi aller Passiven
Kasse		Verbindlichkeiten LL
Bankguthaben		Bankverbindlichkeiten
Forderungen LL		Darlehensschulden
Vorräte		Hypotheken
Maschinen und Apparate		Eigenkapital
Mobiliar und Einrichtungen		
Fahrzeuge		
Geschäftsliegenschaften		
Bilanzsumme		Bilanzsumme

Merke Die Bilanz zeigt die Aktiven (Vermögen) und die Passiven (Kapital) zu einem bestimmten Zeitpunkt. Das Datum gehört unbedingt in den Titel.

Anders ausgedrückt zeigt die **Bilanz** im Haben, woher die finanziellen Mittel kommen (Mittelherkunft), und im Soll, wie die finanziellen Mittel angelegt sind (Mittelverwendung). Sie zeigt also die finanziellen Mittel aus zwei verschiedenen Sichtweisen, weshalb der Totalbetrag der Aktiven und der Totalbetrag der Passiven betragsmässig immer gleich hoch sind. Das Total nennt man die **Bilanzsumme**.

Beispiel

Aktiven (a)	Bilanz per 31.12.20_1 Meyer Apparate		Passiven (p)
Kasse	1 000	Verbindlichkeiten LL	14 500
Bankguthaben	22 000	Darlehen	10 000
Forderungen LL	5 600	Eigenkapital	19 700
Mobiliar und Einrichtungen	15 600		
Total (= Bilanzsumme)	44 200	Total (= Bilanzsumme)	44 200

A E-Aufgabe 6, W-Aufgabe 11

Leistungsziele

1.5.1.1 Aufbau Bilanz und Erfolgsrechnung
Einführung in die doppelte Buchhaltung

- Ich gliedere Bilanzen von KMU mit den Gruppen UV, AV, kurz- und langfristiges FK und EK und erkläre die Gliederungsprinzipien.
- Ich zeige anhand von Beispielen der Kapitalbeschaffung, Kapitalrückzahlung, der Vermögensbeschaffung und des Vermögensabbaus die Auswirkungen auf die Bilanz auf (Aktiv-/Passivtausch).
- Ich erläutere den Aufbau der Erfolgsrechnung. Ich eröffne die Buchhaltung, verbuche einfache Belege, führe Journal und Hauptbuch und schliesse die Buchhaltung mit der Verbuchung des Erfolgs ab.
- Ich erkläre die Auswirkungen von erfolgswirksamen, nicht erfolgswirksamen, liquiditätswirksamen und nicht liquiditätswirksamen Geschäftsfällen auf die Bilanz und die Erfolgsrechnung. Ich ordne Geschäftsfälle zu.
- Ich erkläre den Aufbau und die Konten einer Buchhaltung anhand der Klassen, Hauptgruppen und Einzelkonti 1–9 des Kontenrahmens KMU. Ich ordne die Konten zu.

Diese Leistungsziele werden in den Kapiteln 2 bis 4 abgedeckt.

Kaufmännische Buchführung

E 2.1 Grundlagen

1. **Konto verstehen und vervollständigen**

Das zentrale Arbeitsinstrument für die Führung einer Buchhaltung ist das Konto.

a) Studieren Sie das Konto «Kasse» und geben Sie im violetten Bereich an, was die Einträge im Soll bzw. Haben bedeuten.

Kasse (Bargeldbestand)

Datum	Text		Soll	Haben
1.1.	Anfangsbestand		200	
15.1.	Bargeldeinlage		200	
19.1.	Geldentnahme für Briefmarken			50
25.1.	Geldentnahme für Getränkekauf			30
31.1.	Kassenbestand			
	Kontensumme			

b) Rechnen Sie aus, wie viel Geld am 31.1. noch in der Kasse ist.

....

c) Tragen Sie diesen Wert am richtigen Ort im Konto ein und schliessen Sie das Konto ab.

d) Wie nennt man den Kassenbestand am 31.1.?

....

2. **Inhalt eines Kontos erarbeiten**

a) Beschriften Sie das Konto «Maschinen» mit Datum, Text, Soll, Haben, Saldo.
b) Tragen Sie den Anfangsbestand von CHF 10 000 mit Text am 1.1. im Soll ein.
c) Tragen Sie den Verkauf einer alten Maschine am 2.5. mit CHF 2500 im Haben ein und ergänzen Sie den Text und die Saldospalte.
d) Schliessen Sie das Konto per 31.12. ab: Wie viel beträgt der Wert der Maschinen an diesem Stichtag?
e) Tragen Sie zur Kontrolle die Kontensumme in Soll und Haben ein.

Maschinen

E 2.2 Bestandeskonten

3. Führen von Aktivkonten

Die Schülerin Karin Kunz bastelt in ihrer Freizeit Handy-Etuis, Portemonnaies und Ähnliches aus alten Lebensmittelverpackungen. Die Erzeugnisse verkaufte sie anfänglich an ihre Freunde und Verwandten. Ihre Einnahmen dienten zur Aufbesserung des Taschengelds. Unterdessen hat sie zwei Verkaufsgeschäfte in der Altstadt gefunden, die gewillt sind, einen Teil ihrer Ware ins Sortiment aufzunehmen. Beflügelt vom Erfolg möchte Karin ihre Produktion ausdehnen und künftig weitere Kunden beliefern. Dazu benötigt sie aber eine eigene Nähmaschine. Ihre Eltern leihen ihr für den Kauf der Nähmaschine CHF 500. Sie verlangen allerdings, dass sie über ihre privaten und die mit der Produktion zusammenhängenden Einnahmen und Ausgaben Buch führt.

Führen Sie die nachfolgend aufgeführten Konten für Karin. Die Konten sind per Ende März abzuschliessen und Anfang April wieder zu eröffnen.

a) Konto «Kasse» mit fortlaufendem Saldo

Kasse

Datum	Text	Soll	Haben	Saldo
1.3.	Anfangsbestand CHF 140			
2.3.	Privatausgaben CHF 100			
3.3.	Verkauf Portemonnaie an Patrick CHF 25			
4.3.	Bardarlehen der Eltern CHF 500			
6.3.	Barbezug ab Bank CHF 900, Einlage in Kasse			
7.3.	Kauf Nähmaschine CHF 1380			
10.3.	Kauf Materialien CHF 15			
15.3.	Verkauf 6 Portemonnaies, Frühjahrsmarkt CHF 150			
20.3.	Standgebühr Frühjahrsmarkt CHF 25			
25.3.	Kauf Material CHF 32			
26.3.	Einnahmen aus Verkauf von Waren an Boutique Schneider CHF 191			
26.3.	Privatausgaben CHF 120			
31.3.	Von den Eltern erhaltenes Monatsgeld CHF 130			
31.3.	Saldo (= Kassenbestand)			
1.4.	Saldovortrag (neuer Kassenbestand)			

Wie kann Karin kontrollieren, ob der Saldo stimmt?

Kaufmännische Buchführung

b) Bankkonto mit fortlaufendem Saldo

Karin verfügt über ein Bankkonto bei der Zürcher Kantonalbank, das gemäss Bankauszug bis Ende März folgende Einträge aufweist.

1.3. Anfangsbestand Guthaben CHF 1050
6.3. Barbezug (für den Kauf einer Nähmaschine) CHF 900
15.3. Überweisung von Boutique Diversa für verkaufte Portemonnaies CHF 150
28.3. Zahlung an Jelmoli Versand AG für diverse Werkzeuge (Spezialmesser, Schere, Stahllineal) CHF 95

Bankguthaben ZKB, Zürich

Datum	Text	Soll	Haben	Saldo

c) Konto «Forderungen aus Lieferungen und Leistungen» (Forderungen LL)

Mit der Boutique Diversa hat Karin abgemacht, dass diese ihre Ware wohl ins Sortiment aufnimmt, aber erst bei erfolgreichem Verkauf per Banküberweisung (auch Bankgiro genannt) begleicht. Es wird einmal monatlich abgerechnet. Für den Monat März sieht die Abrechnung folgendermassen aus: Am 1.3. befindet sich Ware im Wert von CHF 450 bei der Boutique Diversa (Anfangsbestand Forderungen LL). Am 15.3. rechnet die Boutique ab und überweist CHF 150 auf das Bankkonto. Sie bestellt weitere zehn Portemonnaies zu CHF 20 je Stück und fünf Etuis zu CHF 15 je Stück, die Karin am 20.3. liefert. Am 28.3. erhält sie ein Portemonnaie zurück, da es beim Verschluss einen Defekt aufweist.

Forderungen LL an Boutique Diversa

Datum	Text	Soll	Haben
1.3.	Anfangsbestand	450	
15.3.	Bank (Überweisung)		150
20.3.	Lieferung 10 Portemonnaies und 5 Etuis	275	
28.3.	Rücknahme defektes Portemonnaie		20
31.3.	Schlussbestand		555
		725	725

d) Regeln für das Führen eines Aktivkontos

Setzen Sie die Begriffe «Anfangsbestand», «Vermögenszunahmen», «Vermögensabnahmen» und «Schlussbestand» in die Darstellung ein:

Soll	Aktivkonto	Haben
Anfangsbestand		Vermögensabnahmen
Vermögenszunahmen		Schlussbestand

Kaufmännische Buchführung

4. Führen von Passivkonten

Es sind die verlangten Passivkonten für Karin Kunz, die Herstellerin von Recyclingprodukten, zu führen. Die Konten sind per 31.3. abzuschliessen und per 1.4. wieder zu eröffnen.

a) Konto «Verbindlichkeiten aus Lieferungen und Leistungen» (Verbindlichkeiten LL)

Karin erhält von der Jelmoli Versand AG am 3. März eine Rechnung für diverse Werkzeuge im Betrag von CHF 100. Am 15. März schreibt ihr Jelmoli CHF 5 gut, weil die Schere Kratzspuren aufweist. Am 25.3. erhält sie eine Rechnung von Waser Büro Center AG für Materialien im Wert von CHF 230. Am 28.3. begleicht sie die Rechnung von Jelmoli.

Verbindlichkeiten LL

Datum	Text	Soll	Haben
3.3.	Jelmoli, Faktura diverse Werkzeuge		
15.3.	Jelmoli, Gutschrift		
25.3.	Waser, Rechnung für Materialien		
28.3.	Jelmoli, Banküberweisung		
31.3.			
1.4.			

b) Konto «Bankverbindlichkeiten»

1) Ergänzen Sie Karins Bankkonto (vgl. Aufgabe 3b]), unter der Annahme, dass Karin am 1. März der Bank CHF 320 schuldet, weil sie das Konto überzogen hat.

Bankverbindlichkeiten ZKB, Zürich

Datum	Text	Soll	Haben	Saldo
1.3.	Anfangsbestand (=Schuld)			
6.3.	Barbezug (CHF 900)			
15.3.	Boutique Diversa, Zahlung (CHF 150)			
28.3.	Jelmoli, Zahlung Werkzeuge (CHF 95)			
31.3.	Saldo (=Schuld bei Bank)			
1.4.	Anfangsbestand			

2) Woran ist erkennbar, dass Karin hier bei der ZKB eine Schuld hat?

....

c) Konto «Darlehen»

Führen Sie das Konto «Darlehen» für die Schuld, die gegenüber Karins Eltern entstand, als sie ihr am 4. März ein Darlehen in der Höhe von CHF 500 zahlten.

Darlehen von Eltern

Datum	Text	Soll	Haben

d) Regeln für das Führen eines Passivkontos

Setzen Sie die Begriffe «Anfangsbestand», «Schuldzunahmen», «Schuldabnahmen» und «Schlussbestand» in die Darstellung ein:

Soll	Passivkonto	Haben

5. Kaufmännische Kontenbezeichnungen

Setzen Sie die gegebenen häufig verwendeten Kontenbezeichnungen in die Tabelle ein. Es können auch mehrere zutreffen.

Kontenbezeichnungen:

Bankguthaben	Forderungen LL	Lieferantenschulden	Vorräte Handelswaren
Büromaschinen	Geschäftsliegenschaften	Mobilien	Vorräte Rohstoffe
Darlehen (Passivdarlehen)	Hypotheken	Mobiliar und Einrichtungen	
Eigenkapital	Immobilien	Verbindlichkeiten LL	
Fahrzeuge	Kundenguthaben	Vorräte fertige Erzeugnisse	

Umschreibung	Kontenbezeichnung
Durch eine Liegenschaft gesicherter Kredit	
Elektronische Apparate in der Verwaltung	
Fabrikgebäude	
Für die Produktion beschaffte Ware im Lager	
Guthaben auf Kontokorrentkonto bei einer Bank	
Guthaben bei PostFinance	
Im Lager vorhandene, fertig erstellte Produkte	
Last- und Personenwagen	
Offene Rechnungen von Kunden	
Offene Rechnungen von Lieferanten	
Vom Eigentümer zur Verfügung gestelltes Kapital	
Von einem Geschäftspartner langfristig ausgeliehenes Kapital	
Zum Wiederverkauf beschaffte Ware im Lager	

Finanzwirtschaftliche Zusammenhänge

6. Vom Konto zur Bilanz

Die Soll- und Habenspalten der Konten der Personalvermittlungsfirma Alder sind bereits addiert. Schliessen Sie die Konten ab und übertragen Sie die Bestände an Aktiven (Vermögensteile) und Passiven (Verbindlichkeiten) in die Bilanz.

S	Kasse	H
1 980		1 000
	Saldo	980

S	Verbindlichkeiten LL	H
12 400		34 080
Saldo	21 680	

S	Bankguthaben PostFinance	H
50 100		33 000
	Saldo	17 100

S	Bankverbindlichkeiten	H
12 800		45 000
Saldo	32 200	

S	Forderungen LL	H
32 700		24 500
	Saldo	8 200

S	Darlehen	H
		20 000
Saldo	20 000	

S	Mobiliar und Einrichtungen	H
127 600		
	Saldo	127 600

S	Eigenkapital	H
		80 000
Saldo	80 000	

Aktiven	Bilanz (= Auflistung aller Saldi an bestimmtem Datum)		Passiven
Konto	Saldo	Konto	Saldo
Kasse	980	Verbindlichkeiten LL	21 680
Bankguthaben PostFinance	17 100	Bankverbindlichkeiten	32 200
Forderungen LL	8 200	Darlehen	20 000
Mobiliar und Einrichtungen	127 600	Eigenkapital	80 000
	153 880		153 880

W 2.2 Bestandeskonten

7. Diverse Konten führen

a) Bankkonto mit Saldokontrolle

Setzen Sie die fehlenden Beträge in die Soll- oder Habenspalte des Kontos «Bankguthaben PostFinance» ein und bestimmen Sie in der Saldospalte das neue Guthaben. Schliessen Sie das Konto fachgerecht ab und eröffnen Sie es wieder.

Bankguthaben PostFinance

Datum	Text	Soll	Haben	Saldo
1.3.	Guthaben CHF 9000	9000		9000
2.3.	Zahlungsauftrag Nr. 30008130 für diverse Lieferantenrechnungen CHF 4500		4500	4500
5.3.	Gutschrift aus Zahlung von P. Merk CHF 560	560		5060
8.3.	Barbezug Postomat CHF 1000		1000	4060
15.3.	Kundenzahlungen CHF 2300	2300		6360
16.3.	Belastung Swisscom (Lastschriftverfahren) CHF 120		120	6240
19.3.	Zahlungsauftrag Nr. 30008131 für diverse Lieferantenzahlungen CHF 1600		1600	4640
28.3.	Kontostandmeldung der PostFinance: CHF 4750. Die Differenz stellt eine irrtümlich nicht verbuchte Kundenüberweisung dar.	110		4750
29.3.	Übertrag auf das Bankkonto CHF 4000		4000	750
30.3.	Gebührenbelastung CHF 6		6	744
31.3.	Saldo		744	0
		12970	12970	
1.4.	Anfangsbestand	744		744

b) Forderungen aus Lieferungen und Leistungen

Führen Sie für die gegebenen Buchungstatsachen das Konto «Forderungen aus Lieferungen und Leistungen» mit Abschluss und Wiedereröffnung.

Buchungstatsachen für November 20_0
- 1.11. Offene Kundenrechnungen CHF 5600
- 5.11. Rechnung an A. Tobler, Kloten CHF 1200
- 7.11. Bankgutschrift von CHF 1500 für die Zahlung des Kunden P. Nauer, Egg
- 8.11. D. Müller beanstandet die Rechnung vom 30. Oktober. Irrtümlicherweise wurden ihm trotz vereinbarter Gratislieferung CHF 40 Fracht belastet.
- 23.11. G. Marx, Überweisung auf Postkonto CHF 3400
- 25.11. Versand diverser Rechnungen an Kunden für CHF 4500
- 30.11. Abschluss des Kontos
- 1.12. Wiedereröffnung

Forderungen aus Lieferungen und Leistungen

Datum	Text	Soll	Haben

Kaufmännische Buchführung

c) Mobiliar und Einrichtungen

Setzen Sie die fehlenden Beträge in die Soll- oder Habenspalte des Kontos «Mobiliar und Einrichtungen» ein. Schliessen Sie das Konto fachgerecht ab und eröffnen Sie es wieder.

Mobiliar und Einrichtungen

Datum	Text	Soll	Haben
1.1.	Anfangsbestand Buchwert der Einrichtungen CHF 23 000		
28.2.	Mobiliar zum Buchwert von CHF 800 wird vernichtet.		
4.3.	Erhaltene Rechnung für die Einrichtung der neuen Büroräumlichkeiten CHF 18 000		
16.3.	Rechnung des Schreiners für die neuen Büroinstallationen CHF 1200		
30.6.	Die Entwertung der Einrichtungen ist für ein halbes Jahr mit CHF 2000 zu berücksichtigen.		
	Saldo (Buchwert des Mobiliars)		
1.7.	Anfangsbestand		

d) Verbindlichkeiten aus Lieferungen und Leistungen

Setzen Sie die fehlenden Beträge in die Soll- oder Habenspalte des Kontos «Verbindlichkeiten aus Lieferungen und Leistungen» ein. Schliessen Sie das Konto fachgerecht auf Ende Januar ab und eröffnen Sie es per 1. Februar wieder.

Verbindlichkeiten aus Lieferungen und Leistungen

Datum	Text	Soll	Haben
1.1.	Anfangsbestand: Schulden vom vergangenen Geschäftsjahr CHF 7800		
13.1.	Postgiro (= Überweisung) an Lieferant W. Hartmann CHF 2100		
15.1.	Rechnung von Papeterie Patricki für diverses Büromaterial CHF 230		
18.1.	Die Papeterie Patricki schreibt CHF 55 für zurückgesandte mangelhafte Kugelschreiber gut.		
23.1.	Bankbelastung von CHF 700 für die Überweisung an B. Bieri (Rechnung im Dezember verbucht)		
24.1.	Rechnung für neue Büromöbel CHF 4500		
25.1.	Der Restbetrag der Rechnung der Papeterie Patricki wird bezahlt (vgl. 15.1. und 18.1.).		
31.1.	Saldo		
1.2.	Anfangsbestand		

e) Bankverbindlichkeiten

Die Stämpfli AG eröffnet per 6. April bei der UBS Luzern ein Kontokorrentkonto, welches sie bis zu CHF 30 000 überziehen darf.

1) Führen Sie das Bankkonto aufgrund der Buchungstatsachen.

Buchungstatsachen, die das Kontokorrent bei der UBS betreffen:

16.4. Belastung für Zahlung der Rechnung an Y CHF 4600
25.4. Überweisung auf Postkonto CHF 5000
30.4. Belastung für Bancomatbezug CHF 1000
15.5. Kundenzahlungen CHF 3490
16.5. Kauf eines Notebooks, Zahlung mit Maestro-Karte CHF 1200
25.5. Lohnüberweisung an Mitarbeitende CHF 14 900
 1.6. Belastung Monatsabrechnung für erfolgte Zahlungen mit der Visa-Karte CHF 6700
23.6. Gutschrift für Verkauf von Nestlé-Aktien an Börse CHF 15 600
25.6. Lohnüberweisung an Mitarbeitende CHF 14 900
30.6. Belastung Zins CHF 210
30.6. Belastung Bankspesen CHF 87
30.6. Abschluss
 1.7. Wiedereröffnung
 2.7. Zahlungseingang des Grosskunden Z CHF 25 000
 6.7. Belastung für Bancomatbezug CHF 450

Kaufmännische Buchführung

Bankkontokorrent UBS, Luzern

Datum	Text	Soll	Haben
6.4.	Eröffnung Kontokorrent		

2) Erklären Sie, ob es sich bei diesem Bankkonto aus Sicht des Bankkunden um ein Aktiv- oder um ein Passivkonto handelt, und begründen Sie, warum.

3) Tragen Sie je die Begriffe «Anfangsbestand», «Gutschriften», «Belastungen» und «Schlussbestand» in die beiden Darstellungen ein.

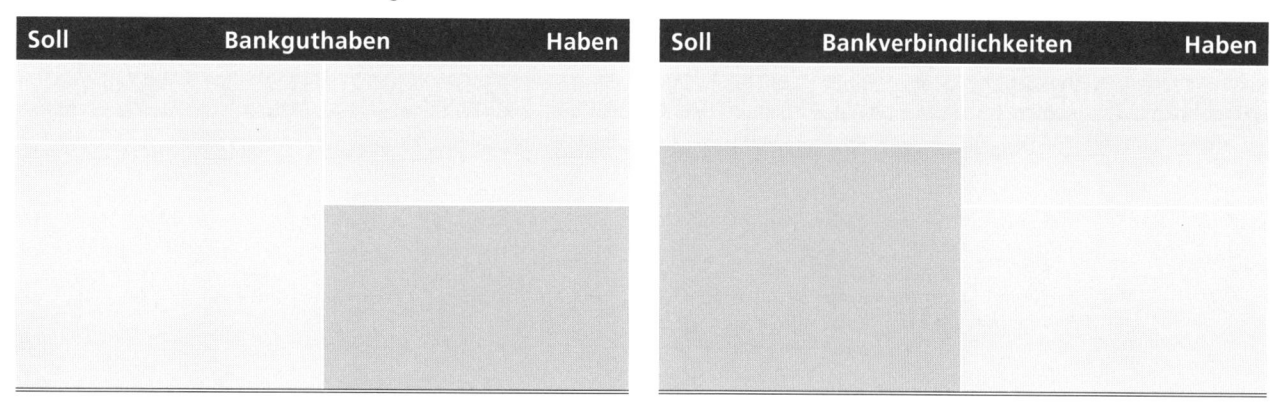

Soll	Bankguthaben	Haben

Soll	Bankverbindlichkeiten	Haben

8. Eigenkapitalkonto

Eva Badia eröffnet per 1.5. einen Coiffeursalon. Sie richtet bei der CS Luzern ein Geschäftskontokorrent ein und überweist von ihrem Privatvermögen CHF 20 000. Von nun an trennt sie den Privathaushalt strikt vom Coiffeursalon und führt zu diesem Zweck in der Geschäftsbuchhaltung ein Eigenkapitalkonto. Wie wird sie die folgenden Buchungstatsachen in dieses Konto eintragen?

- 1.5. Kapitaleinlage CHF 20 000
- 10.5. Eva Badia zügelt diverses Mobiliar aus dem Privathaushalt als Kapitaleinlage ins Geschäft, geschätzter Wert CHF 5000.
- 25.5. Das Trinkgeld wird abgerechnet und verteilt. Eva Badia stehen CHF 450 zu, die sie aber in der Geschäftskasse lässt (Kapitaleinlage).
- 26.5. Die Abrechnung für ein privates Nachtessen mit den Kindern für CHF 350 wird von der Kreditkartenorganisation dem Geschäftskonto belastet. Es wird als Kapitalrückzahlung gebucht.
- 31.5. Eva Badia entnimmt der Geschäftskasse CHF 2000, was einer Kapitalrückzahlung des Coiffeursalons an die Eigentümerin gleichkommt.
- 31.5. Kontoabschluss

Eigenkapital

Datum	Text	Soll	Haben

9. Theoriefragen richtig oder falsch

Kreuzen Sie an, ob die folgenden Aussagen richtig (R) oder falsch (F) sind.
Falsche Aussagen korrigieren Sie auf der Zeile darunter.

R	F	Aussage
☐	☐	Der Überbegriff von Aktiv- und Passivkonten lautet «Bestandeskonten».
☐	☐	In den Aktivkonten ist die Summe der Beträge auf der Sollseite höher als auf der Habenseite. Der Saldo steht beim Abschluss im Soll.
☐	☐	Den Saldo findet man bei Passivkonten im Soll.
☐	☐	Soll bedeutet Zunahme.
☐	☐	Der Eintrag im Soll bei einem Bankkonto bedeutet entweder Zunahme eines Guthabens oder Abnahme einer Schuld.
☐	☐	Eine Bankgutschrift wird bei Bankguthaben im Soll und bei Bankverbindlichkeiten im Haben eingetragen.
☐	☐	Aktivkonten zeigen die Bestände an Vermögen und deren Veränderungen.
☐	☐	Schuldabnahmen werden im Haben eingetragen.
☐	☐	Der Kauf eines Kopiergeräts für die Verkaufsabteilung wird im Konto «Mobiliar und Einrichtungen» oder «Maschinen und Apparate» im Soll eingetragen.

10. Fachausdrücke

Was bedeuten die folgenden Fachausdrücke?

Buchungstatsache:

Aktiven:

Soll:

Hypothek:

Eigenkapital:

Aktivdarlehen:

Immobilien:

Verbindlichkeiten LL:

Büroeinrichtungen:

Vorräte Handelswaren:

11. Konteneinträge interpretieren, Bilanz erstellen

Die Bestandeskonten der Wäscherei A. Wild in Wil werden nach einem Monat, am 31. Januar 20_7, abgeschlossen und zeigen vor Berechnung des Saldos folgende Additionen der Soll- und Habeneinträge.

	Soll	Haben
Kasse	1 200	1 050
Bankguthaben	21 180	5 300
Forderungen LL	3 520	2 420
Waschchemikalien	790	50
Waschmaschinen	30 690	
Mobiliar und Einrichtungen	7 240	
Verbindlichkeiten LL	3 300	5 900
Darlehen von A. Fritsche		16 000
Eigenkapital		37 200

a) Was zeigen die 1050 im Haben der Kasse?

b) Wie viel Geld liegt am 31. Januar 20_7 in der Kasse?

Kaufmännische Buchführung

c) Für wie viel CHF hat die Wild AG im Januar Wäsche auf Rechnung geliefert, wenn der Saldovortrag im Konto «Forderungen LL» am 1. Januar CHF 1300 betrug?

d) Hat die Wäscherei bei der Bank ein Guthaben oder eine Schuld (mit Betrag und Lösungsweg)?

e) Wie viel hat die Wäscherei A. Wild im Januar ausgegeben, um die Lieferantenrechnungen zu bezahlen?

f) Tragen Sie in der Bilanz per 31.1. 20_7 die Beträge der Aktiven und Passiven der Wäscherei A. Wild ein und addieren Sie die beiden Seiten.

Aktiven	Bilanz per 31.1. 20_7		Passiven
Kasse		Verbindlichkeiten LL	
Bankguthaben		Darlehen von A. Fritsche	
Forderungen LL		Eigenkapital	
Waschchemikalien			
Waschmaschinen			
Mobiliar und Einrichtungen			
Total (Bilanzsumme)		Total (Bilanzsumme)	

g) Bestimmen Sie, wofür in der Wäscherei A. Wild am meisten Mittel (Geld) eingesetzt worden sind. Wie viel Prozent vom Vermögen ist das (auf Ganze gerundet)?

h) Wie viel Prozent der finanziellen Mittel stammt von Adrian Wild selbst?

1 Betriebswirtschaftliche Zusammenhänge
Kaufmännische Ausbildung

Inhaltsverzeichnis

		Theorie	Aufgaben
1.1	Berufsbild Kauffrau/Kaufmann	66	
1.2	Ausbildungsanbieter	66	70
1.3	Das Fach «Wirtschaft und Gesellschaft»	69	

1 Kaufmännische Ausbildung

1.1 Berufsbild Kauffrau/Kaufmann

Einführungsfall

Patricia Kaltenbach, Fabian Frei und Mirco Eigenmann haben sich lange überlegt, welche Berufslehre sie machen sollen. Nun haben sie alle drei einen Lehrvertrag für die Grundbildung Kauffrau/Kaufmann EFZ unterschrieben. Patricia wird die «Erweiterte Grundbildung» (E-Profil), Fabian die «Basis-Grundbildung» (B-Profil) und Mirco die Grundbildung Kauffrau/Kaufmann EFZ mit Berufsmaturität in Angriff nehmen.

Im Verlauf der Informationsbeschaffung haben sie erfahren, dass jedes Jahr rund 14 000 Lernende eine kaufmännische Grundbildung beginnen. Sie überlegen, weshalb dies wohl so ist ...

In einer Arztpraxis oder Praxis für Physiotherapie werden Patientinnen und Patienten mit gezielten Therapien behandelt; in einer Maschinenfabrik werden Baumaschinen und Bagger produziert; das Warenhaus bietet seinen Kundinnen und Kunden eine Vielzahl von Produkten an.

In diesen Unternehmen arbeiten ganz unterschiedliche Berufsleute mit unterschiedlichen Fachkenntnissen: Physiotherapeutinnen und Physiotherapeuten, Ingenieurinnen und Ingenieure, Mechanikerinnen und Mechaniker, Lageristinnen und Lageristen, Verkaufspersonen. In allen Betrieben braucht es zusätzlich aber auch Mitarbeitende mit kaufmännischen Fähigkeiten. Im Bildungsplan für Kaufleute sind die Handlungskompetenzen, über welche eine Kauffrau und ein Kaufmann verfügen müssen, dargestellt.

«**Basis-Grundbildung**» bedeutet, dass die Kaufleute über breitere Kenntnisse in «Informatik/Kommunikation/Administration» (IKA) verfügen, während in der «**Erweiterten Grundbildung**» breitere Kenntnisse in «Wirtschaft und Gesellschaft» (W&G) erworben werden und eine zweite Fremdsprache erlernt wird. Die Grundbildung **Kauffrau/Kaufmann EFZ mit Berufsmaturität** schliesst mit dem eidgenössischen Fähigkeitszeugnis und zusätzlich mit dem Berufsmaturitätszeugnis ab. Die Ausbildungsinhalte des E-Profils werden einerseits vertieft und andererseits ergänzt durch allgemeinbildende Fächer.

Lösung Einführungsfall

Weil kein Betrieb ohne kaufmännische Führung überleben kann, braucht es überall entsprechende Fachleute. Ausserdem ist die Ausbildung sehr breit gefächert, was Kaufleute vielseitig einsetzbar macht. Mit insgesamt rund 43 000 Lernenden ist es die grösste berufliche Grundbildung.

1.2 Ausbildungsanbieter

Die Lernenden einer Klasse kommen aus ganz verschiedenen Lehrbetrieben. Diese Betriebe lassen sich nach verschiedenen Kriterien gliedern, so z.B. nach ihrer **Grösse**, gemessen an der Anzahl Mitarbeitenden (MA), und nach ihren **Tätigkeiten**.

1.2.1 Grösse der Unternehmen gemäss Anzahl Mitarbeitenden

In Bezug auf die **Anzahl Mitarbeitenden** gibt es folgende vier Klassen:

KMU	Mikrobetriebe (Mikro)	1–9 Mitarbeitende
	Kleinbetriebe (KU)	10–49 Mitarbeitende
	Mittelgrosse Betriebe (MU)	50–249 Mitarbeitende
	Grossbetriebe (GU)	ab 250 Mitarbeitenden

Merke Der Begriff «KMU» (kleine und mittlere Unternehmen) wird häufig als Abkürzung für Mikro-, Klein- und mittelgrosse Unternehmen benützt.

2015 waren von total 581 954 privaten Unternehmen 99,73 % resp. 580 391 KMU und rund 0,27 % resp. 1563 Grossunternehmen.

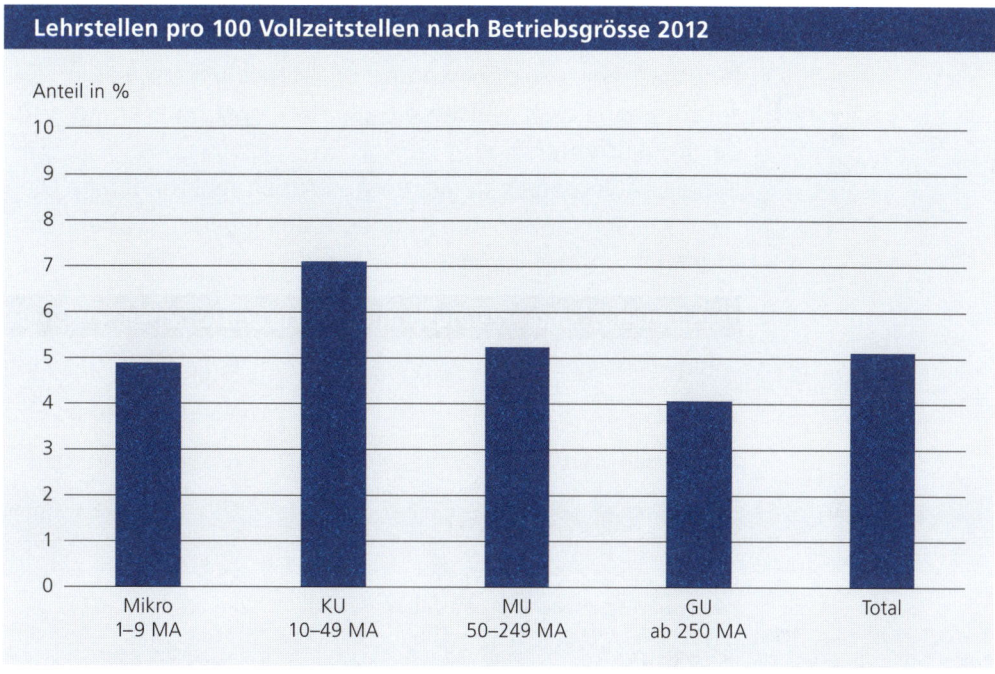

Lehrstellen pro 100 Vollzeitstellen nach Betriebsgrösse 2012

Anteil in %

- Mikro 1–9 MA: ca. 5
- KU 10–49 MA: ca. 7
- MU 50–249 MA: ca. 5
- GU ab 250 MA: ca. 4
- Total: ca. 5

Quelle: BFS

Folgende Aussagen lassen sich formulieren:
- Die Grafik zeigt den prozentualen Anteil von Lehrstellen im Verhältnis zur Gesamtzahl der Angestellten. Damit zeigt sie die Lehrlingsquote.
- KMU sind wichtige Ausbildungsunternehmen, weil sie prozentual zur Gesamtzahl der Angestellten am meisten Lernende ausbilden.
- Den grössten Lehrlingsanteil haben die Unternehmen mit 10–49 Angestellten.

A E-Aufgabe 1

1.2.2 Tätigkeit der Unternehmen

Unternehmen gehen sehr unterschiedlichen Tätigkeiten nach. Diese lassen sich grob in drei Bereiche, **Wirtschaftssektoren** genannt, unterteilen.

1. oder primärer Sektor: Rohstoffgewinnung
Unternehmen liefern Rohstoffe, wobei nach enger Definition nur Betriebe der Land-, Forst- und Viehwirtschaft sowie Fischereiunternehmen dazugerechnet werden.

2. oder sekundärer Sektor: Rohstoffverarbeitung
Unternehmen verarbeiten die Rohstoffe weiter zu Waren resp. Fabrikaten. Industriebetriebe, verarbeitendes Gewerbe, Hoch-, Tief- und Bergbau gehören dazu.

→ GWZ 1.3 **3. oder tertiärer Sektor: Dienstleistungen**
Unternehmen erbringen Leistungen zur Deckung unterschiedlicher Bedürfnisse. Dazu gehören Handelsunternehmen, Speditionen, Restaurants, Coiffeurgeschäfte genauso wie Banken, Versicherungen oder öffentliche Verwaltungen.

Innerhalb eines Sektors werden **Branchen** unterschieden. Darin sind Unternehmen zusammengefasst, welche die gleiche Leistung erbringen und deshalb untereinander Konkurrenten sind.

In der Schweiz arbeiten die meisten Arbeitnehmenden im Dienstleistungssektor. Hier werden auch die meisten Kaufleute ausgebildet, wobei man folgende Ausbildungsbranchen unterscheidet.

Ausbildungs- und Prüfungsbranchen Kaufleute (alphabetisch geordnet)	
Automobil-Gewerbe	Nahrungsmittel-Industrie
Bank	Notariate Schweiz
Bauen und Wohnen (IG Fachgrosshandel)	Öffentlicher Verkehr
Bundesverwaltung	Öffentliche Verwaltung (ovap)
Chemie	Privatversicherung
Dienstleistung und Administration (D&A)	Reisebüro
Handel	Santésuisse
Hotel-Gastro-Tourismus (HGT)	Spitäler/Kliniken/Heime
Internationale Speditionslogistik (ISL)	Transport
Marketing & Kommunikation	Treuhand/Immobilien
Maschinen-, Elektro- und Metallindustrie (MEM-Industrie)	

Quelle: SKKAB

A E-Aufgabe 2

1.3 Das Fach «Wirtschaft und Gesellschaft»

Kaufleute müssen über ein solides Grundlagenwissen in den Bereichen «Finanz- und betriebswirtschaftliche Zusammenhänge» sowie «Recht und Staat» verfügen. Sie müssen zudem gesamtwirtschaftliche und gesellschaftliche Zusammenhänge verstehen. Dieses Wissen wird ihnen im Fach «Wirtschaft und Gesellschaft» (W&G) vermittelt.

Wirtschaft und Gesellschaft (W&G)

W&G beinhaltet:
- Finanzwirtschaftliche Zusammenhänge
- Recht und Staat
- Betriebswirtschaftliche Zusammenhänge
- Gesamtwirtschaftliche und gesellschaftliche Zusammenhänge

Folgende Fragestellungen sind typisch für die einzelnen Bereiche:

Frage	Bereich
Wie viel müssen wir für unsere Dienstleistung verlangen, damit wir unsere Kosten decken und einen angemessenen Gewinn erzielen?	**Finanzwirtschaftliche Zusammenhänge** Kapitel «Kalkulation»
Wie informieren wir die Kundschaft über unsere Produkte?	**Betriebswirtschaftliche Zusammenhänge** Kapitel «Marketing-Mix»
Kann der Kunde, der bei uns Waren bestellt hat, diese einfach zurückschicken und sagen, er hätte sie woanders billiger bekommen?	**Recht und Staat** Kapitel «Kaufvertrag»
Weshalb ist es eine Herausforderung für die Gesellschaft, dass es immer mehr alte und immer weniger junge Leute gibt?	**Gesamtwirtschaftliche und gesellschaftliche Zusammenhänge** Kapitel «Sozialer Ausgleich»

Kaufmännische Ausbildung

E 1.2 Ausbildungsanbieter

1. Anzahl Unternehmen nach Grössenklassen

Die Zahlen des Bundesamts für Statistik (BFS) zeigen, wie viele Betriebe es je Grössenklasse gibt.

Unternehmen nach Wirtschaftsabteilungen und Grössenklasse						Total	
	Anzahl Unternehmen (2013)						
Klasse	1–9 MA	10–49 MA	50–249 MA	Total KMU	> 249 MA	Unternehmen	Beschäftigte
Total	519 697	35 213	7003	561 913	1265	563 178	4 303 320

Quelle: BFS

Füllen Sie die Tabelle für das Jahr 2013 aus, indem Sie die fehlenden Zahlen einsetzen und die prozentualen Anteile berechnen. Stellen Sie fest, ob die Verteilung in Ihrer Schulklasse der Gesamtverteilung entspricht.

Grössenklasse	Unternehmen in der Schweiz		Schulklasse	
	Anzahl (2013)	in Prozenten (auf eine Kommastelle gerundet)	Anzahl	in Prozenten (auf eine Kommastelle gerundet)
Mikrobetriebe				
Kleinbetriebe				
Mittelgrosse Betriebe				
Grossbetriebe				
Total		99,9 %		100 %

Beenden Sie den folgenden Satz mit den Resultaten für Ihre Schulklasse.

Die meisten Unternehmen (92 %) sind Mikrobetriebe mit bis zu neun Mitarbeitenden. Von uns sind die meisten in .... angestellt.

Betriebswirtschaftliche Zusammenhänge

2. Anzahl Beschäftigte je Sektor

Vervollständigen Sie die folgende Tabelle, indem Sie das Total eintragen und die prozentualen Anteile berechnen. Stellen Sie fest, ob die Verteilung in Ihrer Schulklasse der gesamtschweizerischen Verteilung entspricht.

Beschäftigte nach Sektoren in der ganzen Schweiz.

Sektor	Anzahl Beschäftigte in der Schweiz (2013)	In Prozenten (auf eine Kommastelle gerundet)	Anzahl Lernende in der Schulklasse	Prozentualer Anteil in der Schulklasse
1. Sektor	106 454			
2. Sektor	1 093 804			
3. Sektor	3 704 444			
Total		100 %		100 %

Quelle: BFS

Beenden Sie den folgenden Satz mit den Resultaten für Ihre Schulklasse.

Die meisten Beschäftigten arbeiten im 3. Sektor (75,5 %). In unserer Klasse arbeiten .... im 3. Sektor.

2 Betriebswirtschaftliche Zusammenhänge
Unternehmen, Anspruchsgruppen und Umweltsphären

Inhaltsverzeichnis

		Theorie	Aufgaben
2.1	Anspruchsgruppen	74	81
2.2	Zielbeziehungen	77	86
2.3	Umweltsphären	78	92
2.4	Das Unternehmungsmodell – Anspruchsgruppen und Umweltsphären	79	99

Leistungsziele	80

2 Unternehmen, Anspruchsgruppen und Umweltsphären

Einführungsfall Das US-Unternehmen Apple Inc. ist 1976 von Steve Jobs, Steve Wozniak und Ronald Wayne mit wenig Kapital gegründet worden. Seit 2013 ist Apple u.a. gemäss Interbrand die wertvollste Marke weltweit und beschäftigt gemäss Jahresbericht 2017 123 000 Mitarbeitende.
Das Schweizer Unternehmen Ricola AG, mit Sitz in Laufen, ist 1924 aus dem Einzelunternehmen Emil Richterich entstanden. 2017 steht im Firmenporträt, dass Ricola mit über 400 Mitarbeiterinnen und Mitarbeitern einen Jahresumsatz von mehr als CHF 300 Mio. erzielt und die Kräuterspezialitäten in mehr als 50 Länder exportiert.
Was braucht es, damit ein Unternehmen erfolgreich ist und über viele Jahre wächst?

→ **GWZ Kapitel 1** In Unternehmen arbeiten Menschen zusammen. Sie schaffen Güter oder Dienstleistungen, die sie verkaufen wollen.

Beispiel Apple stellt Computer, Smartphones, Software etc. her, Ricola Kräuterbonbons, ein Coiffeurgeschäft schneidet Haare.

Unternehmen wollen mit ihrer Tätigkeit erfolgreich sein. Langfristig erfolgreich heisst Gewinne erzielen, den Wert des Unternehmens steigern.
Damit das gelingt, braucht es u.a.

→ **Kapitel 3**
- eine gute Idee und ihre Umsetzung
- einen optimalen Umgang mit Interessengruppen → Anspruchsgruppen
- ein frühes Erkennen von Chancen und Risiken durch Veränderungen der Rahmenbedingungen des Unternehmens → Umweltsphären

2.1 Anspruchsgruppen

Stellen wir das Unternehmen in den Mittelpunkt unserer Betrachtung. Von ihm aus blicken wir auf die Personen, mit denen es zu tun hat. Aus allen Personen lassen sich acht Gruppen bilden, sog. **Anspruchsgruppen** (Stakeholders). Die Anspruchsgruppen haben bestimmte Erwartungen an das Unternehmen, die dieses zu erfüllen versucht. Seinerseits will das Unternehmen, dass die Anspruchsgruppen auch seine Erwartungen erfüllen. Die Beziehung zwischen beiden ist also gegenseitig.
Die folgende Übersicht enthält die wichtigsten Anspruchsgruppen eines Unternehmens.

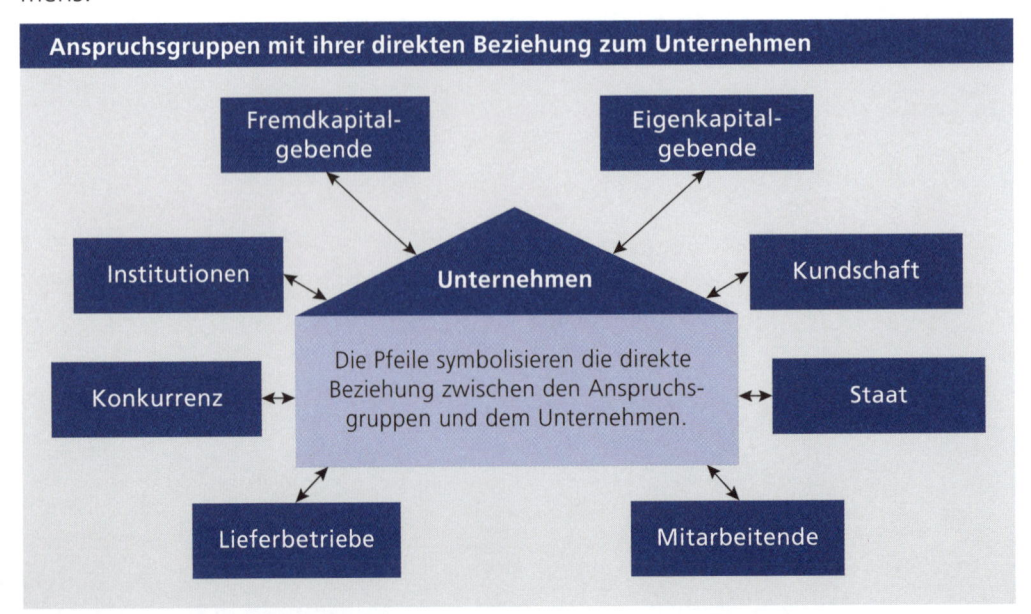

Anspruchsgruppen mit ihrer direkten Beziehung zum Unternehmen

- Fremdkapitalgebende
- Eigenkapitalgebende
- Institutionen
- Kundschaft
- Konkurrenz
- Staat
- Lieferbetriebe
- Mitarbeitende

Die Pfeile symbolisieren die direkte Beziehung zwischen den Anspruchsgruppen und dem Unternehmen.

Wer sind die Anspruchsgruppen genau, und welche Erwartungen bestehen auf beiden Seiten?

Kundschaft

Als Kundinnen und Kunden werden Personen oder Unternehmen bezeichnet, welche die angebotenen Güter und Dienstleistungen von Unternehmen kaufen, d.h. einen Preis dafür bezahlen.
Sie erwarten, dass die Produkte und Dienstleistungen ihre Bedürfnisse (Wünsche) erfüllen und sie nicht mehr bezahlen müssen, als sie wollen. Das Unternehmen seinerseits erwartet, dass die Kundinnen und Kunden seine Produkte und Dienstleistungen immer wieder kaufen und davon berichten, wie zufrieden sie sind.

Lieferbetriebe

Als Lieferbetriebe werden Unternehmen bezeichnet, von welchen Güter und Dienstleistungen eingekauft werden. Es handelt sich dabei je nach Tätigkeit des Unternehmens um Handelswaren, Rohmaterial oder Komponenten wie z.B. Motoren in der Automobilindustrie. Genauso werden aber auch Büromaterial, IT-Anlagen, Fahrzeuge oder Dienstleistungen wie Treuhanddienstleistungen, Versicherungen oder Werbekonzepte eingekauft.
Lieferbetriebe wollen immer wieder liefern können und ihre Rechnungen pünktlich bezahlt erhalten. Für das Unternehmen ist wichtig, dass zuverlässig geliefert wird und dass die Preise möglichst tief sind.

Mitarbeitende

Mitarbeitende, auch Angestellte genannt, stellen ihre Arbeitskraft und ihr Wissen für Lohn als Entgelt zur Verfügung. Mitarbeitende nehmen unterschiedliche Funktionen im Betrieb wahr und haben deshalb unterschiedliche Erwartungen.
Sie stellen eine Anspruchsgruppe dar, weil sie als Aussenstehende ihre Arbeitskraft und ihr Wissen anbieten.
Sie erwarten ein verlässliches Arbeitsverhältnis, faire Löhne und dass das Unternehmen ihre Rechte respektiert. Das Unternehmen will motivierte, leistungsbereite und treue Arbeitnehmende, die ihre Aufgaben sehr gut erfüllen. Dafür zahlt es Lohn.

Eigenkapitalgebende

Eigenkapitalgebende stellen dem Unternehmen dauerhaft Kapital (Geld) zur Verfügung, womit ihnen das Unternehmen oder ein Teil davon gehört. Sie werden auch Inhaber genannt.
Sie wollen, dass das Unternehmen das Kapital gut einsetzt, damit Gewinn erwirtschaftet wird und das Unternehmen langfristig existiert. Sie wollen hohe Gewinnausschüttungen und Mitbestimmung. Das Unternehmen will, dass das Kapital dauerhaft zur Verfügung gestellt wird, und Eigentümer, die den langfristigen Fortbestand des Unternehmens fördern.

Fremdkapitalgebende

Fremdkapitalgebende sind Personen oder Unternehmen wie z.B. Banken, welche einem Unternehmen für eine gewisse Zeit Kapital zur Verfügung stellen und dafür Zinszahlungen verlangen. Sie werden auch Gläubiger genannt. Das Unternehmen verschuldet sich vorübergehend. Nach Ablauf der Kreditfrist muss das Kapital zurückbezahlt werden.
Die Fremdkapitalgebenden wollen den vereinbarten Zins bezahlt erhalten sowie das Geld bei Fälligkeit zurückbezahlt bekommen. Das Unternehmen will für eine bestimmte Laufzeit Geld zu möglichst tiefen Zinsen erhalten.

Staat

Mit dem Staat sind die Behörden gemeint, welche die politischen und wirtschaftlichen Rahmenbedingungen entwickeln und festlegen sowie Vorschriften durchsetzen.
Der Staat will, dass sich Unternehmen an die Gesetze halten und Gewinne erzielen, damit hohe Steuereinnahmen anfallen. Ein Unternehmen möchte möglichst wenig bürokratischen Aufwand sowie Behörden, die es unterstützen sowie eine gute Infrastruktur bieten.

Konkurrenz

Als Konkurrenz werden Unternehmen bezeichnet, welche in der gleichen Branche arbeiten, also gleiche oder ähnliche Güter oder Dienstleistungen anbieten.
Konkurrenten erwarten gegenseitig fairen Wettbewerb und das Einhalten entsprechender Regeln.

Institutionen

Als Institutionen werden Personenverbindungen bezeichnet, die gegenüber dem Unternehmen spezifische Interessen vertreten.

Beispiele Nichtgewinnorientierte Organisationen (Non-Profit-Organisationen, NPO) wie z.B. Arbeitgeber- und Arbeitnehmerverbände, Verkehrsverbände, Umwelt-, Tierschutzorganisationen, Konsumentenschutzorganisationen, politische Parteien, Medien

Nicht nur die von ihnen vertretenen Interessen sind vielfältig und verschieden, sondern auch die Art, wie sie vorgehen, und die Mittel, die sie verwenden, um ihre Interessen durchzusetzen. Diese reichen von Berichterstattung, Werbung, Lobbyieren, bis hin zu Demonstrationen und Boykottaufrufen.
Unternehmen wollen fair behandelt werden und so ein gutes Bild in der Öffentlichkeit abgeben.

Merke Wichtige Erwartungen der einzelnen Anspruchsgruppen sind:

Anspruchsgruppe	Erwartungen der Anspruchsgruppe an das Unternehmen	Erwartungen des Unternehmens an die Anspruchsgruppe
Kundschaft	Gutes Preis-Leistungs-Verhältnis, Erfüllung ihrer Bedürfnisse und Wünsche	Regelmässiger Kauf der angebotenen Leistung
Lieferbetriebe	Regelmässige Bestellungen zu guten Preisen, pünktliche Bezahlung der Rechnungen	Pünktliche Lieferungen, Ware in einwandfreier Qualität
Mitarbeitende	Sichere, gut bezahlte Arbeitsplätze, Einhaltung der Gesetze	Motivation, gute Arbeit, Zuverlässigkeit
Eigenkapitalgebende	Gewinn, Wertzuwachs des Unternehmens	Unbeschränkt zur Verfügung gestelltes Kapital
Fremdkapitalgebende	Pünktliche Zinszahlungen und Rückzahlung bei Ablauf	Kapital für beschränkte Zeit zu tiefen Zinsen
Staat	Arbeitsplätze, Einhaltung aller Gesetze, Steuern	Schutz von Eigentum, gute Rahmenbedingungen, Infrastruktur
Konkurrenz	Fairer Wettbewerb, gleiche Interessen gemeinsam durchsetzen	Fairer Wettbewerb, gleiche Interessen gemeinsam durchsetzen
Institutionen	Erfüllung ihrer spezifischen Interessen, transparente Informationspolitik	Faire Berichte in den Medien, keine unangemessenen Forderungen

A E-Aufgaben 1 bis 4, W-Aufgabe 5

2.2 Zielbeziehungen

Man unterscheidet drei Arten von Zielbeziehungen:

Zielbeziehungen			
	Zielharmonie	Zielneutralität Zielindifferenz	Zielkonflikt
Beschreibung	Erwartungen **entsprechen** den unternehmerischen Zielen. ↓	Erwartungen **betreffen** die unternehmerischen Ziele **nicht**. ↓	Erwartungen **widersprechen** den unternehmerischen Zielen. ↓
Folge	gut erfüllbar	kein Entscheid nötig	Entscheid nötig
Beispiel	Mitarbeitende wollen sich weiterbilden. Das Unternehmen will möglichst gut qualifizierte Mitarbeitende haben.	Das Geschäft schliesst um 18.30 Uhr. Mitarbeiter Xavier Müller will dreimal pro Woche um 20.00 Uhr am Fussballtraining teilnehmen.	Das Geschäft verlangt vom Mitarbeitenden Benno Kunz Überstundenarbeit. Benno Kunz will wie gewohnt um 17.00 Uhr im Training sein.

Wenn die Ziele nicht gleichzeitig erreicht werden können, weil sie sich widersprechen, dann muss das Unternehmen entscheiden, welches Ziel wichtiger ist.

A E-Aufgabe 6, W-Aufgaben 7 und 8

2.3 Umweltsphären

Nebst den Anspruchsgruppen, mit denen Unternehmen direkt zu tun haben, müssen sie auf Veränderungen der ökonomischen, sozialen, ökologischen und technologischen Rahmenbedingungen achten. Diese Veränderungen wirken auf die Unternehmen oft, ohne dass sie selbst darauf Einfluss nehmen können.

Umweltsphäre ist der Begriff für Rahmenbedingungen und das Umfeld, in dem Unternehmen tätig sind.

Einflüsse aus der **ökonomischen Umweltsphäre** betreffen z.B. Entwicklungen in der Gesamtwirtschaft wie verändertes Preisniveau, Arbeitslosigkeit, Wechselkurse usw.

Veränderungen in der **sozialen Umweltsphäre** treten z. B. auf, weil sich die Bevölkerungsstruktur und die rechtlichen Rahmenbedingungen verändern und gesellschaftliche Trends auftreten.

Veränderungen in der Natur werden der **ökologischen Umweltsphäre** zugeordnet und alle Neuerungen in Produktionsverfahren, Erfindungen usw. der **technologischen Umweltsphäre**.

Unternehmen, welche solch grundlegenden Veränderungen nicht oder zu spät erkennen, geraten in Schwierigkeiten und gehen manchmal auch unter. Dies geschieht unabhängig von ihrer Grösse.

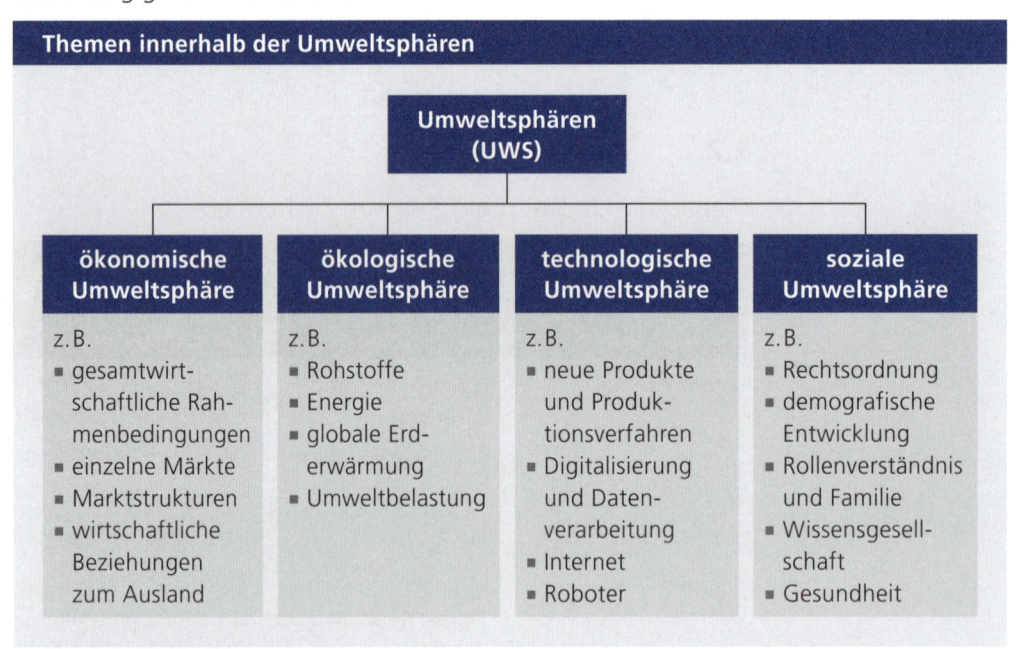

Themen innerhalb der Umweltsphären

Umweltsphären (UWS)

ökonomische Umweltsphäre	ökologische Umweltsphäre	technologische Umweltsphäre	soziale Umweltsphäre
z.B. - gesamtwirtschaftliche Rahmenbedingungen - einzelne Märkte - Marktstrukturen - wirtschaftliche Beziehungen zum Ausland	z.B. - Rohstoffe - Energie - globale Erderwärmung - Umweltbelastung	z.B. - neue Produkte und Produktionsverfahren - Digitalisierung und Datenverarbeitung - Internet - Roboter	z.B. - Rechtsordnung - demografische Entwicklung - Rollenverständnis und Familie - Wissensgesellschaft - Gesundheit

Beispiel Seit einigen Jahren fällt in Bergregionen, die auf ca. 1000 m Höhe liegen, weniger Schnee, weshalb in diesen Regionen weniger Skiferien gemacht werden. Die Ursache für den Schneemangel wird mit dem Klimawandel und der Erderwärmung in Verbindung gebracht. Für die dortigen Hotels und Skilifte entstehen existenzielle Probleme. Viele müssen den Betrieb einstellen.
Hier führt eine Veränderung in der ökologischen Umweltsphäre dazu, dass Unternehmen nicht weiter existieren können. Diese Unternehmen selbst können die Erderwärmung nicht beeinflussen.

Lösung Einführungsfall	Damit ein Unternehmen über eine lange Zeit erfolgreich ist und wächst, muss es sehr gute Produkte resp. Dienstleistungen anbieten, Erwartungen der Anspruchsgruppen erfüllen und Einflüsse aus den Umweltsphären berücksichtigen. So kann es Produkte und Dienstleistungen rechtzeitig weiterentwickeln und neue Märkte erschliessen. Dazu sind Fachkompetenz und eine umsichtige Geschäftsleitung nötig.

A E-Aufgaben 9 und 10, W-Aufgaben 11 bis 15

2.4 Das Unternehmungsmodell – Anspruchsgruppen und Umweltsphären

Das Unternehmen muss sich also mit seinem Umfeld auseinandersetzen, welches aus Anspruchsgruppen und Umweltsphären besteht.

Das **Unternehmungsmodell** bildet dieses Umfeld ab.
Die Anspruchsgruppen werden mit dem Unternehmen verbunden. Die Pfeile drücken die gegenseitigen direkten Forderungen und Erwartungen aus.
Die Umweltsphären umschliessen das Unternehmen, was durch die Ellipsen symbolisiert wird. Die Einflüsse sind konstant, wirken aber indirekt.

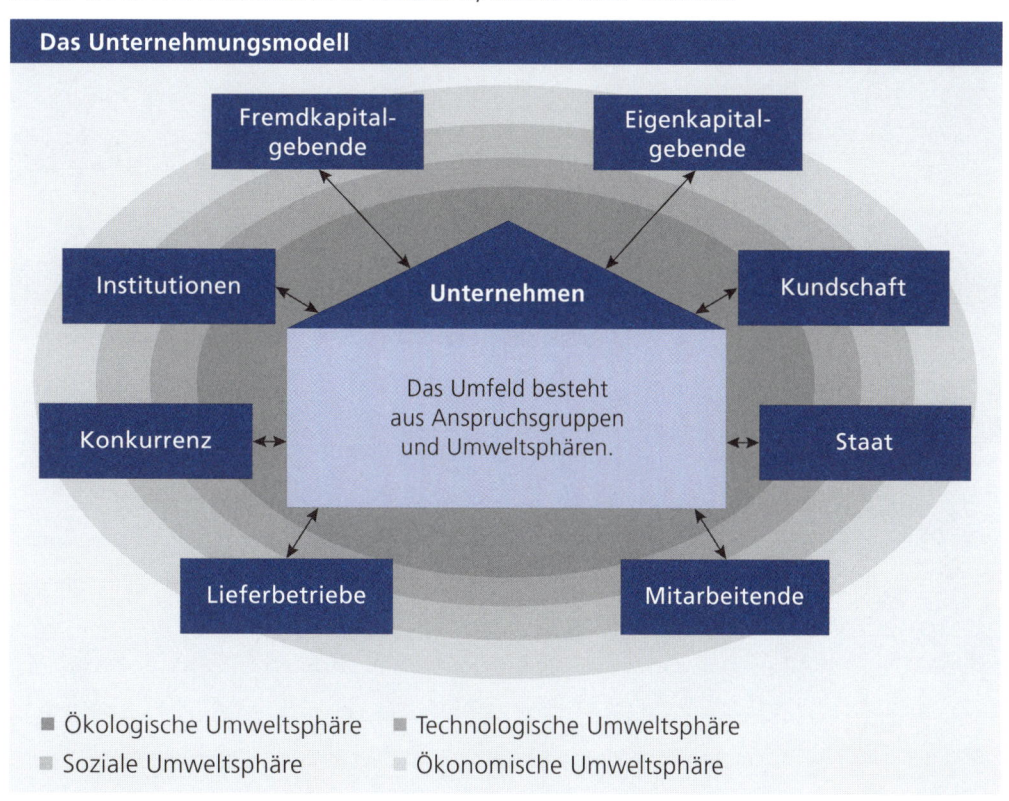

Das Unternehmungsmodell

Anspruchsgruppen: Fremdkapitalgebende, Eigenkapitalgebende, Institutionen, Kundschaft, Konkurrenz, Staat, Lieferbetriebe, Mitarbeitende

Unternehmen: Das Umfeld besteht aus Anspruchsgruppen und Umweltsphären.

- Ökologische Umweltsphäre
- Technologische Umweltsphäre
- Soziale Umweltsphäre
- Ökonomische Umweltsphäre

A E-Aufgaben 16 und 17, W-Aufgabe 18

Leistungsziele

1.5.2.1 Unternehmungsmodell – Umweltsphären

- Ich ordne anhand einfacher Fallbeispiele für das Unternehmen bedeutende Entwicklungen den Umweltsphären zu (ökonomisch, sozial, technologisch und ökologisch).

1.5.2.2 Unternehmungsmodell – Anspruchsgruppen

- Ich beschreibe anhand von Fallbeispielen die typischen Anliegen der Anspruchsgruppen an das Unternehmen und die Branche und schildere Zielkonflikte.

E 2.1 Anspruchsgruppen

1. Anspruchsgruppen und ihre Erwartungen

Petra Vögeli ist selbstständig erwerbend mit Fahrradladen und eigener Werkstatt. Sie ist ausgebildete Fahrradmechanikerin. Sie führt Fahrräder der Marke «BMC swiss cycling technologies». Zur Geschäftsgründung hat sie ihre Ersparnisse (CHF 15 000) und ein Darlehen ihrer Mutter (CHF 10 000, zu 2 % Zins, Laufzeit 7 Jahre) in das Geschäft investiert.

Der Laden ist von Montag bis Freitag von 9.30 bis 12.00 Uhr und von 14.00 bis 18.30 Uhr geöffnet. Am Samstag schliesst sie um 16.00 Uhr. Während der zwei Wochen Ferien im Sommer bleibt das Geschäft geschlossen.

Gestern hat sie Ernst Keller das Modell Urbanchallenge UC01 verkauft.

a) Tragen Sie die Personen und Gruppen mit Namen in die Kästchen ein, welche Anspruchsgruppen für Petra Vögeli darstellen. Schreiben Sie dazu, wie die Anspruchsgruppe im Modell genannt wird.

b) Tragen Sie auch Anspruchsgruppen ein, welche im Text nicht speziell erwähnt sind.

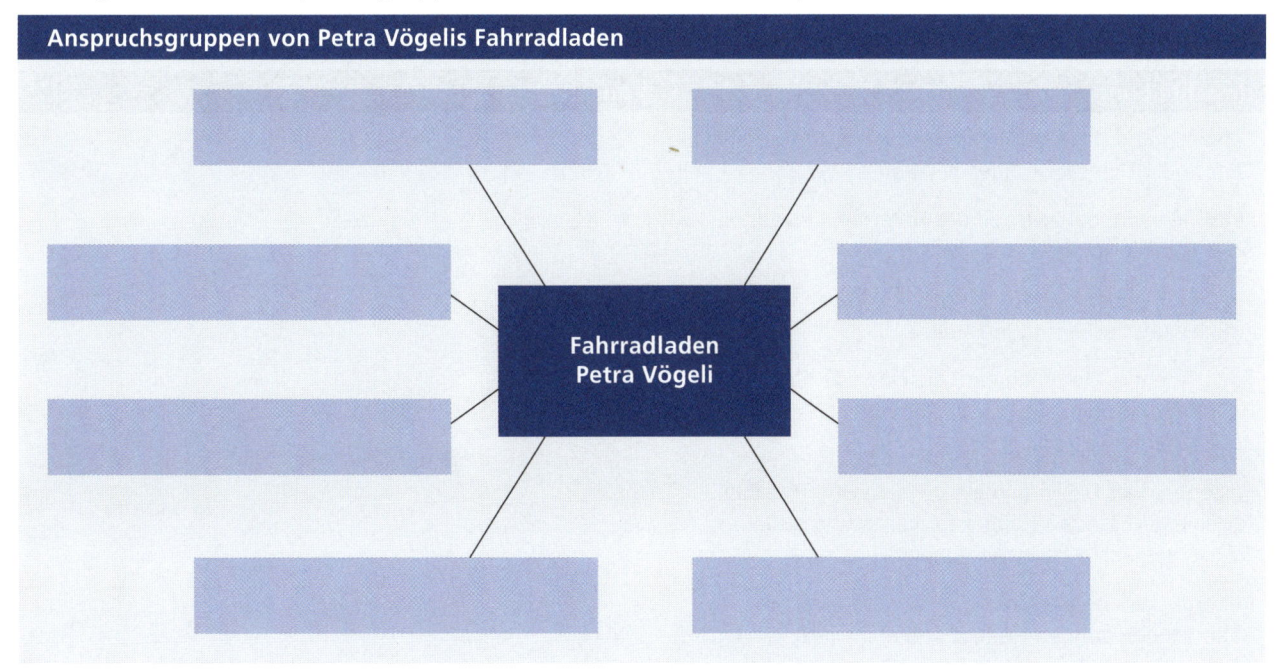

Anspruchsgruppen von Petra Vögelis Fahrradladen

(Diagramm mit zentralem Kästchen «Fahrradladen Petra Vögeli» und acht leeren Anspruchsgruppen-Kästchen)

c) Notieren Sie zu jeder Anspruchsgruppe eine konkrete Erwartung an Petra Vögeli.

Anspruchsgruppe	Erwartung

Unternehmen, Anspruchsgruppen und Umweltsphären

Anspruchsgruppe	Erwartung

2. Anspruchsgruppe erkennen

Ordnen Sie den folgenden Umschreibungen die zutreffende Anspruchsgruppe zu.

Umschreibung	Anspruchsgruppe
Personen und Unternehmen, welchen das Unternehmen Güter oder Dienstleistungen verkauft.	
Unternehmen, bei welchen das Unternehmen Güter oder Dienstleistungen einkauft.	
Personen, die dem Unternehmen ihr Wissen und ihre Arbeitskraft zur Verfügung stellen.	
Personen oder Unternehmen, die einem Unternehmen dauerhaft Grundkapital zur Verfügung stellen. Sie werden auch Inhaber genannt.	
Personen oder Unternehmen, die dem Unternehmen für eine gewisse Zeit Kapital zur Verfügung stellen. Sie werden auch Gläubiger genannt.	
Behörde, welche die politischen und gesetzlichen Rahmenbedingungen festlegt und durchsetzt.	
Unternehmen, die in der gleichen Branche arbeiten.	
Personenverbindungen, die gegenüber dem Unternehmen spezifische Interessen durchsetzen wollen.	

3. Anspruchsgruppen aufgrund von Erwartungen erkennen

Nennen Sie die Anspruchsgruppe, welche mit den folgenden Forderungen in Zusammenhang gebracht wird. Mehrfachnennungen sind möglich.

Erwartung	Anspruchsgruppe
Offene und ehrliche Berichterstattung	
Fair geführter Wettbewerb	
Einhaltung aller rechtlicher Vorschriften z.B. im Arbeits-, Umwelt-, Steuerrecht	
Rückzahlung bei Fälligkeit	
Langfristige Wertsteigerung des Unternehmens	
Spannende Arbeit	
Fristgerechte Bezahlung offener Rechnungsschulden	
Möglichst viel Gewinn	
Gemeinsame Interessenvertretung gegenüber dem Staat und anderen Gruppierungen	
Ihre Ansprüche erfüllende Verpflegungsmöglichkeit in den Pausen	
Umweltfreundliche Unternehmenspolitik	
Attraktive Arbeitsplätze	
Verzinsung des Kapitals	
Prompte Zahlung der offenen Rechnungen	
Produkte im richtigen Preis-Leistungs-Verhältnis	
Sichere Arbeitsplätze und verlässliche Steuereinnahmequelle	
Preisgünstige Leistung	
Möglichkeiten, sich weiterzubilden und weiterzuentwickeln	
Schaffen und Erhalten neuer und attraktiver Arbeitsplätze	

Unternehmen, Anspruchsgruppen und Umweltsphären

Erwartung	Anspruchsgruppe
Kompetente und freundliche Service-Hotline, die bei Problemen mit einem Gerät hilft	
Kein Verkauf von Waren unter dem Einkaufspreis	
Pünktliche Rückzahlung der Kredite	
Regelmässige Bestellungen	
Spenden für Veranstaltungen	

4. Ansprüche des Unternehmens

Notieren Sie, an welche Anspruchsgruppe das Unternehmen jeweils folgende Erwartung hat. Mehrfachnennungen sind möglich.

Erwartung	Anspruchsgruppe
Treue zum Unternehmen entwickeln	
Leistung, Motivation, Zuverlässigkeit	
Pünktliche und zuverlässige Lieferungen	
Dauerhaft zur Verfügung stehendes Kapital und Einverständnis mit den unternehmerischen Zielen	
Niedrige Zinsen	
Gute wirtschaftliche Rahmenbedingungen	
Gemeinsame Interessen als Lobby durchsetzen	
Faire Berichterstattung	

W 2.1 Anspruchsgruppen

5. Anspruchsgruppen und ihre Erwartungen

Lesen Sie die Ausgangssituation und beantworten Sie die nachfolgenden Fragen.

Lorenzo und Susanna Rossi führen zusammen eine Pizzeria in der Innenstadt von Bern. Die Anspruchsgruppen der Pizzeria haben Erwartungen an Lorenzo und Susanna Rossi. Sie finden sie jeweils beschrieben.

Formulieren Sie die Erwartungen, welche Lorenzo und Susanna Rossi an die Anspruchsgruppen haben, indem Sie den angefangenen Satz beenden.

a) Der Staat erwartet, dass Lorenzo und Susanna Rossi sich an die Gesetze halten. Lorenzo und Susanne Rossi erwarten von den Behörden, dass sie …

b) Die Lieferbetriebe wollen, dass Rossis regelmässig bei ihnen bestellen und die Rechnungen fristgerecht bezahlen. Die Rossis möchten von ihren Lieferbetrieben …

c) Die Gäste möchten gutes Essen zu fairen Preisen. Rossis erwarten von den Gästen …

d) Die Mitarbeitenden erwarten faire Löhne und gute Sozialleistungen. Rossis erwarten von den Mitarbeitenden …

Unternehmen, Anspruchsgruppen und Umweltsphären

E 2.2 Zielbeziehungen

6. Zielbeziehungen

a) Vervollständigen Sie die folgenden Umschreibungen zu jeweils einem vollständigen Satz.

Von einem Zielkonflikt spricht man, wenn die Erreichung eines Zieles A ...

....

Von einer Zielindifferenz spricht man, wenn die Erreichung eines Zieles A ...

....

Von einer Zielharmonie spricht man, wenn die Erreichung eines Zieles A ...

....

b) Ein Kleidergeschäft will 100 Herrenjacken verkaufen. Der Verkaufspreis ist wie folgt entstanden:

Anspruchsgruppen	Situation des Anbieters
Anspruchsgruppen mit ihren Interessen	Mit dem Verkaufspreis von CHF 200 sind anteilsmässig alle anfallenden Kosten (= Selbstkosten) gedeckt, und es bleibt ein Reingewinn von CHF 60 je Jacke übrig. Dies entspricht einer Gewinnmarge (Gewinn in Prozenten des Verkaufspreises) von 30%.
Lieferbetriebe → Mitarbeitende, Institutionen → Fremdkapitalgebende → Lieferbetriebe →	Selbstkosten: • Einkaufs- und Beschaffungskosten der Jacke • Lohnkosten des Personals • Miete, Stromkosten für das Ladenlokal • Zinskosten für den Betriebskredit • Werbekosten • Abschreibungen usw.
Eigenkapitalgebende, Staat →	Reingewinn vor Steuern/Jacke CHF 60

Verkaufspreis von CHF 200 ← Kunden

1) Der Verkaufspreis beträgt also CHF 200 je Jacke. Welche Anspruchsgruppen sind in dieser Situation zufrieden, weil ihre Erwartungen erfüllt werden? Notieren Sie die entsprechenden Anspruchsgruppen in der linken Spalte.

Anspruchsgruppe	Erwartung
	Wollen dem Kleidergeschäft Jacken zum angebotenen Preis verkaufen.
	Wollen den vereinbarten Lohn erhalten.
	Wollen Zinsen für ausgeliehenes Kapital bezahlt erhalten.
	Wollen Strom etc. bezahlt erhalten.
	Wollen 30% Gewinn je Jacke erzielen.

2) Notieren Sie, weshalb auch der Staat und die Arbeitnehmerorganisation zufrieden sind in dieser Situation.

Anspruchsgruppe	Erwartung
Arbeitnehmerorganisation ist zufrieden, weil …	
Staat ist zufrieden, weil….	

3) Es gibt jetzt also sieben Anspruchsgruppen, deren Erwartungen erfüllt werden. Leider werden aber keine Jacken verkauft – sie bleiben im Laden hängen. Wessen Erwartungen erfüllt das Unternehmen also offenbar nicht? Nennen Sie die Anspruchsgruppe.

4) Das Unternehmen beschliesst, die Jacken mit 20% Rabatt zu einem Preis von CHF 160 zu verkaufen. Nun werden die Jacken gut verkauft.
Nennen Sie die Anspruchsgruppe, deren Erwartung das Unternehmen jetzt neu erfüllen kann.

5) Nennen Sie die Anspruchsgruppe, deren Erwartung jetzt nicht mehr erfüllt wird, und begründen Sie Ihre Antwort.

6) Damit das Unternehmen in der nächsten Saison wieder eine Gewinnmarge (Gewinn in Prozenten des Verkaufspreises) von 30% je Jacke erzielt, findet das Unternehmen einen neuen Lieferanten, der die Jacken günstiger anbietet. Zusätzlich wird eine Stelle im Verkauf gestrichen. Schildern Sie, mit welchen Anspruchsgruppen neu ein Zielkonflikt entstanden ist.

7) Wessen Erwartung ist nun aber wieder erfüllt?

8) In Medienberichten wird der neue Lieferbetrieb mit katastrophalen Arbeitsbedingungen in Verbindung gebracht, und es werden in den Textilien Giftstoffe nachgewiesen. Zu welcher Anspruchsgruppe gehören die Medien, und wie ist das Kleidergeschäft davon betroffen?

Unternehmen, Anspruchsgruppen und Umweltsphären

c) Bestimmen Sie, welche der folgenden Varianten vorliegt, kreuzen Sie den richtigen Buchstaben an und korrigieren Sie falsche Sätze oder Satzteile.

A Beide Sätze sind korrekt.
B Erster Satz stimmt, zweiter Satz ist falsch.
C Erster Satz ist falsch, zweiter Satz ist richtig.
D Beide Sätze sind falsch.

A	B	C	D	Aussage
☐	☐	☐	☐	Den Anspruch, dass das Unternehmen einen möglichst hohen Gewinn erwirtschaftet, haben die Eigentümer und der Staat. Es liegt eine Zielindifferenz vor.
☐	☐	☐	☐	Arbeitnehmende der Haita AG sind zur Sicherung ihrer Arbeitsplätze bereit, auf einen Teil des Lohns zu verzichten. Wenn die Eigentümer der Haita AG das Unternehmen schliessen, weil es zu wenig Rendite abwirft, liegt ein Zielkonflikt mit den Arbeitnehmenden vor.
☐	☐	☐	☐	Kunden erwarten ein gutes Preis-Leistungs-Verhältnis eines Autos. Wenn die Zulieferbetriebe regelmässige Aufträge von dem Unternehmen erwarten, liegt eine Zielindifferenz vor.
☐	☐	☐	☐	Ein Unternehmen erwirtschaftet seit drei Quartalen Verlust. Es liegt eine Zielharmonie vor, weil die Eigenkapitalgebenden eine kontinuierliche Wertsteigerung des Unternehmens erwarten.

d) Kreuzen Sie die zutreffende Zielbeziehung zwischen den Anspruchsgruppen eines Unternehmens an.

	Konflikt	Neutralität	Harmonie
Der Staat fordert hohe Steuereinnahmen, Eigenkapitalgebende hohe Gewinnausschüttungen.	☐	☐	☐
Die Lieferbetriebe fordern die Einhaltung der Zahlungsfristen, die Mitarbeitenden sichere Arbeitsbedingungen.	☐	☐	☐
Die Eigentümer wollen über alle Schritte des Managements informiert werden. Das Management will weitreichende Kompetenzen durchsetzen.	☐	☐	☐
Das Unternehmen gewinnt zwei neue Grosskunden. Die Eigenkapitalgebenden erwarten, dass das Unternehmen an Wert zunimmt.	☐	☐	☐

W 2.2 Zielbeziehungen

7. Zielkonflikte bestimmen

Bisher haben wir gesehen, dass Entscheide von Unternehmen die Anspruchsgruppen unterschiedlich betreffen. Es können immer neue Zielkonflikte entstehen.

In den folgenden Aussagen werden jeweils zwei Anspruchsgruppen umschrieben. Notieren Sie die beiden in der ersten Spalte. Formulieren Sie, welche Erwartungen der beiden Gruppen in den Situationen erfüllt werden (oder nicht erfüllt werden). Notieren Sie in der dritten Spalte, ob ein Zielkonflikt oder Zielharmonie besteht.

a) Eine Lohnerhöhung für die Angestellten führt dazu, dass das Unternehmen dieses Jahr weniger Gewinn ausweist.

Anspruchsgruppe	Erwartung	Zielbeziehung

b) Die Produkte werden um 40% billiger verkauft, um dauerhaft neue Kundschaft zu gewinnen.

Anspruchsgruppe	Erwartung	Zielbeziehung

c) Weil die Mitarbeitenden mehr verdienen, verkaufen sie motivierter, und der Gewinn des Unternehmens nimmt zu.

Anspruchsgruppe	Erwartung	Zielbeziehung

Unternehmen, Anspruchsgruppen und Umweltsphären

d) Das Unternehmen erzielt einen höheren Gewinn und bezahlt davon höhere Steuern. Dies schmälert die Gewinnausschüttung.

Anspruchsgruppe	Erwartung	Zielbeziehung

e) Das Unternehmen berücksichtigt immer den günstigsten Lieferbetrieb. In der Öffentlichkeit wird kritisiert, dass dieser Lieferbetrieb soziale Standards (Vorgaben) nicht einhalte.

Anspruchsgruppe	Erwartung	Zielbeziehung

f) Ein Unternehmen verpflichtet sich, bei der Produktion freiwillig mehr zu tun für den Umweltschutz, als gesetzlich vorgesehen.

Anspruchsgruppe	Erwartung	Zielbeziehung

8. Zielbeziehungen

a) Beantworten Sie die folgenden Fragen.

   1) Der Lieferbetrieb Alpha bietet qualitativ hochwertiges Gemüse und Früchte aus biologischem Anbau an. Der Einkaufspreis liegt durchschnittlich rund 10% über dem Preis für konventionell angebautes Gemüse, weshalb auch der Verkaufspreis höher ist.
   Mit welcher Anspruchsgruppe kann aus Sicht des Lebensmittelherstellers ein Zielkonflikt entstehen? Begründen Sie Ihren Entscheid.

   2) Erklären Sie, unter welchen Voraussetzungen eine Zielharmonie herrscht.

b) Zwischen den Eigentümern und Eigentümerinnen und mehreren anderen Anspruchsgruppen bestehen Zielkonflikte. Nennen Sie die Anspruchsgruppen und beschreiben Sie den jeweiligen Konflikt.

Anspruchsgruppe	Begründung

E 2.3 Umweltsphären

9. Umweltsphären zuordnen

Nennen Sie die jeweils angesprochene Umweltsphäre, aus der folgende Veränderungen stammen. Begründen Sie, wo sinnvoll.

Aussage	Umweltsphäre
Die Änderung des Schweizer-Franken-Kurses beeinflusst den Preis von In- und Exporten.	
Da sich die Lebensdauer von Wissen verkürzt, werden immer mehr Weiterbildungskurse am Abend und an Samstagen angeboten.	
Beim Abbau von Rohstoffen entstehen häufig Umweltschäden.	
Online-Shoppen mit Bezahlung über sichere Verbindungen ist heute Alltag.	
Die Globalisierung erleichtert Schweizer Unternehmen, im Ausland Waren zu verkaufen.	
Immer grössere Teile der Bevölkerung bevorzugen Online-Shopping gegenüber dem Einkauf im Geschäft.	
Steigende Zinsen machen Investitionen teurer.	
Neue Logistikverfahren schaffen eine bessere Auslastung von LKWs und somit Einsparungen bei den gefahrenen Kilometern.	
In einer Phase der Rezession gibt es mehr Arbeitslosigkeit.	
Der Anteil älterer Menschen nimmt in der Gesellschaft gegenüber dem Anteil junger Menschen zu.	
Immer häufiger haben Kurorte bis 1200 m Höhe keine Schneesicherheit mehr im Winter.	
Das Gewicht von 0,5-l-Aludosen konnte dank neuen Produktionsverfahren innert 15 Jahren um rund 25 % gesenkt werden.	

10. Einflüsse aus Umweltsphären

Kreuzen Sie an, aus welcher Umweltsphäre die folgenden Einflüsse stammen.
Schreiben Sie den entsprechenden Satzteil auf die untere Zeile.

Einfluss	Ökonomische	Ökologische	Soziale	Technologische
a) Es wird nach Mitteln gesucht, den Schadstoffausstoss durch den Strassenverkehr zu reduzieren. Der Bundesrat entscheidet, die Fahrzeugsteuern neu gestützt auf die tatsächlich gefahrenen Kilometer zu erheben.	☐	☐	☐	☐
b) Rund 1500 Unfälle beim Velofahren enden mit schweren Schädel-Hirn-Verletzungen. Oft tragen die Verunfallten keinen Velohelm. Ein Teil der Bevölkerung, unterstützt durch die Beratungsstelle für Unfallverhütung (bfu), fordert eine Helmtragepflicht für Kinder unter 14 Jahren.	☐	☐	☐	☐
c) Durch die Nanotechnologie wird es möglich, Scheiben herzustellen, die weitgehend selbstreinigend sind.	☐	☐	☐	☐
d) Gemäss Umfragen nimmt die Bedeutung des Familienlebens ab. Immer seltener werden die Mahlzeiten gemeinsam eingenommen oder die Sonntage gemeinsam verbracht.	☐	☐	☐	☐
e) Neue Produktionstechniken ermöglichen die Reduktion von Materialabfällen im Fertigungsprozess.	☐	☐	☐	☐
f) Das Ansteigen der Meeresspiegel durch die globale Klimaerwärmung bedroht in der Karibik Inseln und ihre Bewohner.	☐	☐	☐	☐
g) Neue Filtertechnologie reinigt die Abluft von Kehrichtverbrennungsanlagen fast vollständig.	☐	☐	☐	☐

Unternehmen, Anspruchsgruppen und Umweltsphären

Einfluss	Ökonomische	Ökologische	Soziale	Technologische
h) Da immer weniger Zeit für das Einkaufen von Lebensmitteln und Kleidern verwendet wird, boomt das Einkaufen per Internet (E-Commerce).	☐	☐	☐	☐
i) Grossunternehmen kaufen weltweit andere Unternehmen auf, um selbst weiter zu wachsen. So kaufte Novartis 2015 die Onkologiesparte vom britischen Konzern GlaxoSmithKline für 12,8 Milliarden Franken. Ab 2011 übernahm Novartis in mehreren Schritten Alcon für insgesamt 49,7 Milliarden Dollar. Dieser Konzentrationsprozess ist typisch für viele Branchen und setzt sich fort.	☐	☐	☐	☐
j) Generelle Senkung des Preisniveaus in der Lebensmittelbranche wegen günstigerer Importpreise	☐	☐	☐	☐
k) Aufgrund der demografischen Entwicklung werden in vielen Gemeinden zusätzliche Alters- und Pflegeheime gebaut.	☐	☐	☐	☐
l) Die Durchschnittslöhne sind in der Schweiz um 2 % gestiegen. Somit erwarten die Unternehmen eine Zunahme der Konsumausgaben der privaten Haushalte.	☐	☐	☐	☐

W 2.3 Umweltsphären

11. Einflüsse aus Umweltsphären

In einem Zeitungsartikel über die Entwicklung der Landwirtschaft in der Schweiz waren u.a. folgende Sätze zu lesen. Geben Sie für jedes Zitat an, aus welcher Sphäre ein Landwirt hauptsächlich betroffen ist.

Zitat	Umweltsphäre
«Das Image der Biobauern hat sich gewaltig verbessert.»	
«Der Umstellung steht für die Bauern häufig die Tatsache entgegen, dass nicht dieselben schweren und teuren Maschinen eingesetzt werden können wie im traditionellen Landbau.»	
«Die ausgelaugten Böden führen zu Ernteausfällen und zwingen zu einem Umdenken.»	
«Erschwerend kommt der zunehmende Druck auf die Milchpreise hinzu.»	

12. Einflüsse aus und auf Umweltsphären

Unternehmen werden durch veränderte Rahmenbedingungen beeinflusst und beeinflussen selbst. Kreuzen Sie an, welche Umweltsphären (UWS) in den Situationen vorkommen. Mehrfachantworten kommen vor. Notieren Sie darunter die Satzteile, welche zu Ihrer Einschätzung führten.

Umweltsphäre	a)	b)
Ökonomische	☐	☐
Technologische	☐	☐
Ökologische	☐	☐
Soziale	☐	☐

a) Verfahrensentwicklungen in der chemischen Industrie lassen die Stickstoffbelastung der Luft sinken.

b) Gemäss Umfragen verliert das Familienleben durch neuartige Kommunikationstechnologien immer mehr an Bedeutung.

Unternehmen, Anspruchsgruppen und Umweltsphären

Umweltsphäre	c)
Ökonomische	☐
Technologische	☐
Ökologische	☐
Soziale	☐

c) Aufgrund des verstärkten Umweltbewusstseins der Konsumenten nimmt die gesamtwirtschaftliche Nachfrage nach Autos mit neuartigem Hybridantrieb zu.

....

....

....

....

13. Umweltsphären bestimmen

Suchen Sie im Text aus Sicht der Luftfahrtindustrie die Umweltsphären, die erwähnt sind.
Notieren Sie die Zeilennummer, den Namen der Umweltsphäre und ein Stichwort aus dem Text.

1	Der Transport von Menschen und Gütern per Flugzeug rund um den Globus ist für den Ver-
2	brauch von 230 Milliarden Liter Kerosin im Jahr verantwortlich und alleine die Passagierflug-
3	zeuge stossen pro Jahr 660 Millionen Tonnen CO_2 aus. Da sich vor allem in den Schwellenlän-
4	dern immer mehr Menschen das Fliegen leisten können, soll sich die Anzahl der Flugzeuge laut
5	einer Studie von Boeing bis 2030 sogar noch mehr als verdoppeln. Da Sprit aber immer teu-
6	rer und die Menschen in vielen Ländern auch immer umweltbewusster werden, hat sich die
7	Luftfahrtbranche zur Luftfahrtschau in Le Bourget daher einen grünen Anstrich verpasst.
8	So soll der Airbus A320neo dank neuen Triebwerken rund 1,4 Millionen Liter Kerosin und
9	3600 Tonnen CO_2 im Jahr einsparen. Der Frachter 747–8 des Flugzeugherstellers Boeing ver-
10	trägt im Gegenzug ganze 15 Prozent Leindotteröl als Beimischung im Kerosin und ein
11	Gulfstream G450 von Honeywell kam sogar mit 100 Prozent mit Biokraftstoff im Tank einge-
12	flogen. Da für den flächendeckenden Einsatz von Biosprit als Beimischung zum Kerosin aber
13	unvorstellbare Anbauflächen für Energiepflanzen nötig wären, setzen die Hersteller vor allem
14	auf die Steigerung der Effizienz. Verbesserte Antriebstechniken, die Verwendung leichterer
15	Materialien, eine optimierte Aerodynamik sowie ein effizienteres Luftfahrtmanagement sollen
16	beim Sparen helfen. Aber selbst der Elektroantrieb scheint ein Konzept zu sein.

Quelle: www.klimasport.de

Zeile Nr.	Umweltsphäre (UWS)	Stichworte aus dem Text

14. Umweltsphären bestimmen

Bestimmen Sie aus Sicht des Detailhändlers Coop die Umweltsphären, die im Text genannt sind und begründen Sie Ihre Wahl mit Stichworten aus dem Text.

> Eine ältere Dame schiebt einen Einkaufswagen vor sich her, geht durch die Regale, greift nach einem Marmeladenglas. Früher hätte sie die Augen zusammengekniffen und versucht, die kleingedruckten Produktinformationen zu lesen. Heute lächelt sie – am Einkaufswagen ist eine Lupe montiert, die das Unleserliche lesbar macht. Es ist eine kleine Idee und eine grosse Hilfe für alte Menschen und Leute, die ihre Lesebrille vergessen haben: Zusammen mit der Seniorenhilfe «Pro Senectute» (Für das Alter) entwickelte die Schweizer Supermarktkette «Coop» den Lupen-Einkaufswagen

Quelle: www.bild.de

Umweltsphäre (UWS)	Stichworte aus dem Text

15. Einflüsse aus Umweltsphären bestimmen

H&M als international tätiges Bekleidungsunternehmen ist vielfältigen Einflüssen ausgesetzt. Überlegen und beschreiben Sie, welche Entwicklungen in der ökonomischen, der ökologischen, der technologischen und der sozialen Sphäre Einfluss auf ein Bekleidungsunternehmen wie H&M haben können.

Sphäre	Entwicklungen
Ökonomische Sphäre	
Ökologische Sphäre	
Technologische Sphäre	
Soziale Sphäre	

E 2.4 Das Unternehmungsmodell – Anspruchsgruppen und Umweltsphären

16. Unternehmungsmodell

a) Beschriften Sie das Unternehmungsmodell vollständig.

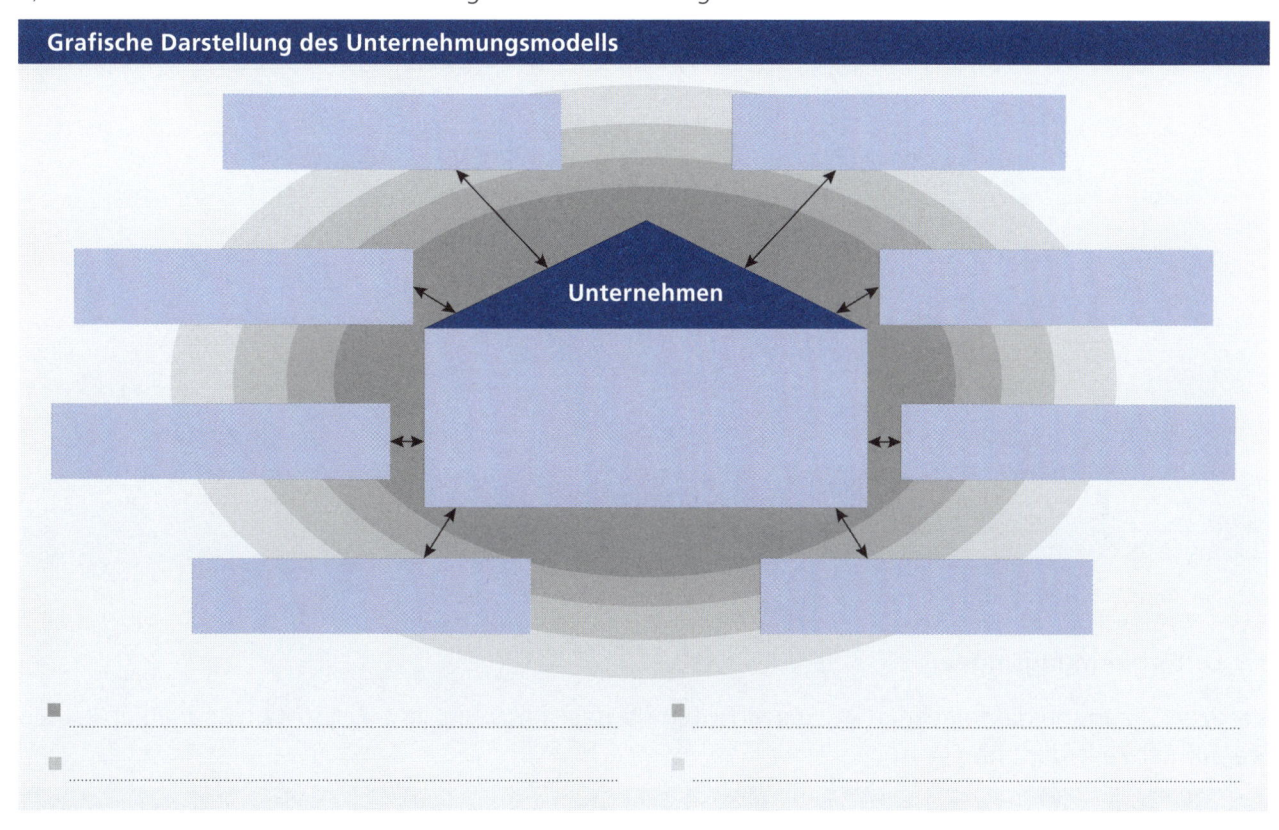

Grafische Darstellung des Unternehmungsmodells

b) Beschriften Sie das Haus nun mit dem Namen Ihres Lehrbetriebs und der Branche.
Notieren Sie zu jeder Umweltsphäre ein Beispiel, welches sich auf Ihren Lehrbetrieb bezieht.

17. Unternehmungsmodell

Kreuzen Sie an, ob die folgenden Aussagen richtig (R) oder falsch (F) sind. Falsche Aussagen korrigieren Sie auf der Zeile darunter.

R	F	Aussage
☐	☐	Das System «Unternehmen» bezeichnet man als geschlossen, weil Personen und Institutionen von ausserhalb des Unternehmens keinen Einfluss auf dessen Tätigkeit haben.
☐	☐	Die Unternehmensumwelt besteht nebst den Anspruchsgruppen aus der ökologischen, der sozialen, der technologischen und der ökonomischen Teilumwelt.
☐	☐	Wer von aussen auf ein Unternehmen blickt, erhält nur einen begrenzten Eindruck.

W 2.4 Das Unternehmungsmodell – Anspruchsgruppen und Umweltsphären

18. Umweltsphäre oder Anspruchsgruppe

Kreuzen Sie an, ob die folgenden Situationen eine Entwicklung in einer Umweltsphäre beschreiben oder eine Forderung aus einer Anspruchsgruppe. Überlegen Sie für Ihren Entscheid, ob das Unternehmen indirekt (Umweltsphäre) oder direkt (Anspruchsgruppe) betroffen ist.

Umweltsphäre indirekter Einfluss	Anspruchsgruppe direkter Einfluss	Aussage
☐	☐	Ein Kunde kauft ein neues Handy mit Freisprechanlage fürs Auto. Die Verbindung zwischen den Geräten funktioniert nicht. Der Kunde benötigt technischen Support.
☐	☐	Hallwag Kümmerli+Frey ist der grösste Strassenkartenhersteller. Seit es Navigationsgeräte gibt, ist die Anzahl der verkauften Strassenkarten stark eingebrochen.
☐	☐	CD und DVD haben als Speichermedien gegenüber Kassetten und Videobändern so viele Vorteile, dass Musik und Filme nur noch auf diesen Medien produziert werden.
☐	☐	Die Mitarbeitenden der Muster AG wollen eine Stunde je Woche weniger arbeiten.
☐	☐	Seit man für die Entsorgung von Hausmüll bezahlen muss, verlangen die Kundinnen und Kunden nach weniger Verpackung oder Verpackungen z.B. aus Karton.
☐	☐	Der Trend nach gesunder Ernährung beeinflusst die Nahrungsmittelindustrie nachhaltig.

3 Betriebswirtschaftliche Zusammenhänge
Umsetzung unternehmerischer Ideen

Inhaltsverzeichnis

	Theorie	Aufgaben
3.1 Von der Vision zur Unternehmungsstrategie	104	109
3.2 Unternehmungskonzept	106	111
3.3 Unternehmungsleitbild	108	114

Leistungsziel		108

3 Umsetzung unternehmerischer Ideen

Einführungsfall

Sabrina Berger und Louis Lehmann haben eine gemeinsame Leidenschaft: Hunde. Sie sind ausgewiesene Fachleute in Tierpsychologie und haben eine anerkannte Ausbildung als Trainerin und Trainer. Sie haben die «Kompetenzzentrum für Hunde B&G GmbH» gegründet.

Sie wollen eine Hundepension eröffnen und Hunde für einzelne Tage oder länger betreuen. Daneben möchten sie Ausbildungskurse in ihrer eigenen Schule anbieten. Als drittes Standbein planen sie, Hunde bei Haltern abzuholen und sie spazieren zu führen.

Sabrina Berger und Louis Lehmann wollen von Ihnen wissen, wie sie vorgehen sollen, damit aus ihrem Traum ein erfolgreiches Business wird.

Vision – Strategie – Konzept – Leitbild

intern, nur für Geschäftsleitung bestimmt

- **Vision/Mission** – Unternehmerische Idee und Auftrag
- **Strategie** – Mittel- bis langfristige Planung, welche Ziele erreicht werden sollen
- **Unternehmungskonzept** – Dokument zur Umsetzung und Konkretisierung der Strategie in drei Zielbereichen (Leistung, Finanzen, Soziales)

extern, für Anspruchsgruppen bestimmt

- **Leitbild** – Dokument zur Orientierung für Mitarbeitende und Öffentlichkeit mit der Darstellung der angestrebten Betätigungsfelder und der Unternehmungskultur

3.1 Von der Vision zur Unternehmungsstrategie

3.1.1 Vision und Mission

Bevor ein Unternehmen gegründet wird, haben eine oder mehrere Personen die Idee, etwas ganz Neues oder Besonderes zu schaffen. Diese Idee heisst **Vision** und soll begeistern und den Mitarbeitenden das Ziel anzeigen. Aus ihr leitet sich auch der Auftrag, die **Mission**, ab, welche sich das Unternehmen gibt.

Beispiel Stephanie Baumann und Reto Flammer haben eine Idee, welche sie nicht mehr loslässt und gründen ein Unternehmen, die «BuF-Fahrräder nach Mass GmbH».

Vision und Mission der BuF-Fahrräder nach Mass GmbH
Vision ■ Fahrräder nach Mass und mit individueller Ausrüstung – 100% in der Schweiz produziert. **Auftrag** ■ Immer mit den Entwicklungen im Fahrradbau und den Ausrüstungsmöglichkeiten mithalten und Eigenentwicklungen auf den Markt bringen.

3.1.2 Unternehmungsstrategie

Nachdem die Geschäftsleitung Erwartungen der Anspruchsgruppen und Entwicklungen in den Umweltsphären analysiert hat, legt sie die strategischen Ziele fest.

In der **Unternehmungsstrategie** werden die **mittel- (2–4 Jahre) bis langfristigen (4–8 Jahre) Ziele** konkret formuliert und festgelegt. Sie bildet den Rahmen des unternehmerischen Handelns. Dieses Dokument, welches auch Grundstrategie genannt wird, ist geheim und nur für die Geschäftsleitung bestimmt.

Im Dokument werden die **Vision** und **Mission**, das **Erfolgspotenzial**, welches aufzeigt, was das Unternehmen «einzigartig» und von anderen unterscheidbar macht, und die **Umsetzung der strategischen Ziele** festgehalten.

Beispiel Vier Jahre nach der Gründung der BuF-Fahrräder nach Mass GmbH konkretisieren Stephanie Baumannn und Reto Flammer die Ziele wie folgt:

Die Unternehmungsstrategie der BuF-Fahrräder nach Mass GmbH
Vision und Mission ■ Fahrräder nach Mass und mit individueller Ausrüstung – 100% in der Schweiz produziert, ausgerüstet mit oder ohne elektrischen Antrieb. ■ «In den nächsten vier Jahren soll der Anteil an verkauften E-Bikes auf 50% steigen. Die produzierte Stückzahl Fahrräder soll von bisher vier auf acht bis zehn pro Tag gesteigert werden, der Umsatz CHF 8 Mio. betragen.» **Erfolgspotenzial** ■ «Handgefertigte Fahrradrahmen, rostfreie Teile und qualitativ bestes Zubehör garantieren eine lange Lebensdauer und wenig Unterhaltsaufwand. Selbst ausgewählte Rahmenfarbe bringt maximale Individualität und hohen Wiedererkennungseffekt. Ultimativer Fahrspass kommt durch den Einbau des selbst entwickelten Elektromotors mit langer Akkulaufzeit.» ■ «Topberatung und Serviceleistungen in jeder Phase des Kaufs.» ■ «Die Preise, welche zwischen CHF 1800 bis CHF 5400 je nach Modell und Ausstattung betragen, liegen im mittleren bis gehobenen Preissegment.» **Umsetzung** ■ Das Sortiment wird erweitert. Das Händlernetz soll auf die ganze Schweiz und die grenznahen Gebiete in Deutschland ausgeweitet werden. Die Homepage soll als Verkaufskanal eine grössere Bedeutung erhalten. Eine Werbekampagne über drei Jahre soll die Fahrradmarke BuF bekannter machen. ■ Die Werkstatt wird um zwei Arbeitsplätze erweitert und es wird eine zusätzliche Fachkraft eingestellt. ■ Die Finanzierung des Kapitalbedarfs von CHF 350 000 wird über eine Erhöhung des Stammkapitals und einen Bankkredit sichergestellt.

A E-Aufgaben 1 und 2, W-Aufgabe 3

3.2 Unternehmungskonzept

Das **Unternehmungskonzept** basiert auf der Strategie und zeigt in den drei Bereichen Leistung, Finanzen und Soziales, auf welche Art und mit welchen Mitteln die gesetzten Ziele erreicht werden sollen.

→ Kapitel 6
- «Bereich» **Leistung**: Fragen rund um die eigenen Produkte/Dienstleistungen und Kunden

→ 4. Semester Kapitel 9
- «Bereich» **Finanzen**: Fragen rund um das Geld (Kapital)

→ 3. Semester Kapitel 7
- «Bereich» **Soziales**: Fragen rund um Mitarbeitende und Umgang mit gesellschaftlichen Anliegen

Ein Konzept besteht also immer aus der «Ebene» **Ziele** (Was soll erreicht werden?), der «Ebene» **Mittel** (Womit können die Ziele erreicht werden?) und der «Ebene» **Verfahren** (Wie können die Ziele erreicht werden?).

Die drei Bereiche müssen aufeinander abgestimmt sein.

Aufbau und Inhalte des Unternehmungskonzepts

Leistung	Finanzen	Soziales
Ziele Für wen erfüllen wir welche Bedürfnisse? Auf welchen geografischen Märkten sind wir tätig und welche Marktstellung wollen wir erreichen? Welchen Umsatz? Welche Produkte/Dienstleistungen bieten wir in welcher Qualität und Auswahl an? Welche Produktmenge?	**Ziele** Welche Liquidität und Rendite, welcher Gewinn wird angestrebt?	**Ziele** Welches Verhältnis zu den Mitarbeitenden wird angestrebt (z.B. bei Entlöhnung, Mitwirkungsrechten, Weiterbildung, Arbeitsplatzbedingungen)? Welche Ansprüche der Institutionen und des Staates sollen erfüllt werden?
Mittel Welche Betriebsmittel benötigen wir, wie viele Mitarbeitende mit welchen Qualifikationen?	**Mittel** Wie viel Kapital wird benötigt und wie viel davon ist Fremdkapital, wie viel Eigenkapital?	**Mittel** Welche Infrastruktur, welcher spezielle Personalbedarf (z.B. für Weiterbildungsangebote) wird benötigt? Welche Kommunikationsmittel werden eingesetzt? (z.B. Newsletter)
Verfahren Wie läuft es mit der Forschung und Entwicklung, der Beschaffung und evtl. Produktion? Wie geht man beim Absatz/Verkauf vor?	**Verfahren** Wie wird das Kapital beschafft und wie die Liquidität sichergestellt?	**Verfahren** Welche Regeln und Verhaltensnormen werden festgelegt?

Beispiel: Unternehmungskonzept der BuF-Fahrräder nach Mass GmbH

Mit der Unternehmungsstrategie vor Augen schreiben Stephanie Baumann und Reto Flammer das Unternehmungskonzept.

Leistungswirtschaftliches Konzept

Ziele

- Geeignet für den häufigen Gebrauch, weite Strecken auf unterschiedlichem Untergrund. Damen- wie auch Herrenmodelle. Verkauf in der ganzen Schweiz und in den grenznahen Gebieten in Deutschland. Als eines der wenigen Unternehmen, die die Rahmen selbst herstellen, sind wir ein Nischenanbieter.
- Massgeschneiderte, individuell ausgestattete Fahrräder mit oder ohne Motor in fünf verschiedenen Modellen. Hervorragende Qualität, lange Lebensdauer und wenig Unterhaltsaufwand
- 8 bis 10 Fahrräder pro Tag

Mittel

- Werkstatt mit Büroanteil: Die Werkstatt ist mit vier Arbeitsplätzen ausgerüstet. Drei Angestellte, die sich mit Metallverarbeitung auskennen.

Verfahren

- Eigene Forschung und Entwicklung, zum Teil Unterstützung durch die technische Hochschule. Die Entwicklung des Elektromotors mit langlebigem Akku ist das Resultat dieser Arbeit.
- Beschaffung des Stahls für die Rahmen erfolgt lokal. Zubehör stammt von namhaften Marken.
- Vertrieb über Fachhandel und Online-Shop; Informationsveranstaltungen für den Fachhandel. Die Homepage soll vermehrt besucht werden. Zur Steigerung der Attraktivität können sich Händler und Endverbraucher gratis registrieren lassen. So erhalten sie Zugang zu Informationen über Events, Ausflüge, Velotouren, welche wir organisieren und begleiten. Wir schaffen eine Gemeinschaft.
- Ein Marketingkonzept soll über drei Jahre laufen mit dem Ziel BuF-Velos bekannter zu machen. Geplant sind Inserate in Fachzeitschriften, Wettbewerbe und Stände an Fahrradveranstaltungen.

Finanzwirtschaftliches Konzept

Ziele

- Gewinnzunahme von 10% jährlich
- Die Rendite des Eigenkapitals mind. 8%

Mittel

- Kapitalbedarf von CHF 350000
- Eigenkapitalanteil von 65%

Verfahren

- Erhöhung Stammkapital von CHF 100000 auf CHF 350000
- Bankkredit von CHF 100000 beantragen

Sozialwirtschaftliches Konzept

Ziele

- Teamarbeit und gemeinsame Entwicklungsarbeit im Vordergrund, Mitspracherechte in betrieblichen Bereichen, branchenübliche Löhne und Sozialleistungen und Förderung durch Weiterbildung.
- Verantwortungsvoller Umgang mit Rohstoffen. Der verwendete Stahl hat eine gute Energie- und Ökobilanz. Die Teile sind wiederverwertbar und die Beschaffungswege kurz. Die Fahrräder werden vorwiegend per Bahn verschickt.

Mittel

- Geld für die Schulungen, die extern besucht werden

Verfahren

- System der gleitenden Arbeitszeit, regelmässig Teamsitzungen, Besuch von externen Schulungsangeboten
- Kommunikation mit den Anspruchsgruppen über Newsletter

A E-Aufgaben 4 bis 6, W-Aufgaben 7 und 8

Umsetzung unternehmerischer Ideen

3.3 Unternehmungsleitbild

Das **Unternehmungsleitbild** orientiert Mitarbeitende und übrige Anspruchsgruppen über das Unternehmen, allgemein formuliert über seine Ziele und die angestrebte Unternehmungskultur. Die Leitbilder sind in der Praxis sehr unterschiedlich. In vielen Leitbildern findet man Aussagen über:

- das **Betätigungsfeld**;
- den **Umgang mit der Kundschaft, den Mitarbeitenden, den Partnern** (Lieferfirmen), den **Investorinnen und Investoren**, den **gesellschaftlichen Anliegen** und **dem Staat**;
- die **Prinzipien und Werte**, nach denen das Unternehmen handeln will.

Das Leitbild ist oft grafisch aufgearbeitet, soll Mitarbeitende motivieren und gegen aussen für das Unternehmen werben. Es kann eine Vertrauensbasis zu den Anspruchsgruppen schaffen.

Beispiel Stephanie Baumann und Reto Flammer setzen ihre Idee grafisch um.

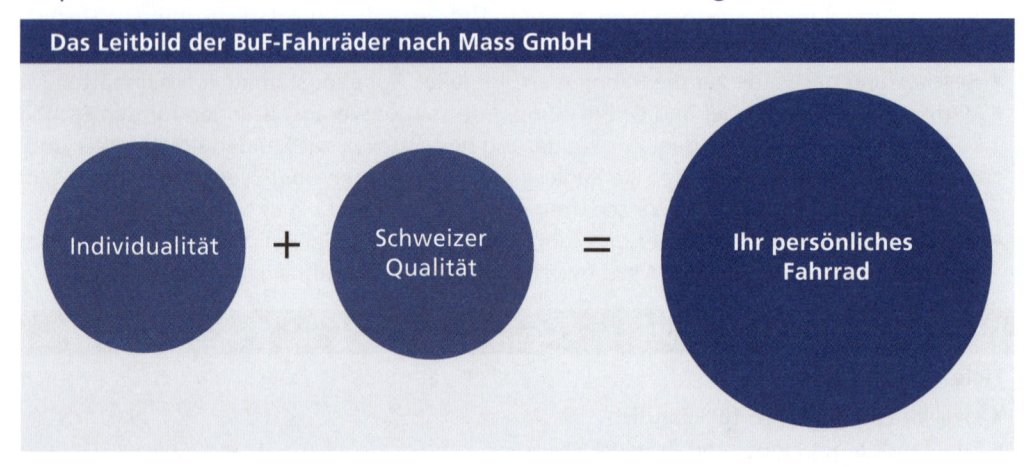

Das Leitbild der BuF-Fahrräder nach Mass GmbH

Individualität + Schweizer Qualität = Ihr persönliches Fahrrad

Lösung Einführungsfall

Sabrina Berger und Louis Lehmann müssen ein Konzept entwickeln, in welchem sie festhalten, welche Ziele sie erreichen wollen, welche Mittel sie dafür benötigen und wie sie konkret vorgehen wollen.
Erst wenn das Konzept für den leistungswirtschaftlichen, den finanzwirtschaftlichen und den sozialen Bereich in sich stimmig ist, können sie starten.
Systematisches Vorgehen ist dabei zu empfehlen, damit Fehleinschätzungen vermieden werden können: Unternehmungsstrategie und -konzept festlegen und daraus ein Leitbild erstellen.

A E-Aufgabe 9, W-Aufgabe 10

Leistungsziel

1.5.2.3 Leitbild/Strategie/Unternehmungskonzept

- Ich unterscheide in einfachen Fallbeispielen Leitbild, Unternehmungsstrategie und Unternehmungskonzept.

E 3.1 Von der Vision zur Unternehmungsstrategie

1. Fragen zum Text

a) Notieren Sie ein anderes Wort für Vision.

b) Bevor ein Unternehmen seine Strategie festlegt, studiert es sein Umfeld. Nennen Sie die zwei Bestandteile des Umfelds.

c) Notieren Sie einen anderen Begriff für Unternehmungsstrategie.

d) Erklären Sie, was in der Unternehmungsstrategie festgelegt wird.

e) Wer erstellt die Unternehmungsstrategie?

f) Nennen Sie ein typisches Merkmal für die Unternehmungsstrategie.

2. BuF-Fahrräder nach Mass GmbH

a) Notieren Sie die unternehmerische Idee, welche hinter BuF-Fahrräder nach Mass GmbH steckt.

b) Erläutern Sie, wodurch sich BuF-Fahrräder nach Mass GmbH erkennbar und unterscheidbar machen will.

c) Nennen Sie die Werte, welche BuF-Fahrräder nach Mass GmbH gegenüber den Kunden vertritt.

Umsetzung unternehmerischer Ideen

W 3.1 Von der Vision zur Unternehmungsstrategie

3. Informationen zur SWISS International Airlines Ltd.

Die SWISS veröffentlichte folgende Informationen zum Unternehmen:

> Swiss International Air Lines bedient ab den Landesflughäfen Zürich und Genf weltweit 102 Destinationen in 46 Ländern. Die Flotte umfasst 95 Flugzeuge.
> SWISS ist die nationale Fluggesellschaft der Schweiz und steht für deren traditionelle Werte ein. Aufgrund ihrer Herkunft verpflichtet sie sich zu höchster Produkt- und Servicequalität. Ihre überschaubare Grösse ermöglicht es SWISS, näher an ihren Gästen zu sein und sie individueller zu betreuen.
> SWISS engagiert sich auf verschiedenen Ebenen nachhaltig für den sorgsamen Umgang mit Ressourcen und sieht verantwortungsvolles Handeln gegenüber der Umwelt als Bestandteil ihrer Unternehmungskultur.

> **Vision**
> Wir wollen die beste Fluggesellschaft in Europa sein.
>
> **Mission**
> Wir sind die Schweizer Fluggesellschaft und verbinden die Schweiz und Europa mit der ganzen Welt.
> Unsere Stärken der persönlichen Betreuung, SWISS-Gastfreundschaft und SWISS-Qualität haben ein Ziel:
> Unsere Gäste fühlen sich wohl wie zu Hause.
> Als Teil der Lufthansa-Gruppe entwickeln wir SWISS in Selbstverwaltung.

Quelle: www.swiss.com

Vervollständigen Sie die unten stehenden Punkte mithilfe des Textes.

a) Notieren Sie die unternehmerische Idee, welche hinter SWISS steckt.

b) Erläutern Sie, wodurch sich SWISS erkennbar und unterscheidbar machen will.

c) Nennen Sie die Werte, welche SWISS gegenüber den Fluggästen vertritt.

d) Aus dem Text: «SWISS (…) sieht verantwortungsvolles Handeln gegenüber der Umwelt als Bestandteil ihrer Unternehmungskultur.» Was beinhaltet «Umwelt» für eine Fluggesellschaft konkret?

E 3.2 Unternehmungskonzept

4. Struktur des Unternehmungskonzepts

Ergänzen Sie die Struktur mit den Bereichen und den Ebenen, aus welchen ein Unternehmungskonzept erstellt wird.

Struktur Unternehmungskonzept

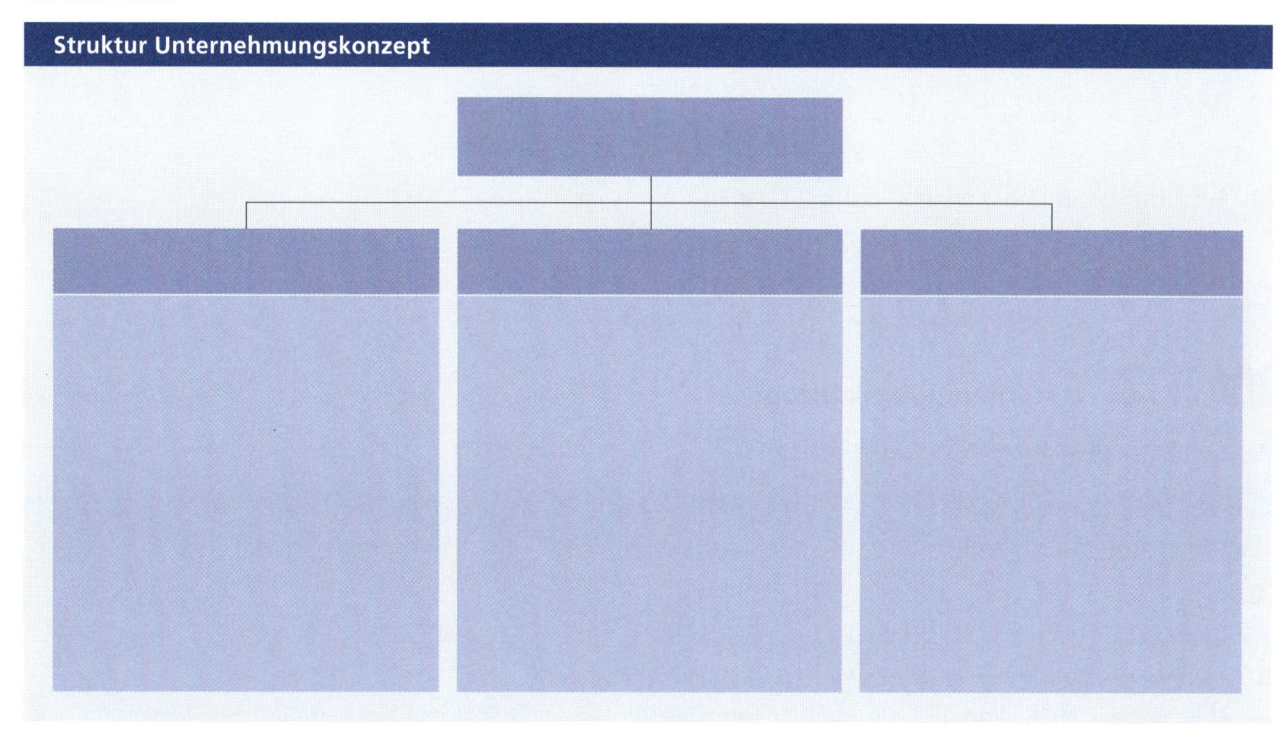

5. Inhalt des Unternehmungskonzepts

Notieren Sie die Bedeutung der folgenden Begriffe in der rechten Spalte.

	Begriff	Bedeutung
Bereiche	Leistung	
	Finanzen	
	Soziales	
Ebenen	Ziele	
	Mittel	
	Verfahren	

Umsetzung unternehmerischer Ideen

6. Aussagen zum Unternehmungskonzept

a) Grundlage für das Unternehmungskonzept sind ....
....

b) Ein Unternehmungskonzept wird für die Bereiche ....
erstellt.

c) Ein Unternehmungskonzept legt die Ebenen ....
.... fest.

W 3.2 Unternehmungskonzept

7. Struktur des Unternehmungskonzepts

Ordnen Sie folgende Aussagen aus dem Unternehmungskonzept der BuF-Fahrräder nach Mass GmbH den Bereichen und den Ebenen zu, indem Sie den Buchstaben im zutreffenden Feld eintragen.

Aussagen:

A «Gewinnzunahme von 10% jährlich»
B «Kommunikation mit den Anspruchsgruppen über Newsletter»
C «Massgeschneiderte, individuell ausgestattete Fahrräder mit oder ohne Motor in fünf verschiedenen Modellen. Hervorragende Qualität, lange Lebensdauer und wenig Unterhaltsaufwand»
D «Werkstatt mit Büroanteil: Die Werkstatt ist mit vier Arbeitsplätzen ausgerüstet. Drei Angestellte, die sich mit Metallverarbeitung auskennen»
E «Kapitalbedarf von CHF 350 000»
F «Geld für die Schulungen, die extern besucht werden»
G «Teamarbeit und gemeinsame Entwicklungsarbeit im Vordergrund, Mitspracherechte in betrieblichen Bereichen, branchenübliche Löhne und Sozialleistungen und Förderung durch Weiterbildung»
H «Vertrieb über Fachhandel und Online-Shop»
I «Bankkredit von CHF 100 000 beantragen»
J «System der gleitenden Arbeitszeit, regelmässige Teamsitzungen, Besuch von externen Schulungsangeboten»
K «Verantwortungsvoller Umgang mit Rohstoffen. Der verwendete Stahl hat eine gute Energie- und Ökobilanz»
L «Geeignet für den häufigen Gebrauch, weite Strecken auf unterschiedlichem Untergrund. Damen- wie auch Herrenmodelle. Verkauf in der ganzen Schweiz und den grenznahen Gebieten in Deutschland.»

BuF-Fahrräder nach Mass GmbH

Leistung	Finanzen	Soziales
Ziele	Ziele	Ziele
Mittel	Mittel	Mittel
Verfahren	Verfahren	Verfahren

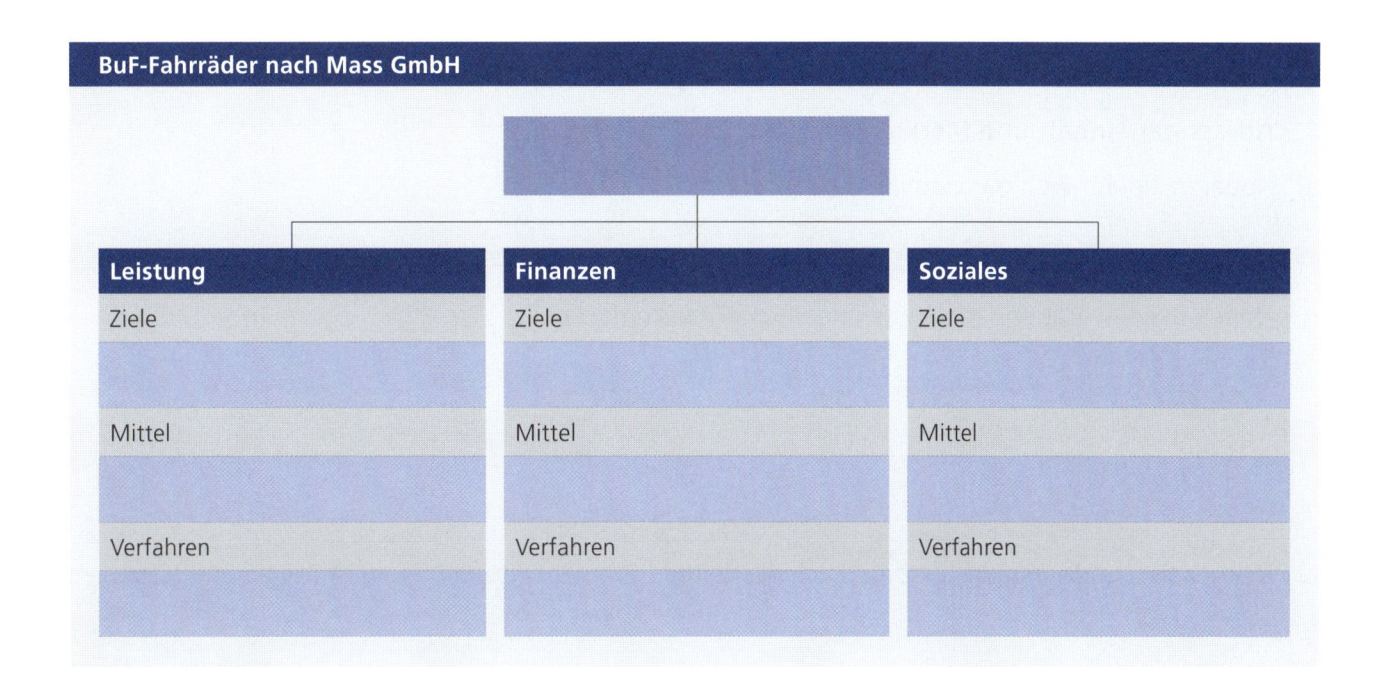

8. Aussagen zuordnen

Ordnen Sie die folgenden Aussagen im Unternehmungskonzept einer Metzgerei den Bereichen Leistung, Finanzen oder Soziales zu.

Aussagen:

A Durch gezielte Ausbildung wollen wir im nächsten Jahr die Anzahl der unfallbedingten Ausfalltage unter 100 senken.

B Wir benötigen eine neue automatische Wurstmaschine.

C Wir wollen unseren Eigenfinanzierungsgrad (Eigenkapital in % des Gesamtkapitals) im nächsten Jahr über 30 % erhöhen.

D Durch gezielte Radiowerbung bieten wir unsere selbstgemachten Hauswürste regional an.

E Der neue Mitarbeiterpausenraum wird im kommenden Sommer eingerichtet.

	Leistung	Finanzen	Soziales
Konzept (Ziele, Mittel, Verfahren)			

E 3.3 Unternehmungsleitbild

9. Adressaten, Inhalt und Merkmale

a) Notieren Sie, für wen das Leitbild erstellt wird.

b) Notieren Sie, worüber das Leitbild in der Regel Auskunft gibt.

c) Nennen Sie drei Merkmale, wodurch sich das Leitbild von der Unternehmungsstrategie unterscheidet.

W 3.3 Unternehmungsleitbild

10. Strategie und Leitbild

a) Kreuzen Sie an, ob die folgenden Aussagen für eine Grundstrategie und/oder ein Leitbild zutreffen.

Aussage	Strategie	Leitbild
... ist vor allem für die Mitarbeitenden und die Öffentlichkeit bestimmt.	☐	☐
... erlaubt interessierten Kreisen, sich über den Betrieb zu informieren.	☐	☐
... beinhaltet die konkreten Planungsvorgaben für die kommenden Jahre.	☐	☐
... informiert über die langfristigen Ziele eines Unternehmens.	☐	☐
... informiert über Prioritäten, Schwerpunkte und Absichten eines Unternehmens.	☐	☐
... ist auf die nächsten 5–10 Jahre ausgerichtet.	☐	☐
... ist verallgemeinert.	☐	☐
... ist streng vertraulich.	☐	☐

b) Kreuzen Sie an, ob die folgenden voneinander unabhängigen Zitate aus einer Grundstrategie oder einem Leitbild stammen.
Bei den Aussagen zum Leitbild schreiben Sie auf, ob es eine Information zum Betätigungsfeld, für die Anspruchsgruppen oder zu den Werten ist.

Aussage	Strategie	Leitbild	Betätigungsfeld, Anspruchsgruppe, Werte
«Wir bieten in Zukunft auch Flüge in der Businessclass ab Basel an.»	☐	☐	
«In den nächsten drei Jahren werden wir unseren Absatz in Indien und China um mindestens 15% steigern.»	☐	☐	
«Auf unseren Interkontinentalflügen streben wir eine Auslastung von 80% an.»	☐	☐	
«Zusätzliche Investitionen sollen nach Möglichkeit mit eigenen Mitteln finanziert werden.»	☐	☐	
«Der Gewinn soll 5% des Eigenkapitals betragen.»	☐	☐	
«Die Interessen der Mitarbeitenden sollen angemessen berücksichtigt werden.»	☐	☐	
«Unsere Kollektion wirkt auf die erfolgreiche, dynamische Frau unwiderstehlich.»	☐	☐	

Umsetzung unternehmerischer Ideen

c) Nachfolgend sind die Unternehmungsstrategie und das Leitbild einer Metzgerei einander gegenübergestellt. Ergänzen Sie die fehlenden Teile mit einem passenden Beispiel. Beachten Sie dabei, dass jeweils das Leitbild von der Grundstrategie abgeleitet wird.

Unternehmungsstrategie	Leitbild
«Wir wollen unseren Gewinn in den nächsten 5 Jahren um jeweils 10 % steigern.»	
	«Unsere Hauswürste enthalten nur einheimisches Fleisch und sind so frisch wie möglich zubereitet.»
«Bis Ende 2022 wollen wir einen Marktanteil von 35 % bei sämtlichen Restaurants im Grossraum Bern erzielen.»	
«Unsere Führungskräfte haben die Metzgermeisterprüfung absolviert und werden den intern angebotenen Führungskurs in drei Jahren besuchen..»	

d) Umschreibungen den Begriffen zuordnen.

1) Schreiben Sie den jeweils korrekten Grossbuchstaben (A–E) der Umschreibung neben den Begriff. Eine Umschreibung kommt nicht vor.

   A Vertrauliche Marschrichtung zur Erreichung der vorgegebenen Ziele
   B Beschreibung von Stärken/Schwächen und Chancen/Risiken eines Unternehmens
   C Vereinfachte Beschreibung der grundlegenden Ziele des Unternehmens
   D Konkretisierung der unternehmerischen Ziele für die tägliche Arbeit
   E Unternehmerische Idee

```
Vision
  ↓
Strategie                    Leitbild
  ↓
Konzept
```

2) Erklären Sie, weshalb das Leitbild in der Darstellung separat dargestellt wird.

e) Nennen Sie den jeweils umschriebenen Fachbegriff.

Beschreibung	Begriff
Sie (z.B. Kundschaft oder Mitarbeitende) beeinflussen mit ihren Erwartungen die Zielebene des Unternehmungskonzepts.	
Sie beeinflussen die Zielebene des Unternehmungskonzepts indirekt via Anspruchsgruppen.	
Sie entspricht der Zielebene des Unternehmungskonzepts.	
Es entspricht indirekt der Zielebene des Unternehmungskonzept, da es von der Grundstrategie abgeleitet wird.	
Sie ist die gedankliche Quelle der Unternehmungsstrategie.	

4 Aufbauorganisation
Betriebswirtschaftliche Zusammenhänge

Inhaltsverzeichnis

		Theorie	Aufgaben
4.1	Organigramm	120	131
4.2	Gliederungsarten	121	133
4.3	Organisationsformen	123	137
4.4	Instrumente	127	142

Leistungsziele 130

4 Aufbauorganisation

Einführungsfall | Die Grosspeter-Gruppe zählt mit 240 Mitarbeitenden plus 40 Lernenden von der Anzahl ihrer Mitarbeitenden her zu den Grossunternehmen. Seit 75 Jahren behauptet sie sich erfolgreich im Automobilgeschäft.
Wie wird gewährleistet, dass 280 Mitarbeitende die festgelegten Ziele auch erreichen, dass jede und jeder weiss, was zu tun ist, und die Menschen Hand in Hand arbeiten?

4.1 Organigramm

Jedes Unternehmen verfügt über eine innere Struktur, eine Organisation. Bei der **Aufbauorganisation** wird die **Hierarchie von Stellen**, Entscheidungskompetenzen und Verantwortung, d.h. die vertikale Ordnung, von oben nach unten abgebildet.

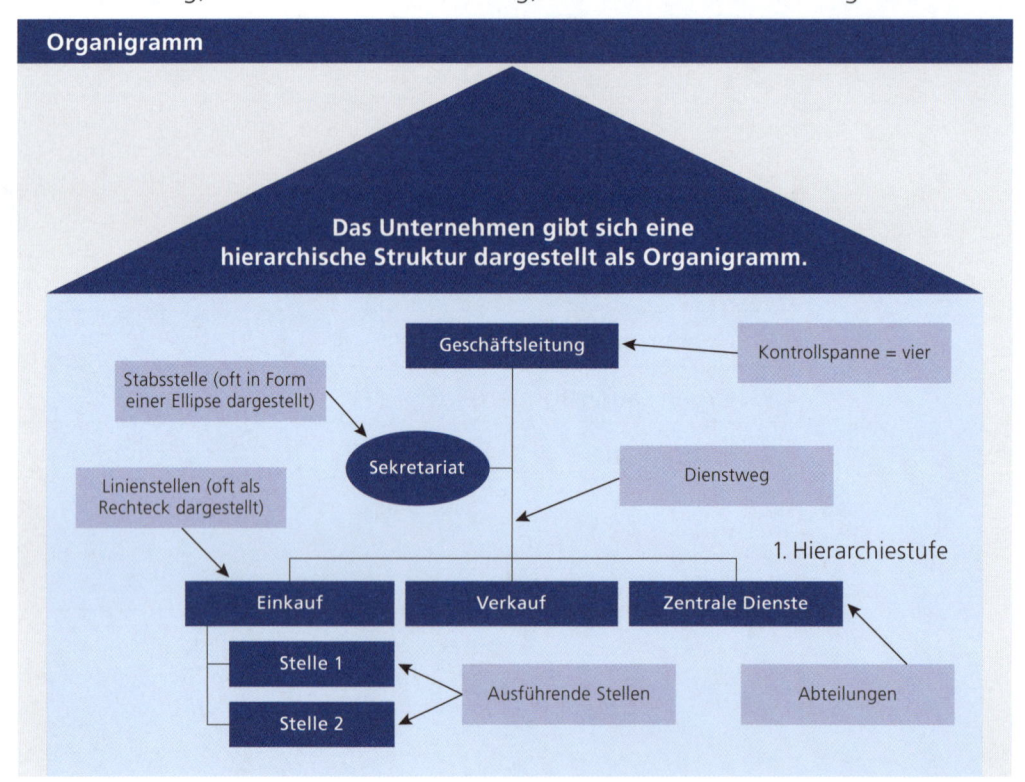

Organigramm

Das Unternehmen gibt sich eine hierarchische Struktur dargestellt als Organigramm.

- Geschäftsleitung
- Kontrollspanne = vier
- Stabsstelle (oft in Form einer Ellipse dargestellt) → Sekretariat
- Linienstellen (oft als Rechteck dargestellt)
- Dienstweg
- 1. Hierarchiestufe
- Einkauf, Verkauf, Zentrale Dienste
- Stelle 1, Stelle 2 — Ausführende Stellen
- Abteilungen

Ein **Organigramm** ist die grafische **Darstellung der Aufbauorganisation** eines Unternehmens. Einerseits zeigt es die Hierarchie, d.h., wer wem unterstellt ist, wobei die Geschäftsleitung meist zuoberst abgebildet ist, und andererseits welche Stellen ein Unternehmen hat. Stellen werden mit Rechtecken oder Ellipsen symbolisiert. Das Organigramm kann alle Stellen abbilden oder nur die oberen Leitungsebenen. In diesem Fall werden die ausführenden Stellen nicht abgebildet.

Weiter steht in einem Organigramm, wofür die Stellen zuständig sind und welchen **Dienstweg** man einhalten muss. Über den Dienstweg erhalten Mitarbeitende Informationen und Weisungen und beschweren sich umgekehrt oder fragen nach, wenn es Probleme gibt.

→ 4.4.1 Mitarbeitende sind Stelleninhaber. Eine **Stelle** ist die **kleinste organisatorische Einheit**, welcher bestimmte Aufgaben und Kompetenzen zugewiesen sind und welche Verantwortung zu tragen hat.

Die **Aufgaben** umschreiben, was die Angestellten zu tun haben. Mit **Kompetenzen** sind die Befugnisse umschrieben, Entscheide zu treffen und Weisungen zu erteilen, und die **Verantwortung** beschreibt, für welche Bereiche und Ergebnisse jemand Rechenschaft ablegen muss.

Beispiel Stelle «Mahnwesen»
- Aufgaben: Zahlungseingänge kontrollieren und säumige Kunden mahnen, später evtl. betreiben
- Kompetenzen: Angemessene Entscheide und Massnahmen treffen können, um auf ausstehende Zahlungen zu reagieren
- Verantwortung: Nachweisen, dass regelmässig Zahlungseingänge kontrolliert, zuverlässig Mahnungen verschickt und Betreibungsverfahren eingeleitet worden sind

Sind einer Stelle andere Stellen untergeordnet, so spricht man von einer **Leitungsstelle** oder **Instanz**. Inhaber von Leitungsstellen erfüllen Aufgaben wie das Planen und Delegieren, d.h. Aufgaben auf andere übertragen und kontrollieren. Auf der untersten Ebene im Organigramm sind **ausführende Stellen** abgebildet.

Mit der Aufbauorganisation wird im Unternehmen ein verbindlicher Rahmen geschaffen, wodurch die Gesamtaufgabe des Unternehmens wirksam und mit möglichst wenig Aufwand erledigt werden kann.

A E-Aufgaben 1 und 2, W-Aufgaben 3 und 4

4.2 Gliederungsarten

Mit den **Gliederungsarten** werden die Möglichkeiten resp. Kriterien beschrieben, wie Stellen gebildet und zu Abteilungen zusammengeführt werden können. Eine **Abteilung** besteht aus mehreren Stellen, die von den Aufgaben oder vom Bereich her zusammengehören. Deshalb unterscheidet man als Gliederungsarten (Kriterien) die Gliederung nach **Funktionen** (Aufgaben) oder **Divisionen** (Produkten, Märkte). Grundsätzlich kann jede Ebene nach einem anderen Kriterium organisiert werden. Die funktionale und die divisionale Gliederung weisen folgende Merkmale auf.

4.2.1 Funktionale Gliederung

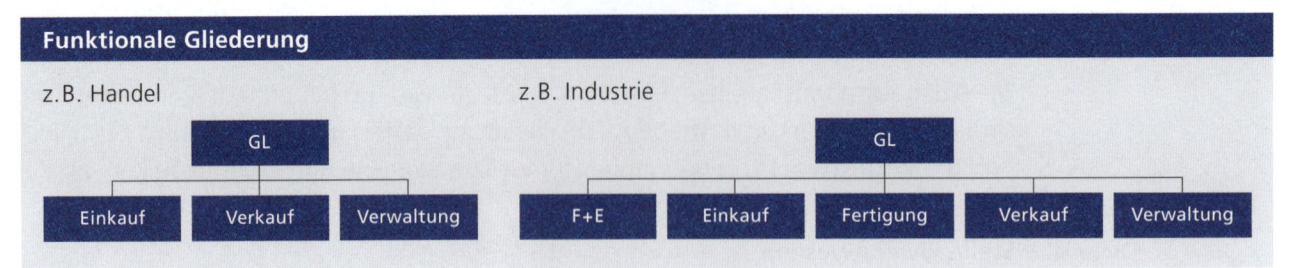

Funktionale Gliederung

z.B. Handel

- GL
  - Einkauf
  - Verkauf
  - Verwaltung

z.B. Industrie

- GL
  - F+E
  - Einkauf
  - Fertigung
  - Verkauf
  - Verwaltung

Merkmale:
- Die Stellen mit ähnlichen **Funktionen (Aufgaben, Tätigkeiten)** werden in einer Abteilung zusammengefasst. Für Handel und Industrie sind die wichtigsten Grundtätigkeiten oben abgebildet.
- Als **Nachteil** kann sich auswirken, dass es zwischen den Abteilungen keinen offiziellen Informationsfluss gibt. Die einzelnen Funktionsbereiche fühlen sich «nur» für ihre Aufgaben verantwortlich und weniger für den Gesamterfolg.

4.2.2 Divisionale Gliederung

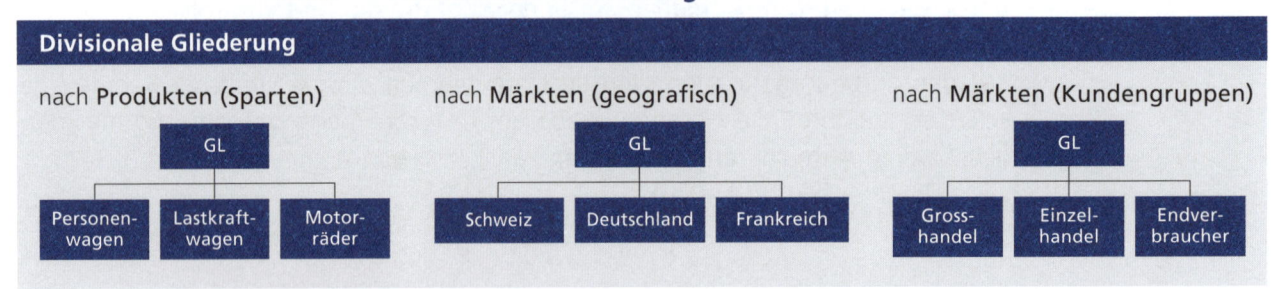

Divisionale Gliederung

nach Produkten (Sparten)

- GL
  - Personenwagen
  - Lastkraftwagen
  - Motorräder

nach Märkten (geografisch)

- GL
  - Schweiz
  - Deutschland
  - Frankreich

nach Märkten (Kundengruppen)

- GL
  - Grosshandel
  - Einzelhandel
  - Endverbraucher

Merkmale:
- Bei der divisionalen Gliederung werden die Abteilungen nach **Produkten** (Sparten) oder **Märkten** gebildet. Die Märkte können sich auf geografische oder kundenspezifische Merkmale beziehen.
- **Voraussetzung** für diese Gliederung ist, dass sich die Produkte oder die Absatzmärkte geografisch oder die Kundengruppen in Bezug auf ihre Bearbeitung stark unterscheiden.
- Jede Sparte führt für ihre Produktgruppe oder ihre Märkte Aufgaben wie z.B. Einkauf und Vertrieb aus.

Profitcenter-Organisation

Eine **Spezialform der divisionalen Gliederung** stellt die Profitcenter-Organisation dar. Die einzelnen Einheiten (auch Business Units oder strategische Geschäftseinheiten genannt) können als **ergebnisverantwortliche Bereiche** organisiert werden, d.h., dass die einzelnen Bereiche eigene Erfolgsrechnungen erstellen und für ihren Gewinn verantwortlich sind.

Damit können die einzelnen Einheiten leistungsorientiert beurteilt werden. Die Spartenleiter können gewinnabhängig entschädigt werden und bringen deshalb eine **hohe Motivation** mit.

Nachteile ergeben sich allenfalls durch Überschneidungen zwischen den Sparten, wenn sie z.B. die gleichen Kunden betreuen.

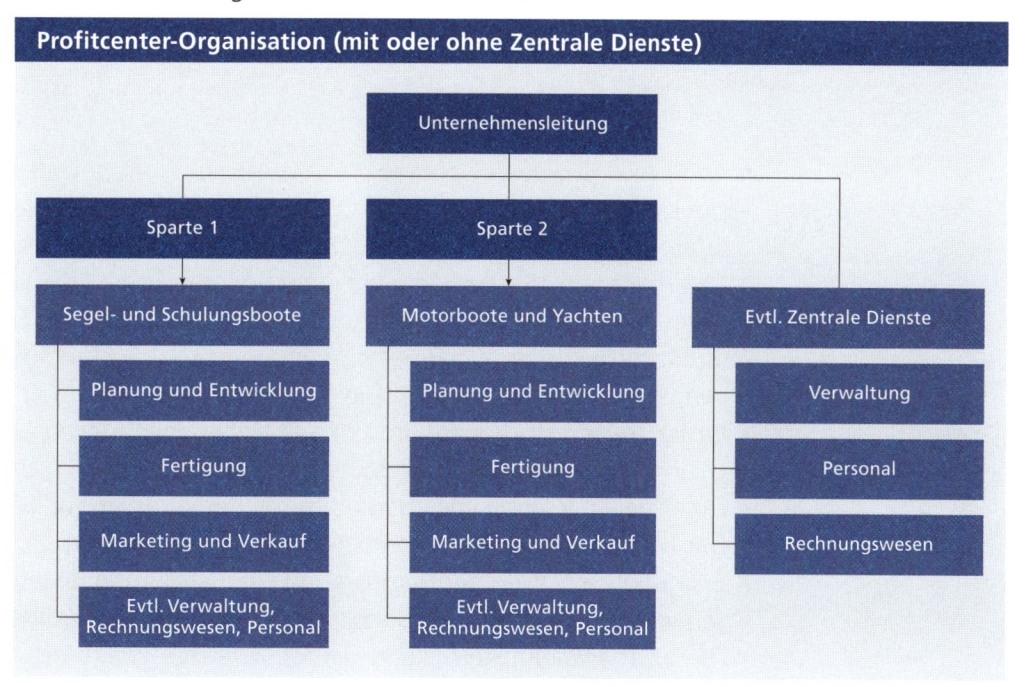

Profitcenter-Organisation (mit oder ohne Zentrale Dienste)

```
                        Unternehmensleitung
                    /           |            \
               Sparte 1      Sparte 2
                  |             |
        Segel- und Schulungsboote   Motorboote und Yachten   Evtl. Zentrale Dienste
        - Planung und Entwicklung   - Planung und Entwicklung   - Verwaltung
        - Fertigung                 - Fertigung                 - Personal
        - Marketing und Verkauf     - Marketing und Verkauf     - Rechnungswesen
        - Evtl. Verwaltung,         - Evtl. Verwaltung,
          Rechnungswesen, Personal    Rechnungswesen, Personal
```

Zentrale Dienste

Unabhängig von der Gliederungsart können Aufgaben, welche das ganze Unternehmen betreffen, wie z.B. **Verwaltung, Finanz- und Rechnungswesen und Personalwesen (HR)**, als sogenannter Zentraler Dienst organisiert sein. Bei einer Profitcenter-Struktur werden diese Kosten dann verursachergerecht verteilt.

A E-Aufgaben 5 bis 7, W-Aufgaben 8 bis 10

4.3 Organisationsformen

Grundsätzlich gibt es verschiedene Arten, wie der Aufbau eines Unternehmens gestaltet werden kann. Die gewählte Form wird im Organigramm sichtbar.

Die **Linienorganisation** ist eine **Organisationsform**, die in der Praxis sehr häufig verwendet wird. Sie kommt als **(reine) Linien-** oder als **Stablinienorganisation** vor. Linien- und Stablinienorganisationen weisen folgende Merkmale auf.

Aufbauorganisation

4.3.1 Linienorganisation

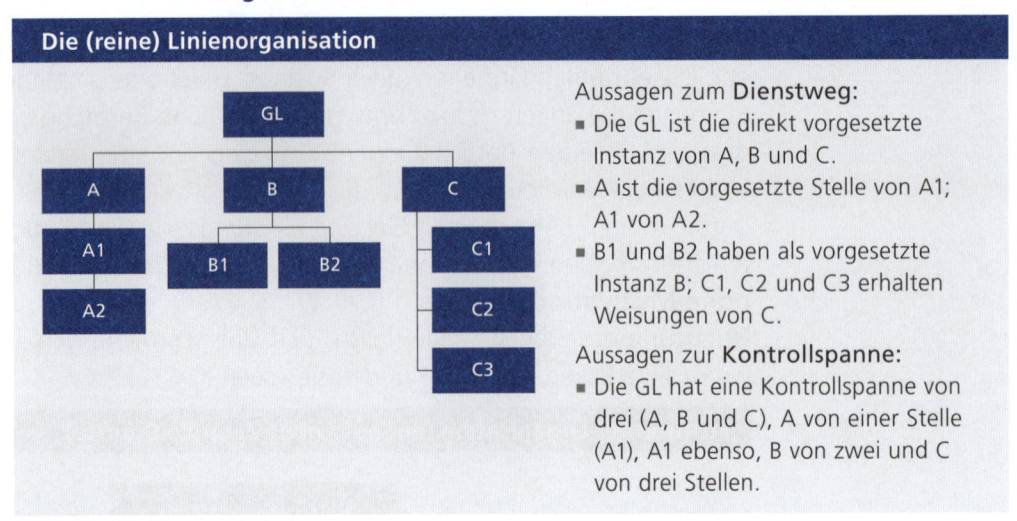

Die (reine) Linienorganisation

Aussagen zum **Dienstweg:**
- Die GL ist die direkt vorgesetzte Instanz von A, B und C.
- A ist die vorgesetzte Stelle von A1; A1 von A2.
- B1 und B2 haben als vorgesetzte Instanz B; C1, C2 und C3 erhalten Weisungen von C.

Aussagen zur **Kontrollspanne:**
- Die GL hat eine Kontrollspanne von drei (A, B und C), A von einer Stelle (A1), A1 ebenso, B von zwei und C von drei Stellen.

Merkmale:
- Die Linienorganisation ist eine Organisationsform, bei der auf jeder Ebene **klare** Informations- und Befehlswege, **Dienstwege** genannt, bestehen. Jede Stelle, jeder Mitarbeitende ist in der Linie mit einer höheren Ebene, dem oder der direkten Vorgesetzten, verbunden. Von dieser erhält er Weisungen und ist ihr gegenüber verantwortlich. Kompetenzüberschneidungen und Zuständigkeitskonflikte werden vermieden. Grafisch werden Dienstwege als Verbindungslinien eingetragen.
- **Linienstellen sind** gegenüber den untergebenen Stellen **weisungsbefugt.**
- Gleiche Höhe der Stellen bedeutet den gleichen Rang im Unternehmen.
- Linienstellen werden im Organigramm oft in der Form von Rechtecken dargestellt.
- Der Mitarbeitende erhält von einer Stelle Anordnungen.
- Es wird grosser Wert auf Disziplin und klare Strukturen gelegt. Anordnungen müssen von qualifizierten Führungskräften erteilt und kontrolliert werden.
- Diese Organisationsform stösst an ihre Grenzen, wenn die **Kontrollspanne**, d.h. die Anzahl direkt unterstellter Mitarbeitende (resp. Stellen) oder das Unternehmen selbst zu gross werden.

A E-Aufgabe 11

4.3.2 Stablinienorganisation

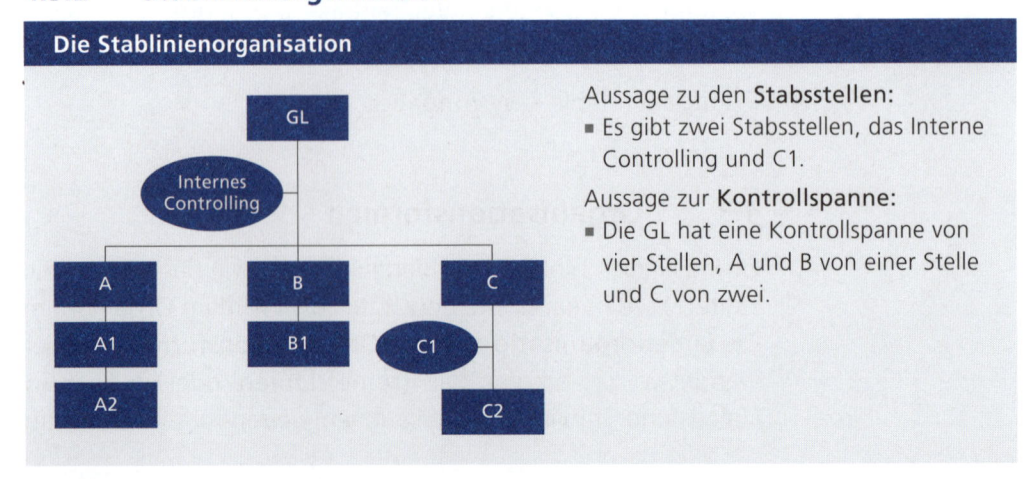

Die Stablinienorganisation

Aussage zu den **Stabsstellen:**
- Es gibt zwei Stabsstellen, das Interne Controlling und C1.

Aussage zur **Kontrollspanne:**
- Die GL hat eine Kontrollspanne von vier Stellen, A und B von einer Stelle und C von zwei.

Merkmale:
- Die Stablinienorganisation ist eine Linienorganisation, bei welcher **Stabsstellen** eingebaut werden. Diese **entlasten die Linienstellen** und versorgen sie mit **Spezialwissen**.
- Stabsstellen sind **nicht weisungsbefugt**, eine Assistentin kann zwar z.B. Befehle der Geschäftsleitung weiterleiten, aber nicht von sich aus Weisungen erteilen.
- Typische Stabsaufgaben sind:
  - Marktforschung (bei Vertrieb/Marketing)
  - IT z.B. bei KMU
  - Rechtsstellen
  - Gleichstellungsbeauftragte (bei Personalwesen)
  - Internes Controlling
- Durch das Einbauen von Stabsstellen vergrössert sich die Kontrollspanne.
- Stabsstellen werden im Organigramm üblicherweise in der Form von Ellipsen oder Kreisen gezeichnet oder speziell markiert. Entweder werden sie seitlich an die entsprechende Linienstelle angehängt oder sie zweigen vom Dienstweg darunter ab.

A E-Aufgabe 12

4.3.3 Breitengliederung

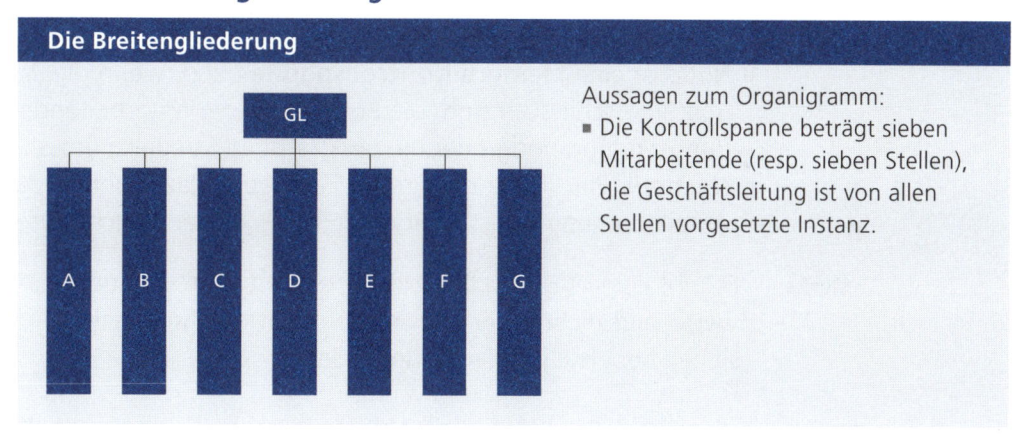

Die Breitengliederung

Aussagen zum Organigramm:
- Die Kontrollspanne beträgt sieben Mitarbeitende (resp. sieben Stellen), die Geschäftsleitung ist von allen Stellen vorgesetzte Instanz.

Merkmale:
- Die Anzahl Hierarchiestufen ist relativ klein, die Kontrollspanne gross.
- **Voraussetzungen** für eine grössere Kontrollspanne sind gleichartige Aufgaben und effizient arbeitende Vorgesetzte, die über alles Bescheid wissen.
- Ein **Nachteil** besteht darin, dass Vorgesetzte an ihre Grenzen stossen und überfordert sein könnten. Zudem fehlt es an Aufstiegsmöglichkeiten.
- Die **Vorteile** bestehen in den kurzen Kommunikationswegen, der Flexibilität, der Möglichkeit, rasch Entscheidungen zu treffen, und der grösseren Selbstständigkeit der unteren Ebenen.

Aufbauorganisation

4.3.4 Tiefengliederung

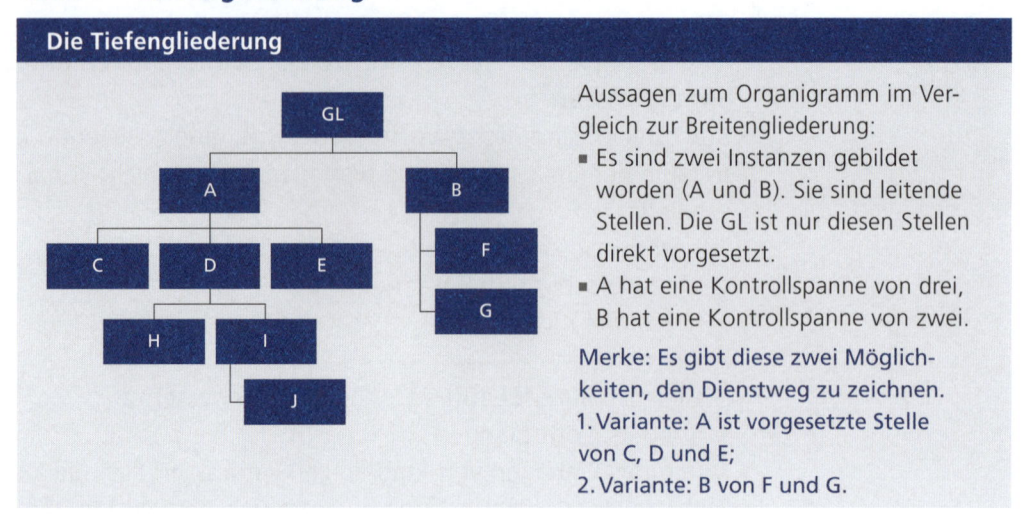

Die Tiefengliederung

Aussagen zum Organigramm im Vergleich zur Breitengliederung:
- Es sind zwei Instanzen gebildet worden (A und B). Sie sind leitende Stellen. Die GL ist nur diesen Stellen direkt vorgesetzt.
- A hat eine Kontrollspanne von drei, B hat eine Kontrollspanne von zwei.

Merke: Es gibt diese zwei Möglichkeiten, den Dienstweg zu zeichnen.
1. Variante: A ist vorgesetzte Stelle von C, D und E;
2. Variante: B von F und G.

Merkmale:
- Die Anzahl Leitungsebenen wird grösser, die Kontrollspanne je Instanz, d.h. je Linienstelle mit Untergebenen, kleiner.
- Stellen, welche einen Zusammenhang aufweisen, werden von einer Instanz geführt. Es entstehen dabei Abteilungen und allenfalls Unterabteilungen.
- Der **Vorteil** besteht darin, dass die Vorgesetzten mehr Zeit für die Führung haben und die Organisation stärker beherrschen können. Die Koordination (Absprache) unter den direkt unterstellten Stellen wird besser.
- Nötig ist eine **kleinere Kontrollspanne** dann, wenn die Aufgaben komplex und unterschiedlich sind, die Beteiligung der Mitarbeitenden an der Entscheidungsfindung nötig oder die geografische Streuung gross ist.
- **Nachteil**: Eine Tiefengliederung kann auch dazu führen, dass die einzelnen Abteilungsleiter oder -leiterinnen ihre Entscheide nicht aufeinander abstimmen.

Merke Es gibt keine feste Regel, wie gross die Kontrollspanne maximal sein soll. Richtwerte sind nicht mehr als vier bei kreativen, unterschiedlichen Tätigkeiten und sieben bei gleichartigen Tätigkeiten.

Lösung Einführungsfall Es müssen Strukturen und Abläufe festgelegt werden, an denen sich die Mitarbeitenden orientieren können. Wie die Grosspeter AG konkret aufgebaut ist, hält sie in einem Organigramm fest.

A E-Aufgaben 13 und 14, W-Aufgabe 15

4.4 Instrumente

Die Stellenbeschreibung und das Pflichtenheft sind Mittel, die für unterschiedliche Zwecke verwendet werden.

4.4.1 Stellenbeschreibung

Die **Stellenbeschreibung** ist ein Instrument der Unternehmensführung, mit welchem eine Stelle personenunabhängig beschrieben wird.

Stellenbeschreibung

CERVANTES AG

Stellenbeschreibung

Funktionsbezeichnung	
Stelleninhaberin / Stelleninhaber	
Stellenprozente	
Abteilung	
Organisatorische Eingliederung	– direkt vorgesetzte Stelle: – direkt untergebene Stellen:
Stellvertretungen	– zu übergeben an: – zu übernehmen von:
Aufgabenbereiche	–
Ziele	–
Kompetenzen (Unterschriftsberechtigung, Weisungsbefugnis, Finanzverantwortung ...)	–

(Teil-)Aufgaben (detailliert)	Aufwand in %	Regelmässigkeit/ Termin	Kontakte
Aufgabenbereich 1			
–			
–			
Aufgabenbereich 2			
–			
–			
Aufgabenbereich 3			
–			
–			

Vorlage Stellenbeschreibung.dotx   1/2

Inhalt:
- Angaben zur Stellung im Betrieb, wie Bezeichnung, Beziehung zu über- und untergeordneten Stellen, Stellvertretung
- Angaben zu den Aufgaben und Zielen der Stelle
- Angaben zu den Kompetenzen (Befugnissen)
- Angaben zu den Anforderungen an die Stelleninhaberin/den Stelleninhaber
- Angaben zu Leistungsbemessungskriterien

Das Erstellen von Stellenbeschreibungen hat Vor- und Nachteile.

Vorteile sind:
- Klare Zuteilung von Aufgaben und Transparenz
- Eine Stellenbeschreibung schafft klare Unterstellungsverhältnisse und hilft, Kompetenzstreitigkeiten zu vermeiden.
- Sie klärt die Stellvertretungsfrage.
- Sie schafft Übersicht und ist als Bestandteil eines Arbeitsvertrags eine Bemessungsgrundlage für die Bewertung der Leistung.
- Sie ermöglicht die Planung von Aus- und Weiterbildungsmassnahmen.
- Sie erleichtert die Personalsuche und Einarbeitung neuer Mitarbeitenden.

Nachteil ist:
- Das Erstellen erfordert viel Aufwand und kann zu einer «Überorganisiertheit» führen.

Aufbauorganisation

Merke Für einen Stelleninhaber ist es sehr wichtig, dass die Aufgaben, Kompetenzen und die Verantwortung **kongruent** sind. Dies bedeutet, dass man nur für die Erledigung von Aufgaben Verantwortung übernehmen kann, für welche man auch über die entsprechenden Kompetenzen verfügt.

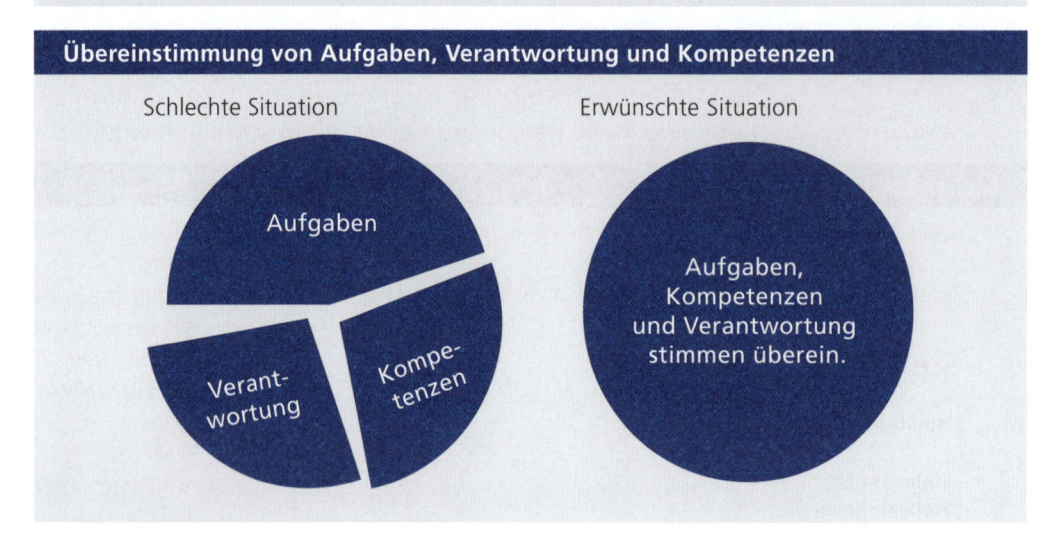

Übereinstimmung von Aufgaben, Verantwortung und Kompetenzen

Schlechte Situation: Aufgaben, Verantwortung, Kompetenzen

Erwünschte Situation: Aufgaben, Kompetenzen und Verantwortung stimmen überein.

Beispiel **Stelle «Mahnwesen»**
Wer im Mahnwesen zuständig und verantwortlich für die Zahlungseingänge ist, muss diese kontrollieren und z.B. auch Mahnungen an Kunden verschicken dürfen.

Eine **Stellenausschreibung** ist eine verkürzte Form der Stellenbeschreibung, die z.B. als Inserat für die Suche von neuen Mitarbeitenden verwendet wird.

A W-Aufgaben 17 bis 20

4.4.2 Pflichtenheft

In einem **Pflichtenheft** werden die Aufgaben und die Arbeitsschritte (Unteraufgaben) festgehalten. Einerseits dient es der Orientierung für den Stelleninhaber, weil es wie eine Checkliste verwendet werden kann. Andererseits dient es auch als Bewertungsgrundlage für die erbrachte Leistung.

Im Vergleich zur Stellenbeschreibung werden Aufgaben ausführlicher geregelt. Die übrigen Elemente einer Stellenbeschreibung fehlen.

Beispiel

Pflichtenheft von einer Apotheke			
Verantwortungs-bereich	**Aufgaben**	**Unteraufgaben**	**Verantwortliche Person**
Rechnungskontrolle	Grossist	Rechnungen kontrollieren	
	Direktlieferanten	Rechnungen kontrollieren	
	Monatsrechnungen	Ausdrucken und verschicken	
		Mahnungen	
		Betreibungen	
	Mietartikel	Wartung/Reinigung	
		Abrechnungen monatlich	
Hauslieferdienst	Tourenplanung		
	Autowartung	Auto waschen	
	Fahrtenkontrolle	Tanken	

A E-Aufgabe 16

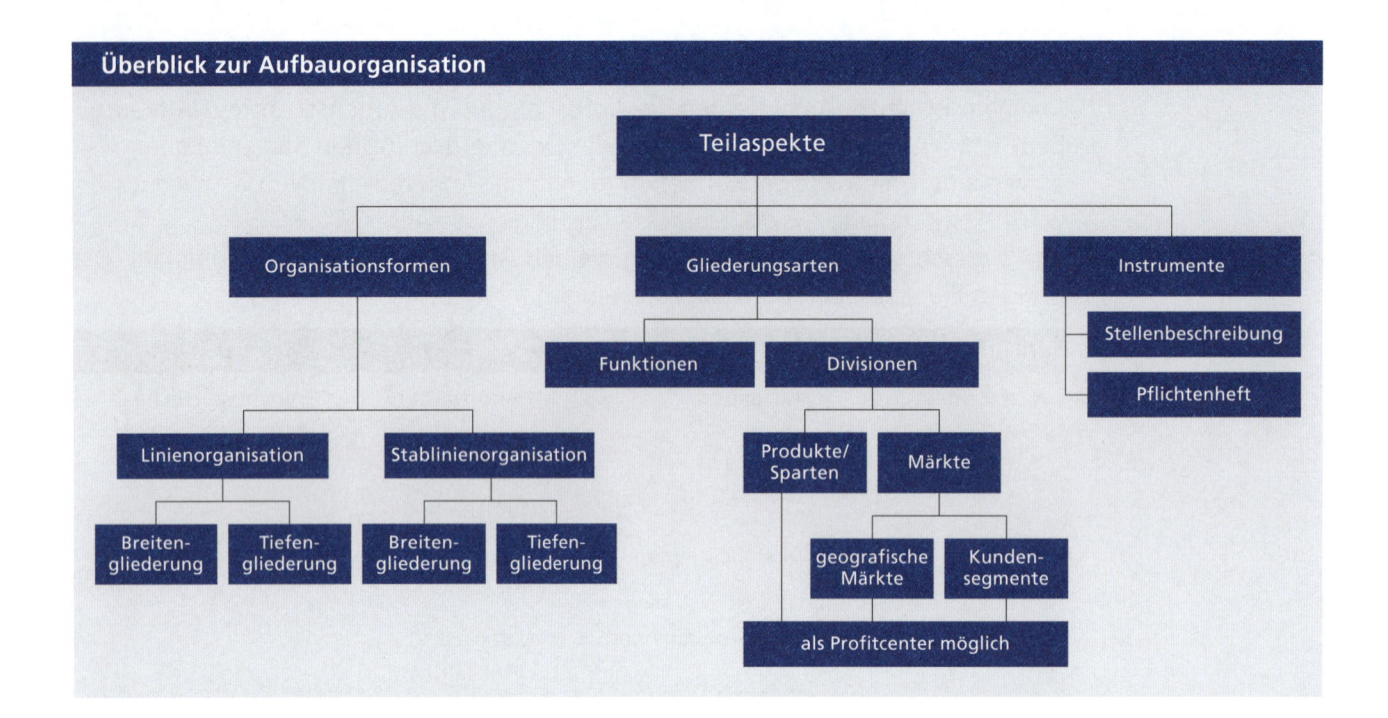

Aufbauorganisation

Überblick zur Aufbauorganisation

```
                          Teilaspekte
        ┌──────────────────────┼──────────────────────┐
  Organisationsformen    Gliederungsarten         Instrumente
                                │                      ├── Stellenbeschreibung
                          ┌─────┴─────┐                └── Pflichtenheft
                      Funktionen   Divisionen
                                   ┌─────┴─────┐
                            Produkte/       Märkte
                             Sparten       ┌───┴────┐
                                    geografische  Kunden-
                                       Märkte     segmente
                                       als Profitcenter möglich

  ┌────────┴────────┐          ┌────────┴────────┐
Linienorganisation  Stablinienorganisation
┌──────┴──────┐     ┌──────┴──────┐
Breiten-  Tiefen-   Breiten-  Tiefen-
gliederung gliederung gliederung gliederung
```

Leistungsziele

1.5.2.4 Aufbauorganisation

- Ich erkläre die Funktion der Aufbauorganisation und die folgenden Formen anhand von Fallbeispielen (Organigramm):
  - Organisationsformen (Linien-, Stablinienorganisation)
  - Aufbauorganisation nach Funktionen
  - Aufbauorganisation nach Divisionen (Produkte, Märkte)
  - Profitcenter

  Für diese zeige ich die Besonderheiten bei den Aufgaben, der Kontrollspanne, beim Dienstweg und bei der Gliederung der Hierarchiestufen und Kompetenzen auf.

- Ich erkläre die Funktionen, die Inhalte und den Einsatz der folgenden Instrumente:
  - Stellenbeschreibung
  - Pflichtenheft

E 4.1 Organigramm

1. Grafische Darstellung der Aufbauorganisation

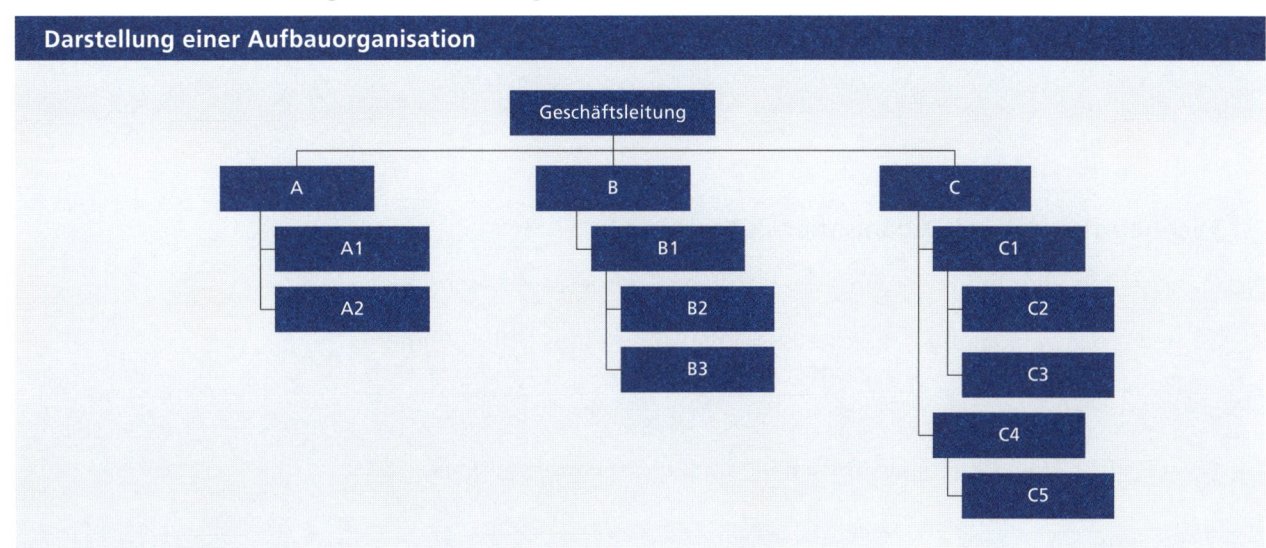

Darstellung einer Aufbauorganisation

```
                    Geschäftsleitung
          ┌──────────────┼──────────────┐
          A              B              C
          ├─ A1          ├─ B1          ├─ C1
          └─ A2          ├─ B2          ├─ C2
                         └─ B3          ├─ C3
                                        ├─ C4
                                        └─ C5
```

a) Nennen Sie den Fachbegriff für die oben abgebildete Darstellung.

b) Zählen Sie auf, welche der von A bis C5 benannten Stellen leitende Stellen sind.

c) Zählen Sie auf, welche der Stellen ausführende Stellen sind.

d) Erklären Sie, weshalb es sich um leitende resp. ausführende Stellen handelt.

Stellen	Erklärung
Leitende Stellen	
Ausführende Stellen	

e) Schreiben Sie auf, wie eine Stelle definiert wird.

f) Zählen Sie auf, welche Aufgaben leitende Stellen im Gegensatz zu ausführenden Stellen wahrnehmen.

Aufbauorganisation

g) Beschreiben Sie den Dienstweg, wenn die Geschäftsleitung will, dass die Stelle C5 eine Information erhält.

....

....

....

2. **Fachbegriffe aus der Organisationslehre nennen**

Nennen Sie den Begriff aus der Organisationslehre, der jeweils beschrieben wird.

a) So heisst die Darstellung der Organisationsstruktur eines Unternehmens.

....

b) So heisst die kleinste organisatorische Einheit eines Unternehmens.

....

c) So heissen Stellen, welche zusätzlich Aufgaben wahrnehmen wie «planen, delegieren und kontrollieren».

....

d) So wird der Weisungs- und Informationskanal genannt.

....

W 4.1 Organigramm

3. **Organigramm**

Claudia Celio beginnt ihren ersten Arbeitstag als Kauffrau bei der Tennis & Squash AG in Allschwil. Der Geschäftsleiter René Zbinden bittet Frau Celio, sich zunächst mit dem Organigramm, das er ihr aushändigt, auseinanderzusetzen.

Kreuzen Sie an, welche Informationen sie aus dem Organigramm lesen kann.

R	Information
☐	Die Anzahl Leitungsebenen
☐	Den hierarchischen Aufbau der Tennis & Squash AG
☐	Den Ablauf der Arbeiten (= Arbeitsprozesse)
☐	Die Anzahl Stellen
☐	Die Öffnungszeiten des Tennis- und Squashcenters

R	Information
☐	Ob Frau Celio selbst eine Stabs- oder eine Linienstelle innehat.
☐	Die Aufgaben, welche Frau Celio zu erledigen hat.
☐	Den Führungsstil (die Art zu führen) von Herrn Zbinden

4. Organigramm

Claudia Celio hat am ersten Vormittag vier Kunden am Telefon, die sie mit dem zuständigen Abteilungsleitenden verbinden muss. Sie kann diese Aufgabe mithilfe des Organigramms problemlos erledigen. Erklären Sie, weshalb sie das kann.

....

....

....

E 4.2 Gliederungsarten

5. Gliederungsarten

Abgebildet sind drei Organigramme. Bestimmen Sie die Gliederungsarten der Abteilungen auf den angegebenen Ebenen.

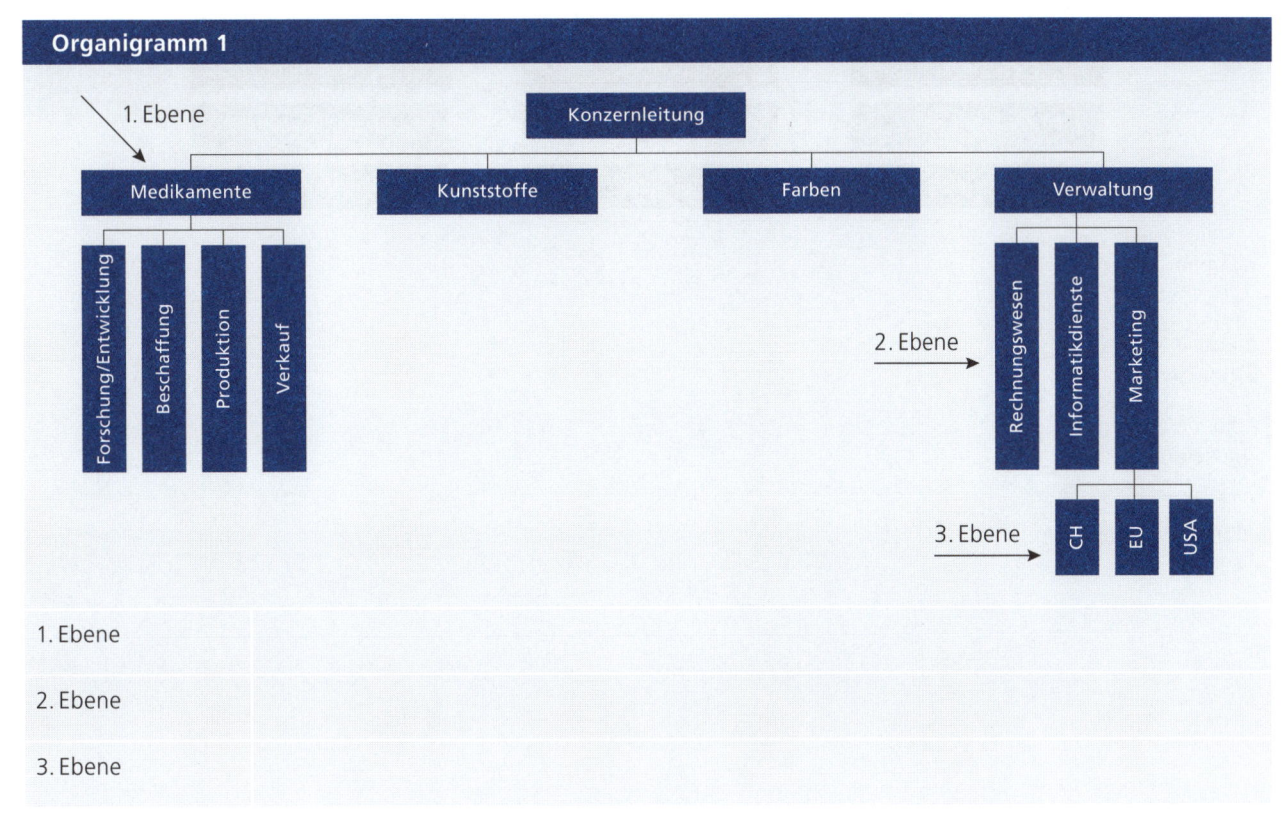

Organigramm 1

1. Ebene → Konzernleitung
- Medikamente
  - Forschung/Entwicklung
  - Beschaffung
  - Produktion
  - Verkauf
- Kunststoffe
- Farben
- Verwaltung
  - Rechnungswesen
  - Informatikdienste
  - Marketing
    - CH
    - EU
    - USA

2. Ebene →
3. Ebene →

1. Ebene	
2. Ebene	
3. Ebene	

Aufbauorganisation

Organigramm 2

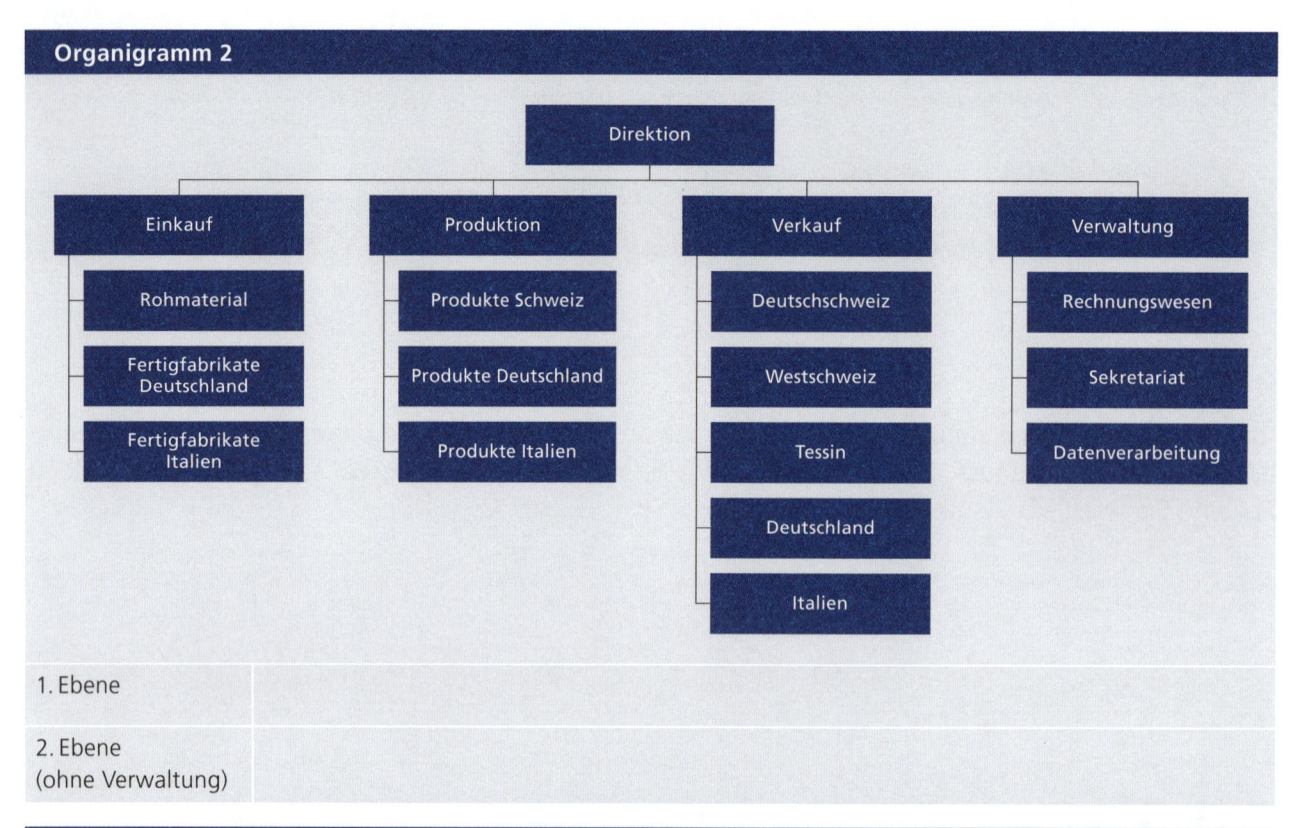

```
                            Direktion
        ┌───────────────┬──────────┴──────┬───────────────┐
      Einkauf        Produktion         Verkauf        Verwaltung
        │               │                 │                │
   Rohmaterial    Produkte Schweiz   Deutschschweiz   Rechnungswesen
        │               │                 │                │
  Fertigfabrikate  Produkte Deutschland Westschweiz     Sekretariat
   Deutschland          │                 │                │
        │          Produkte Italien     Tessin       Datenverarbeitung
  Fertigfabrikate                         │
     Italien                          Deutschland
                                          │
                                        Italien
```

1. Ebene	
2. Ebene (ohne Verwaltung)	

Organigramm 3

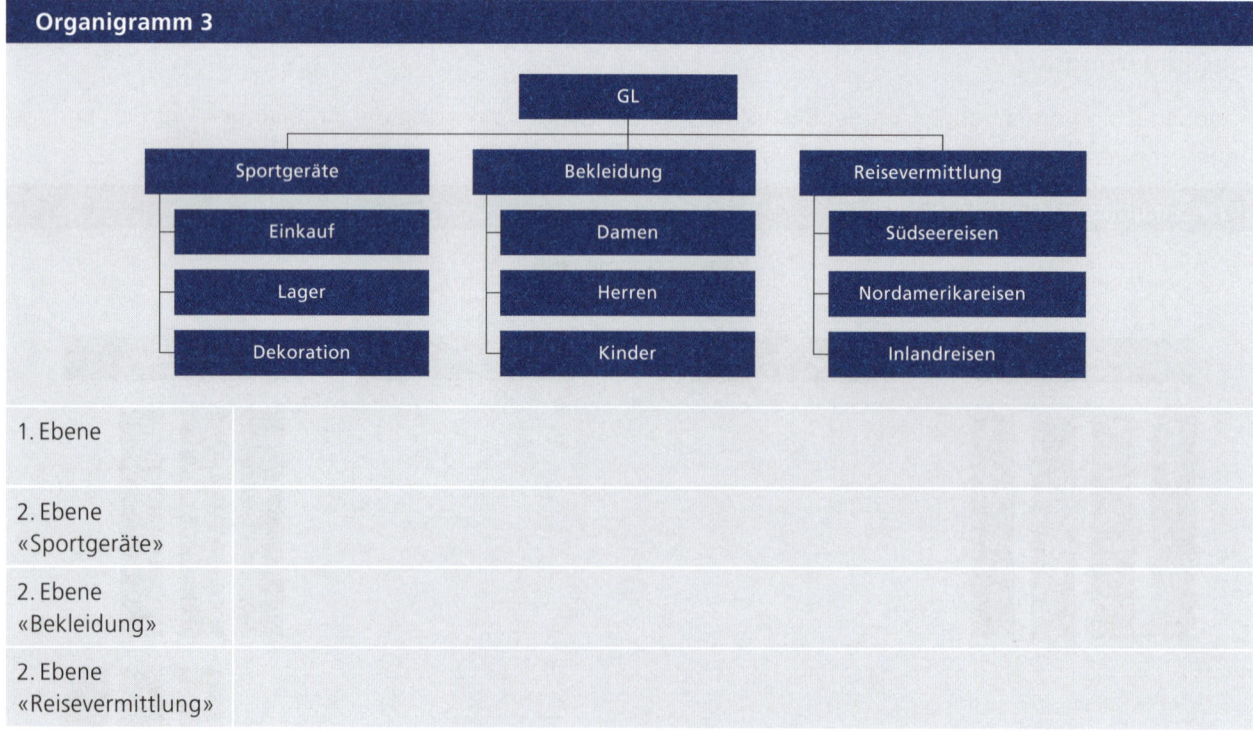

```
                        GL
        ┌───────────────┼───────────────┐
    Sportgeräte     Bekleidung     Reisevermittlung
        │               │                 │
     Einkauf          Damen          Südseereisen
        │               │                 │
      Lager           Herren        Nordamerikareisen
        │               │                 │
    Dekoration         Kinder         Inlandreisen
```

1. Ebene	
2. Ebene «Sportgeräte»	
2. Ebene «Bekleidung»	
2. Ebene «Reisevermittlung»	

6. Gliederungsarten

Im folgenden Text haben sich vier inhaltliche Fehler eingeschlichen. Streichen Sie die falschen Stellen durch und korrigieren Sie sie auf den Zeilen darunter.

Merkmale der Profitcenter-Organisation

Besonders bei kleinen Unternehmen trifft man häufig die Profitcenter-Organisationsform an. Allerdings ist nicht allein die Grösse massgebend, sondern auch die Voraussetzung, dass sich die Produkte und Märkte sehr ähnlich sind. Durch die funktionale Gliederung wird es möglich, dass die einzelnen Sparten dezentral arbeiten und für sich selbst ergebnisorientiert sind. Das bedeutet, dass für das Unternehmen als Ganzes ein Gewinn/Verlust ausgewiesen wird.

7. Fachbegriffe zur Organisationslehre nennen

Nennen Sie den Begriff aus der Organisationslehre, der jeweils beschrieben wird.

a) So heisst eine Organisation, in der die einzelnen Abteilungen eine eigene Gewinnverantwortung tragen.

b) Eine Bank hat die Abteilungen «Wertschriften», «Kreditgeschäft» und «Depotgeschäft». Notieren Sie den Fachbegriff für diese Gliederungsart.

c) Nennen Sie den Fachbegriff für die Gliederungsart, wenn ein Unternehmen nach Teilaufgaben gegliedert ist.

W 4.2 Gliederungsarten

8. Gliederungsarten

Gerhard Klinger betreibt seit 15 Jahren mit seinem KMU Handel mit Elektrogeräten und seit kurzem auch mit Elektrofahrrädern aus Asien. Er beliefert kleinere Geschäfte in der ganzen Schweiz.
Sein Unternehmen ist nach Funktionen gegliedert. Es unterscheidet in der ersten Führungsebene die Abteilungen Einkauf, Verkauf, IT und Finanzen.
Neu soll der Verkauf an Konsumenten übers Internet lanciert werden. Dazu hat die IT-Abteilung eine Software entwickelt, die nun neu im Unternehmen eingeführt werden soll.

a) Erklären Sie aufgrund der Logik der Linienorganisation, weshalb die Geschäftsleitung die Implementierung dieser Software beschliessen und anordnen muss.

Aufbauorganisation

b) Prüfen und begründen Sie aufgrund der vorliegenden Informationen, ob die Voraussetzungen gegeben sind, dass das Unternehmen sinnvollerweise als Profitcenter organisiert werden könnte.

9. Gliederungsarten

Abgebildet ist eine vereinfachte Darstellung des Organigramms einer Berufsschule.

Organigramm Berufsschule

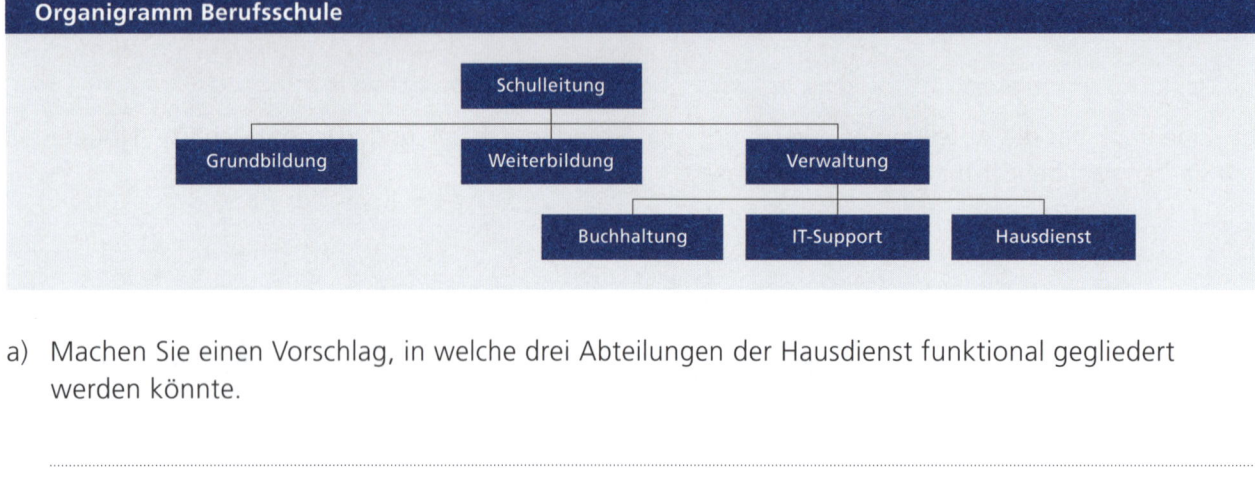

- Schulleitung
  - Grundbildung
  - Weiterbildung
  - Verwaltung
    - Buchhaltung
    - IT-Support
    - Hausdienst

a) Machen Sie einen Vorschlag, in welche drei Abteilungen der Hausdienst funktional gegliedert werden könnte.

b) Machen Sie einen Vorschlag, in welche Abteilungen die Grundbildung produktorientiert gegliedert werden könnte.

c) Nennen Sie einen anderen Fachbegriff für Division.

10. Aussagen beurteilen zur Profitcenter-Organisation

a) Streichen Sie im folgenden Satz das falsche Wort durch.

Voraussetzung für die Profitcenter-Organisation ist die Gliederung nach Funktionen/Divisionen.

b) Kreuzen Sie an, welche Aussagen zum Profitcenter richtig (R) sind.

R	Aussage
☐	Es besteht hauptsächlich aus Stabsstellen.
☐	Es hat den Nachteil, dass die Einheit des Gesamtunternehmens darunter leiden kann.
☐	Es kann nur bei Aktiengesellschaften zur Anwendung kommen.
☐	Es hat eine eigene Gewinnverantwortung.
☐	Es kann als Stablinienorganisation gegliedert sein.

E 4.3 Organisationsformen

11. Linienorganisation

Im folgenden Organigramm sind die einzelnen Stellen mit Buchstaben von A bis C3 gekennzeichnet.

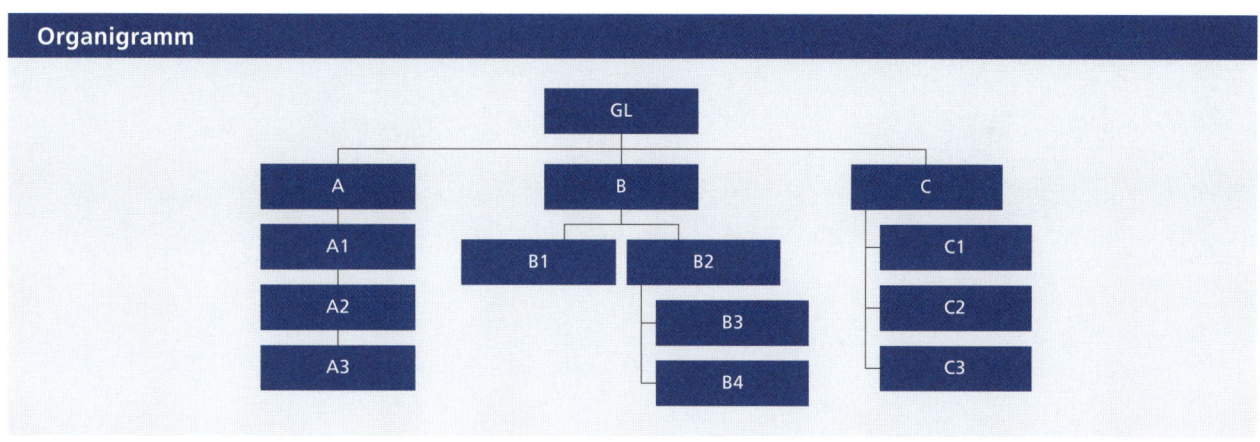

Organigramm

a) Notieren Sie die Anzahl Stellen und Mitarbeitende (ohne Geschäftsleitung), über welche dieses Unternehmen verfügt.

Aufbauorganisation

b) Kennzeichnen Sie mit unterschiedlichen Farben, welche Stellen auf der jeweils gleichen Hierarchiestufe stehen.

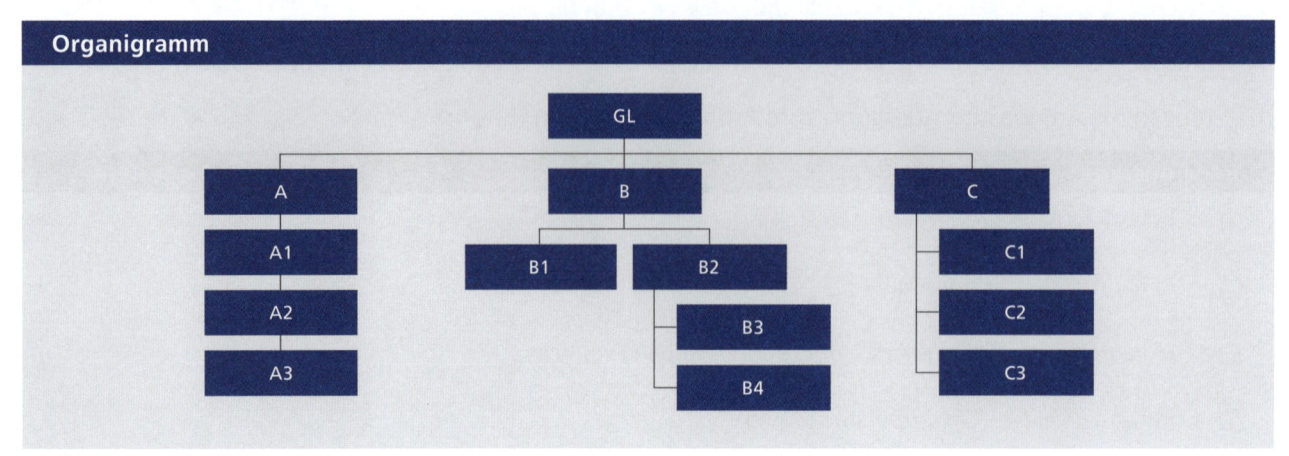

Organigramm
GL — A, B, C; A → A1, A2, A3; B → B1, B2; B2 → B3, B4; C → C1, C2, C3

c) Nennen Sie die Stellen, von welchen die folgenden Stellen ihre Weisungen (z.B. Arbeitsaufträge) erhalten.

A3		B4	
C1		C2	
B2		A	

d) Bestimmen Sie die Kontrollspanne der

Geschäftsleitung		Stelle A2	
Stelle A		Stelle B2	
Stelle B		Stelle C	

12. Stablinienorganisation

In diesem Organigramm sind die Stellen mit A bis E gekennzeichnet, wobei nur die erste Ebene des Organigramms abgebildet ist.

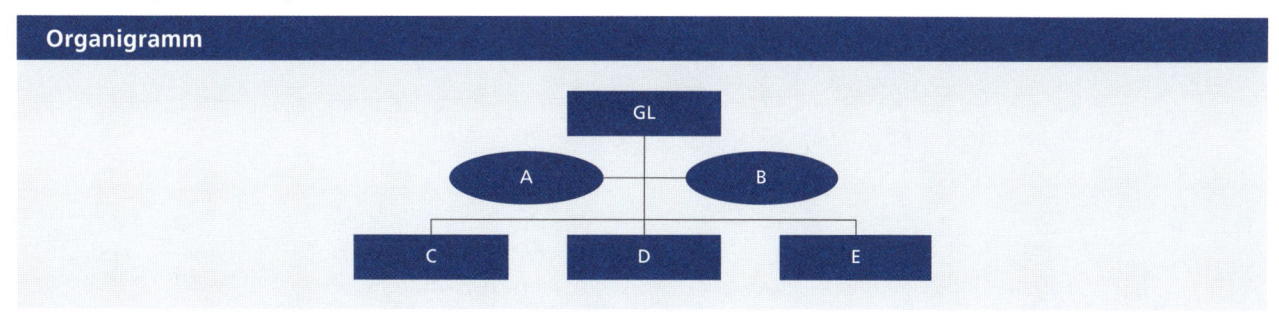

Organigramm
GL — A, B (Stab) — C, D, E

a) Notieren Sie, welche Stellen im Organigramm Stabs- und welche Linienstellen sind.

Stabsstellen	Linienstellen

b) Erklären Sie, woran man in einem Organigramm eine Stabsstelle erkennt.

c) Erklären Sie, welchen Zweck Stabsstellen erfüllen.

d) Nennen Sie den wesentlichen Unterschied zwischen einer Stabs- und einer Linienstelle.

e) Bestimmen Sie die Kontrollspanne der Geschäftsleitung.

13. Breiten- und Tiefengliederung

Kreuzen Sie an, ob die folgenden Aussagen richtig (R) oder falsch (F) sind.
Falsche Aussagen korrigieren Sie auf der Zeile darunter.

R	F	Aussage
☐	☐	Von Breiten- oder Tiefengliederung spricht man unabhängig davon, ob eine Linien- oder eine Stablinienorganisation vorliegt.

Aufbauorganisation

R	F	Aussage
☐	☐	Eine Breitengliederung verfügt über sehr viele Hierarchiestufen.
☐	☐	Bei einem Unternehmen mit Tiefengliederung haben Mitarbeitende mehr Aufstiegschancen als bei einem Unternehmen, das eine Breitengliederung aufweist.
☐	☐	Je breiter die Organisation angelegt ist, desto grösser ist die Kontrollspanne z.B. für die Geschäftsleitung.
☐	☐	Bei der Tiefengliederung besteht einer der Vorteile darin, dass die Informationswege sehr kurz sind.
☐	☐	Bei der Breitengliederung hat der Vorgesetzte mit allen Mitarbeitenden direkt Kontakt und erteilt ihnen Weisungen. Deshalb ist die Gefahr einer Überlastung und Überforderung klein.
☐	☐	Durch die Gliederung in die Tiefe können gleichartige Gebiete besser zusammengefasst werden als bei einer Gliederung in die Breite.

14. Fachbegriffe der Organisationslehre nennen

Nennen Sie den Begriff aus der Organisationslehre, der jeweils beschrieben wird.

a) So heisst die Anzahl der unmittelbar einer Stelle unterstellten Mitarbeitenden.

....

b) So heisst eine organisatorische Einheit mit vorwiegend unterstützender und beratender Funktion.

....

c) So heisst eine Organisationsstruktur, in der es sowohl beratende als auch ausführende Stellen gibt.

....

d) So heisst eine Gliederung, bei welcher eine flache Hierarchie mit grosser Kontrollspanne besteht.

....

W 4.3 Organisationsformen

15. Unterschiede bestimmen in Bezug auf die Organisationsform

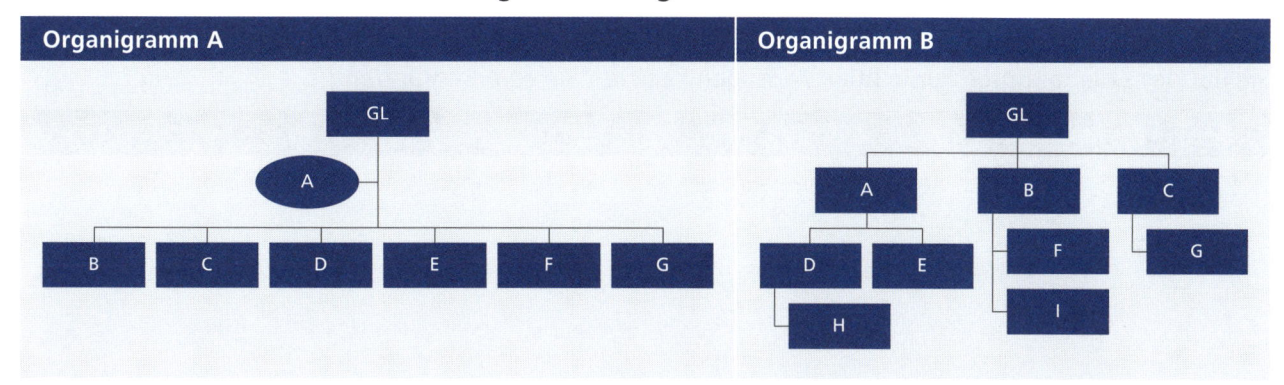

Organigramm A	Organigramm B

Bestimmen Sie vier Unterschiede zwischen Organigramm A und B in Bezug auf die Organisationsform.

Unterschied	Beschreibung des Unterschieds
Unterschied 1	
Unterschied 2	
Unterschied 3	
Unterschied 4	

E 4.4 Instrumente

16. Aussagen zu den Instrumenten beurteilen

Kreuzen Sie an, ob die folgenden Aussagen richtig (R) oder falsch (F) sind. Falsche Aussagen korrigieren Sie auf der Zeile darunter. Für richtige Aussagen notieren Sie eine Begründung.

R	F	Aussage
☐	☐	In einer Stellenbeschreibung stehen der Name des Stelleninhabers oder der Stelleninhaberin und die Höhe des Lohns, den er oder sie erhält.
☐	☐	Die Stellenbeschreibung kann Bestandteil des Arbeitsvertrags sein.
☐	☐	Die Stellenbeschreibung wird erstellt, sobald die neue Mitarbeiterin oder der neue Mitarbeiter die Stelle antritt.
☐	☐	Die Stellenbeschreibung stellt eine Ergänzung des Organigramms dar.
☐	☐	Stellenbeschreibungen werden als Inserate bei der Personalsuche verwendet.
☐	☐	Das Pflichtenheft entspricht im Bereich der Aufgaben der Stellenbeschreibung.

W 4.4 Instrumente

17. Stellenbeschreibung

a) Zählen Sie die Bestandteile einer Stellenbeschreibung auf.

....

....

....

....

....

....

b) Zählen Sie die Elemente einer Stellenbeschreibung auf, welche kongruent sein sollen.

....

18. Stellenausschreibung

Stellenangebot Buchhändler/-in   www.buecherbox.ch

Die Bücher-Box ist eine Buchhandlung. Sie sucht per Anfang August dieses Jahres einen eidgenössisch diplomierten Buchhändler bzw. eine eidgenössisch diplomierte Buchhändlerin mit guter Allgemeinbildung als Stellvertretung des Geschäftsleiters. Die Stelle erfordert vertiefte Kenntnisse im Bereich der Ökologie sowie eine selbstständige Arbeitsweise. Neben dem Bestellwesen und dem Verkauf umfasst die Stelle die Betreuung und Führung der Mitarbeitenden und Auszubildenden, weshalb einige Jahre Berufserfahrung unerlässlich sind. Der Bewerber bzw. die Bewerberin ist ausserdem teamfähig, kontaktfreudig und freundlich im Umgang mit Kunden. Bei einer Anstellung erwarten Sie ein fortschrittliches Arbeitszeitsystem und eine zeitgemässe Entlöhnung. Interessiert? Herr Mury beantwortet gerne Ihre Fragen (031 895 25 25). Ihre Bewerbung mit den üblichen Unterlagen richten Sie an: Berner Bücher-Box, Zürcherstrasse 45, 3006 Bern.

Aufbauorganisation

Das Stellenangebot der Bücher-Box nennt neben Aufgaben und Verantwortungsbereichen auch Fähigkeiten und Eigenschaften. Nennen Sie sechs Fähigkeiten und Eigenschaften des idealen Bewerbers respektive der idealen Bewerberin gemäss Stellenangebot.

....

....

....

....

....

....

....

19. Stellenbeschreibung

Kreuzen Sie an, zu welchem Bereich einer Stellenbeschreibung die folgenden Formulierungen gehören.

Aussage	Aufgabe	Kompetenz	Anforderung	Kein Inhalt einer Stellenbeschreibung
Unsere Kindertennislehrer/-innen sind für die Betreuung unserer jüngeren Klubmitglieder zuständig.	☐	☐	☐	☐
Für das Training unserer Senioren verlangen wir von unseren Tennislehrerinnen und -lehrern den Besuch des Seniorentennis-Grundkurses.	☐	☐	☐	☐
Der Platzwart ist in erster Linie für die Wartung der Tennisplätze zuständig.	☐	☐	☐	☐
Wir erwarten von unseren Klubmitgliedern, dass sie in der Garderobe auf das Essen und Trinken verzichten.	☐	☐	☐	☐
Der Chef unseres Klubrestaurants ist befugt, Materialeinkäufe bis CHF 1000 nach eigenem Ermessen zu tätigen.	☐	☐	☐	☐

20. Stellenbeschreibung

a) Folgendes Inserat ist in einer Zeitung abgedruckt.

1) Stellenbeschreibungen setzen sich aus verschiedenen Bestandteilen zusammen. Suchen Sie im folgenden Inserat solche Teile und schreiben Sie jeweils den Bereich dazu (Aufgabe, Verantwortung, Kompetenz). Wo kein Bereich passt, schreiben Sie «nichts» hin.

	Für unser Gästehaus suchen wir eine Fachangestellte Hauswirtschaft!
Nr. 1	Sie führen das Team von fünf Angestellten im Küchen- und Zimmerbereich. Sie erstellen die Einsatzpläne des Personals und die Menüpläne für die Gäste. Sie beschaffen die notwendigen Gerätschaften und Reinigungsmaterialien im Küchen- und Zimmerbereich.
Nr. 2	Sie sorgen dafür, dass das Personal freundlich und gepflegt auftritt und sich stets an die Abläufe (Checklisten) hält, dass die Kosten gedeckt sind und in den Zimmern und in der Küche tadellose Hygieneverhältnisse herrschen.
Nr. 3	Unser Haus zeichnet sich durch eine gute Atmosphäre und höchste Qualität im mittleren Preissegment aus.
Nr. 4	Alle Pläne und vorgesehenen Anschaffungen tätigen Sie in Absprache mit der Geschäftsleitung.
Nr. 5	Wir bieten Ihnen fortschrittliche Anstellungsbedingungen und eine abwechslungsreiche Arbeit. Sind Sie interessiert? Rufen Sie uns an unter 061 …

Nr.	Bestandteil/Inhalt
1	
2	
3	
4	
5	

2) Nennen Sie mindestens einen weiteren Inhalt/Bestandteil, der üblicherweise in einer Stellenbeschreibung zu finden ist.

3) Carole Meyer erhält die Stelle und merkt bald, dass sie nicht zufrieden ist, weil sie mit ihren Anschaffungsvorschlägen bei der Geschäftsleitung kein Gehör findet.
Erklären Sie, worauf Carole Meyer bei der Stellenausschreibung besser hätte achten müssen, denn dieses Problem wäre vorgängig erkennbar gewesen.

Aufbauorganisation

b) Christian Theiss wird als Tennislehrer angestellt. Er soll jeweils am Mittwoch- und Donnerstagnachmittag von 14.00 bis 18.00 Uhr das Juniorinnen- und Juniorentraining leiten. Die Teilnehmenden sind 8 bis 14 Jahre alt, haben ganz unterschiedliche Spielstärken und bezahlen für zehn Lektionen zu 60 Minuten CHF 300. Das Training findet auf zwei Plätzen statt, wobei je Gruppe max. 10 Teilnehmende eingeteilt sind.
Alle Teilnehmenden sollen zufrieden sein und entsprechend Fortschritte erzielen.
Das Anmeldeverfahren sieht vor, dass die Teilnehmenden den Tag und die Uhrzeit, wann sie kommen wollen, angeben können. Die Verwaltungsassistentin teilt die Teilnehmenden in die Gruppen ein. Die Kurse beginnen mit 60 Teilnehmenden.
Christian Theiss ist nach der ersten Woche frustriert, die Teilnehmenden enttäuscht. Es funktioniert nicht, da die Spielstärken und Alterszusammensetzung total unterschiedlich ausgefallen sind.
Beschreiben Sie, weshalb das Training so nicht funktionieren kann. Verwenden Sie die Begriffe Aufgaben, Kompetenz(en), Verantwortung.

c) In das Restaurant Alpha gehen viele Leute in der Mittagspause essen. Die Bedienung der drei Serviceangestellten funktioniert gut, das Essen ist qualitativ gut und preiswert, einzig das Bezahlen funktioniert schleppend und ist oft Anlass für Unmut. Alle Gäste müssen beim Inhaber, Antonio Tharina, bezahlen.
Erklären Sie, mit welchem organisatorischen Problem dies wohl zu tun hat.

5 Betriebswirtschaftliche Zusammenhänge
Grundbegriffe des Marketings

Inhaltsverzeichnis

	Theorie	Aufgaben
5.1 Marktanalyse	**149**	162
5.2 Marktziele	**150**	164
5.3 Produktziele	**156**	171
Leistungsziele		161

5 Grundbegriffe des Marketings

Einführungsfall Der Automobilhersteller Mercedes-Benz bietet Personenwagen in 16 verschiedenen Klassen an. Von der A- bis zur SLS-AMG-Klasse. In der E-Klasse gibt es z.B. die Modelle Limousine, T-Modell, Cabriolet und Coupé. Jedes Modell ist individuell zusammengestellt erhältlich (z.B. bezüglich Farbe, Motorisierung, Ausstattung). Weshalb gehen Autohersteller wie Mercedes-Benz so vor?

Unternehmen verstehen unter Marketing die Ausrichtung ihrer Tätigkeit auf den Markt. Ein Markt ist ein Ort, an dem sich Marktteilnehmer treffen, um Geschäfte zu tätigen. Unternehmen bieten Güter und Dienstleistungen an, die sie verkaufen wollen. Sie treten als Anbieter auf. Nachfrager heissen diejenigen Marktteilnehmer, welche die Güter und Dienstleistungen kaufen wollen. Sie kennen sie als Anspruchsgruppe «Kundschaft».

→ 5.1 Unternehmen sind auf einem Markt tätig und wollen erfolgreich sein. Damit das gelingt, müssen sie die Bedürfnisse der Kundschaft kennen und diese mit ihren Angeboten zufrieden stellen können.

Unternehmen analysieren Märkte und legen dann ihre **Marktziele** und ihre **Produktziele** fest. Die Markt- und Produktziele werden im Unternehmungskonzept im Bereich Leistung auf der Zielebene konkretisiert. Es werden je drei Ziele festgelegt.

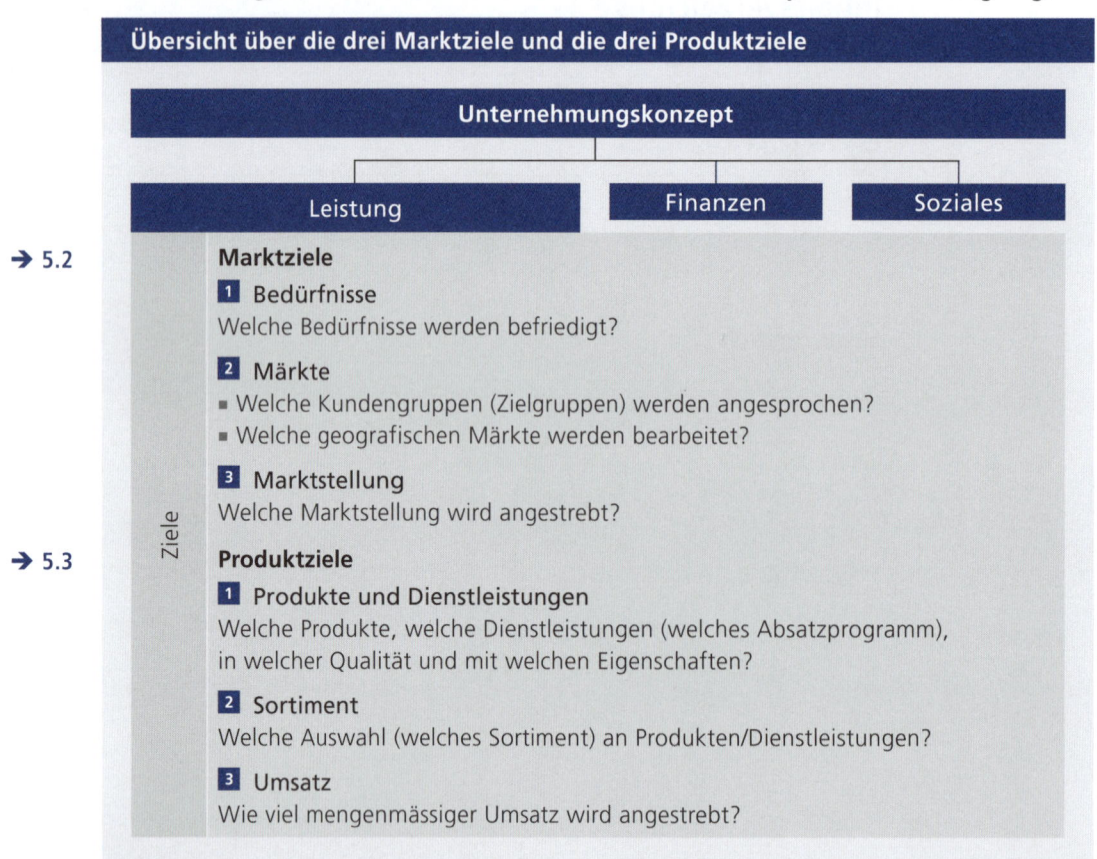

Übersicht über die drei Marktziele und die drei Produktziele

Unternehmungskonzept

Leistung | Finanzen | Soziales

→ 5.2 **Marktziele**

1 Bedürfnisse
Welche Bedürfnisse werden befriedigt?

2 Märkte
- Welche Kundengruppen (Zielgruppen) werden angesprochen?
- Welche geografischen Märkte werden bearbeitet?

3 Marktstellung
Welche Marktstellung wird angestrebt?

→ 5.3 **Produktziele**

1 Produkte und Dienstleistungen
Welche Produkte, welche Dienstleistungen (welches Absatzprogramm), in welcher Qualität und mit welchen Eigenschaften?

2 Sortiment
Welche Auswahl (welches Sortiment) an Produkten/Dienstleistungen?

3 Umsatz
Wie viel mengenmässiger Umsatz wird angestrebt?

Beispiel Marktziele

1 Wenn ein Unternehmen Eiscreme herstellt, befriedigt es das Bedürfnis nach einer kühlen, fruchtigen und süssen Erfrischung.

2 Es spricht damit als Kundengruppen junge und ältere Personen an und legt fest, in welchen Städten und Orten seine Eiscreme verkauft werden soll.

3 Als Kleinanbieter tritt es dann als sogenannter Nischenplayer im Markt auf.

Produktziele

1 Das Unternehmen stellt Eiscreme her als Rahmglace und Sorbet in höchster Qualität mit Rohstoffen aus der Schweiz.

2 Es bietet Eiscreme in Kübeln sowie Cornets und Stängelglaces an, insgesamt in 20 verschiedenen Geschmacksrichtungen.

3 Pro Jahr werden 200 000 Cornets und Stängelglaces und 1000 Liter Kübelglace hergestellt.

A E-Aufgabe 1

5.1 Marktanalyse

Durch eine **Marktanalyse** will die Unternehmensleitung verlässliche Informationen erhalten, um das anzubieten, was den Bedürfnissen der Kundschaft entspricht. Im Zentrum einer Marktanalyse stehen etwa die folgenden Fragen:

- Welche **Bedürfnisse** haben Kundinnen und Kunden und wie viel sind sie bereit, dafür zu bezahlen? Wie sieht das **Kaufverhalten** aus? Wie gross ist der **Markt** und wie stark wächst er?
- Worin besteht der erlebbare Wert, welcher für die Kundschaft kaufentscheidend ist? Sind es technische Eigenschaften, Qualität und Preis oder Prestige, welche zum Kauf führen?

Die **Marktanalyse** wird mithilfe der Instrumente der **Marktforschung** und der **Markterkundung** durchgeführt.

Grundlagen und Instrumente der Marktanalyse

Informationsgewinnung

Marktforschung	Markterkundung
▪ Informationen werden systematisch gesammelt, aufgearbeitet und analysiert. ▪ Die gewonnenen Informationen sind in der Regel aussagekräftig und repräsentativ. ▪ Oft werden damit externe Marktforschungsinstitute beauftragt. ▪ Diese Form der Informationsbeschaffung ist aufwendig und teuer.	▪ Informationen werden selbst gewonnen. ▪ Die Informationen sind nicht unbedingt repräsentativ, da sie unsystematisch erhoben werden. ▪ Diese Form der Informationsbeschaffung ist vergleichsweise günstig.

Instrumente zur Informationsgewinnung:
- Mündliche oder schriftliche **Befragung**
- Verdeckte oder offene **Beobachtungen**
- **Tests**
- **Datenanalyse**
  - Auswertung interner Quellen (z.B. Daten von Kundenkarten, Kundenreklamationen)
  - Auswertung von externen Quellen (z.B. Marktforschungsberichten, Statistiken, Zeitungsartikeln)

A E-Aufgabe 2, W-Aufgabe 3

5.2 Marktziele

5.2.1 Bedürfnisse

→ GWZ Kapitel 1

Bedürfnisse sind unerfüllte Wünsche, Sehnsüchte und Ansprüche, welche Menschen haben. Unternehmen wollen die Bedürfnisse der Konsumentinnen und Konsumenten entdecken oder erzeugen, um mit entsprechenden Produkten die Befriedigung der Bedürfnisse zu versprechen.

Beispiel

Unternehmen nutzen z.B. das Bedürfnis nach Zugehörigkeit und Gruppenerlebnissen, um Markenbindung und -treue aufzubauen. Auch wird das Bedürfnis, mitzureden und mitzudenken, aufgenommen, indem z.B. Produkte zusammen mit der Kundschaft entwickelt werden.

5.2.2 Märkte

Marktsegmentierung

Unternehmen können nicht für jede Person ein spezifisches Produkt anbieten. Sie versuchen also, Personengruppen zu bilden, deren Mitglieder über gleiche oder sehr ähnliche Merkmale verfügen und so auch ähnliche Bedürfnisse haben. Der Vorgang, den Gesamtmarkt in Gruppen mit gleichen Bedürfnissen zu unterteilen, heisst **Marktsegmentierung**. Wenn spezifisch für ein Marktsegment dann ein Produkt angeboten wird, werden die Personen zur **Zielgruppe**. Das Unternehmen versucht, die Bedürfnisse dieser Gruppe optimal zu befriedigen.

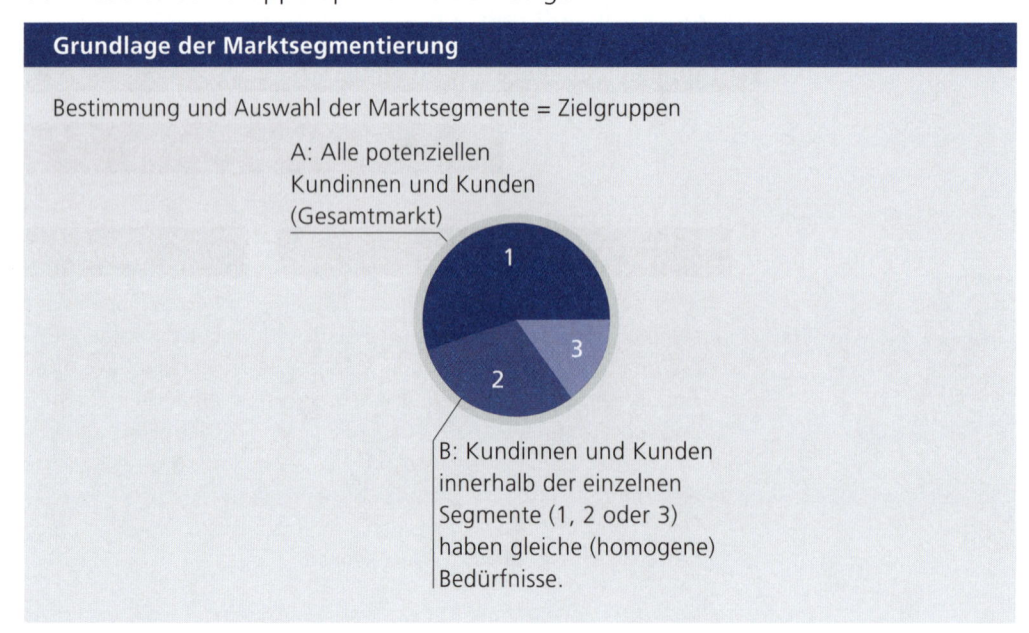

Grundlage der Marktsegmentierung

Bestimmung und Auswahl der Marktsegmente = Zielgruppen

A: Alle potenziellen Kundinnen und Kunden (Gesamtmarkt)

B: Kundinnen und Kunden innerhalb der einzelnen Segmente (1, 2 oder 3) haben gleiche (homogene) Bedürfnisse.

Betriebswirtschaftliche Zusammenhänge

Marktsegmente können nach verschiedenen Kriterien gebildet werden. Oft werden die Kriterien dann auch kombiniert angewandt.

Kriterien zur Marktsegmentierung

Demografische Merkmale

Welche Merkmale weist die Zielgruppe auf?

Beispiele:
- Lebensalter
- Geschlecht
- Zivilstand
- Einkommen
- Ausbildung
- Berufliche Tätigkeit
- Religion

Kundenverhalten

Welches Informations-, Kauf- und Verwendungsverhalten weist die Zielgruppe auf?

Beispiele:
- Nutzenerwartung
- Kaufanlass
- Art der Mediennutzung
- Art der Freizeitgestaltung
- Treueverhalten
- Preissensibilität

Geografische Merkmale

In welchem Lebensraum hält sich die Zielgruppe auf?

Beispiele:
- Region
- Städtisches, ländliches Gebiet
- Klima
- Sprache

Beispiel Die Marktsegmentierung bei Fahrrädern erfolgt nach folgenden Kriterien:

Demografisch:
- nach Alter (Kinder, Erwachsene),
- nach Geschlecht (Frauen, Männer)
- nach Einkommen

Bezogen auf das Kundenverhalten:
- nach Nutzung (Stadtgebrauch, Wald und unebenes Gelände, schnell auf der Strasse fahren, bequemer fahren mit Elektroantrieb)

A E-Aufgabe 4

Grundbegriffe des Marketings

Wie viele der möglichen Marktsegmente mit spezifischen Produkten und Dienstleistungen bedient werden, hängt davon ab, wie attraktiv das Segment ist (z.B. gemäss erwartetem Umsatz, Wachstumspotenzial), welche Marktstellung das Unternehmen selbst hat und wie gut das Produkt gestaltet werden kann. Es entstehen von der Produktseite her **Teilmärkte**. Teilmärkte sind Produktgruppen, die aus einem Produkt entstanden sind, und die je ein anderes Bedürfnis befriedigen. Innerhalb eines Teilmarktes gibt es dann unter Umständen wieder verschiedene Varianten des Produkts.

Beispiel Der Gesamtmarkt für Fahrräder unterteilt sich in folgende Teilmärkte:

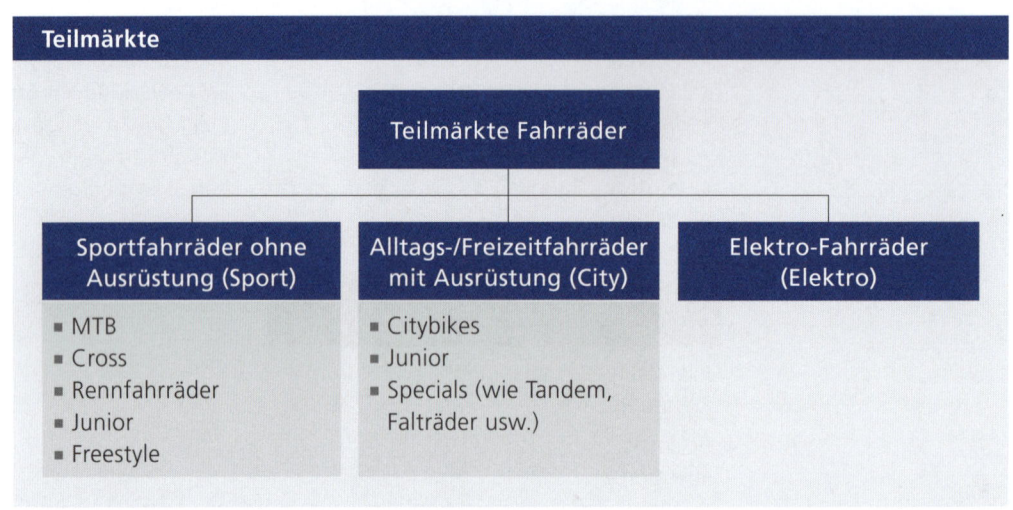

Teilmärkte

Teilmärkte Fahrräder

- **Sportfahrräder ohne Ausrüstung (Sport)**
  - MTB
  - Cross
  - Rennfahrräder
  - Junior
  - Freestyle
- **Alltags-/Freizeitfahrräder mit Ausrüstung (City)**
  - Citybikes
  - Junior
  - Specials (wie Tandem, Falträder usw.)
- **Elektro-Fahrräder (Elektro)**

Quelle: www.velosuisse.ch

Merke Marktsegmente = Kundengruppen
Teilmärkte = Produktgruppen

A E-Aufgabe 5

Geografische Märkte

Unternehmen legen fest, wo sie als Anbieter auftreten: Sind sie örtlich, regional, in den Städten oder auf dem Land, in Teilen der Schweiz, national oder international präsent?
Da die Schweiz im internationalen Vergleich ein kleiner Markt ist, sind viele Unternehmen davon abhängig, ihre Produkte ins Ausland verkaufen zu können, besonders wenn sie wachsen wollen.

5.2.3 Marktgrössen und Marktstellung

Die Grösse eines Marktes ist abhängig von der Anzahl der Nachfrager. Gibt es eine grosse Kundschaft, kann viel verkauft werden. Entsprechend ist die mögliche Absatzmenge der Unternehmen gross, und der Markt verspricht hohe Umsätze. Man misst also entweder die abgesetzte Menge (z.B. Anzahl verkaufter Smartphones) oder den Umsatz (Verkaufswert der abgesetzten Menge Smartphones).

Um die Grösse eines Marktes zu bestimmen, wird das Marktpotenzial geschätzt und das Marktvolumen berechnet.

- Das **Marktpotenzial** gibt die grösstmögliche, geschätzte Absatzmenge resp. den denkbar grösstmöglichen Umsatz einer Branche, einer Produktgruppe oder eines Produkts an.
- Das **Marktvolumen** gibt die tatsächlich erreichte Absatzmenge resp. den tatsächlich erzielten Umsatz (100 %) einer Branche, einer Produktgruppe oder eines Produkts an.
- Wenn man wissen will, wie gross ein Unternehmen im Vergleich zu den Konkurrenten der gleichen Branche ist, misst man seinen Marktanteil. Der **Marktanteil** gibt den tatsächlichen Anteil eines Unternehmens am Marktvolumen in Prozenten an.
- Eine weitere wichtige Kenngrösse ist der **Sättigungsgrad**. Er misst, wie viel Prozent das Marktvolumen vom Marktpotenzial (100 %) beträgt. Ein tiefer Sättigungsgrad weist auf einen Wachstumsmarkt hin, während ein hoher Sättigungsgrad aussagt, dass das Marktpotenzial zu dem Zeitpunkt fast ausgeschöpft ist (= gesättigter Markt). Entsprechend unterschiedlich sind die künftigen Verkaufschancen der Anbieter und die Art des Wettbewerbs, der unter ihnen herrscht.

Zusammenhang zwischen den Marktgrössen

Marktpotenzial = Marktvolumen + möglicher noch nicht realisierter Umsatz

Marktvolumen = 100 % des Branchenumsatzes oder Summe aller Marktanteile

Marktanteil = Anteil des Unternehmens X am Marktvolumen in Prozenten

Beispiel **Marktanteile von Smartphones**
Laut Tagesanzeiger betrug der Marktanteil des iPhone von Apple in der Schweiz jahrelang über 50 Prozent. Damit war es das meistgekaufte Handy. Dies hat sich 2017 geändert («iPhone ist nicht mehr beliebtestes Smartphone der Schweiz»). Der Marktanteil von iPhone ist gemäss einer Studie von comparis.ch auf 41 Prozent gesunken. Neu geht der Spitzenplatz an Android-Geräte. Der Anteil der Android-Smartphones machte nämlich einen Sprung von 42 Prozent Marktanteil im Vorjahr auf 55 Prozent.

Grundbegriffe des Marketings

Beispiel **Verbreitung von Smartphones in verschiedenen Altersgruppen**
comparis.ch hat in der erwähnten repräsentativen Umfrage zudem die Verbreitung von Smartphones untersucht und ging folgender Frage nach: In welcher Bevölkerungsgruppe gibt es am meisten Smartphones?

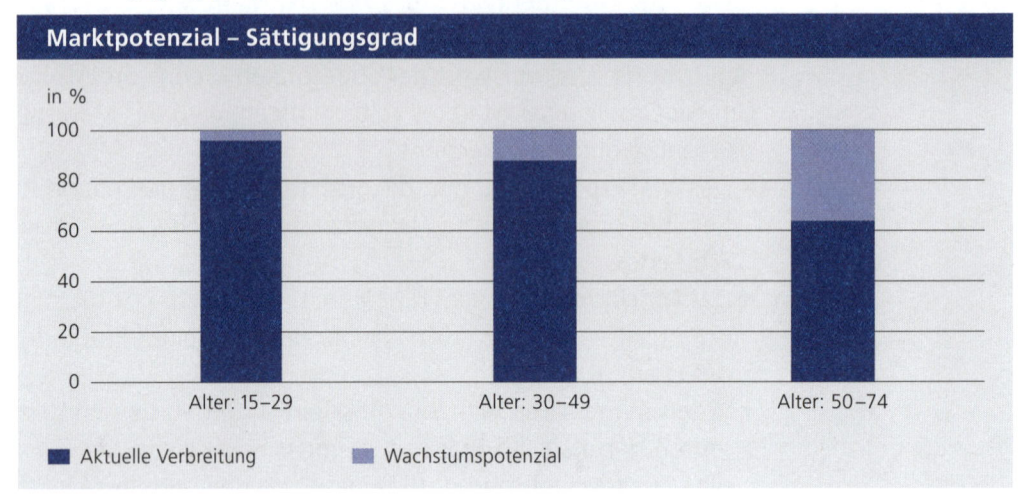

Marktpotenzial – Sättigungsgrad

(Balkendiagramm: Alter 15–29 ca. 97%, Alter 30–49 ca. 88%, Alter 50–74 ca. 65%; Legende: Aktuelle Verbreitung, Wachstumspotenzial)

Quelle: www.comparis.ch

97% aller 15–29-Jährigen geben an, ein Smartphone zu besitzen. Dies entspricht dem Sättigungsgrad. Damit sind es nur noch 3% Personen in diesem Alter, die noch kein Handy haben und somit die potenzielle neue Kundschaft bilden.
Bei den 50–74-Jährigen, den sog. Silver Surfern, ist das Marktvolumen noch am weitesten vom Marktpotenzial entfernt, und es kann noch neue Kundschaft gewonnen werden.

Beispiel **Anteile von Smartphone- und Tablet-Besitzern**
Ausserdem wollte comparis.ch wissen: Haben die Befragten eher ein Smartphone oder ein Tablet? Wie entwickelt sich der Absatz der beiden Gerätegruppen?

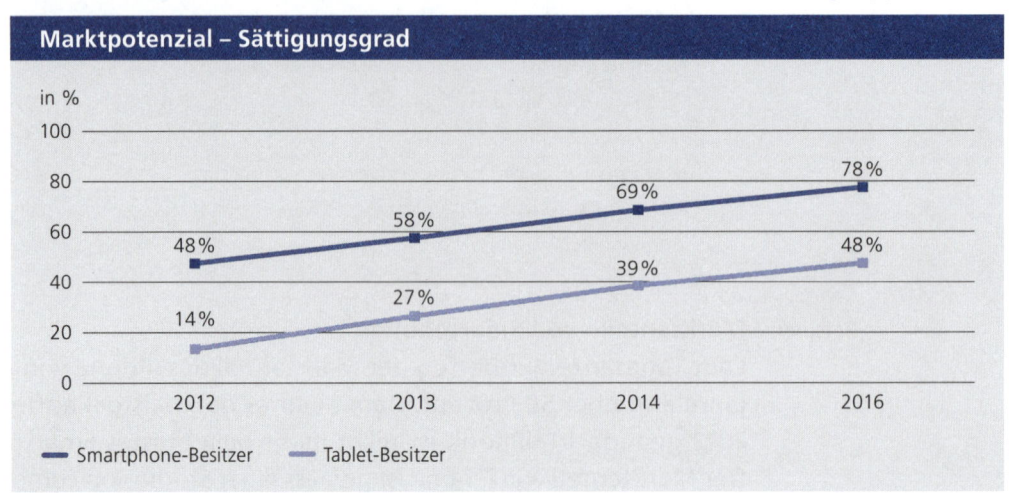

Marktpotenzial – Sättigungsgrad

(Liniendiagramm:
Smartphone-Besitzer: 2012: 48%, 2013: 58%, 2014: 69%, 2016: 78%
Tablet-Besitzer: 2012: 14%, 2013: 27%, 2014: 39%, 2016: 48%)

Quelle: www.comparis.ch

Über alle Bevölkerungsgruppen hinweg beträgt der Sättigungsgrad bei Handys 2016 78% und bei Tablet-Besitzern 48%. Da der Sättigungsgrad bei beiden Geräten zugenommen hat, ist das Marktvolumen jeweils angestiegen. Im Tablet-Markt gibt es ein wesentlich grösseres Wachstumspotenzial als im Handy-Markt.

Diese Kenngrössen geben Auskunft über die **Marktsituation** (Wachstumsmöglichkeiten und Konkurrenzsituation) und die **eigene Marktstellung** (relative Stärke im Vergleich zur Konkurrenz).

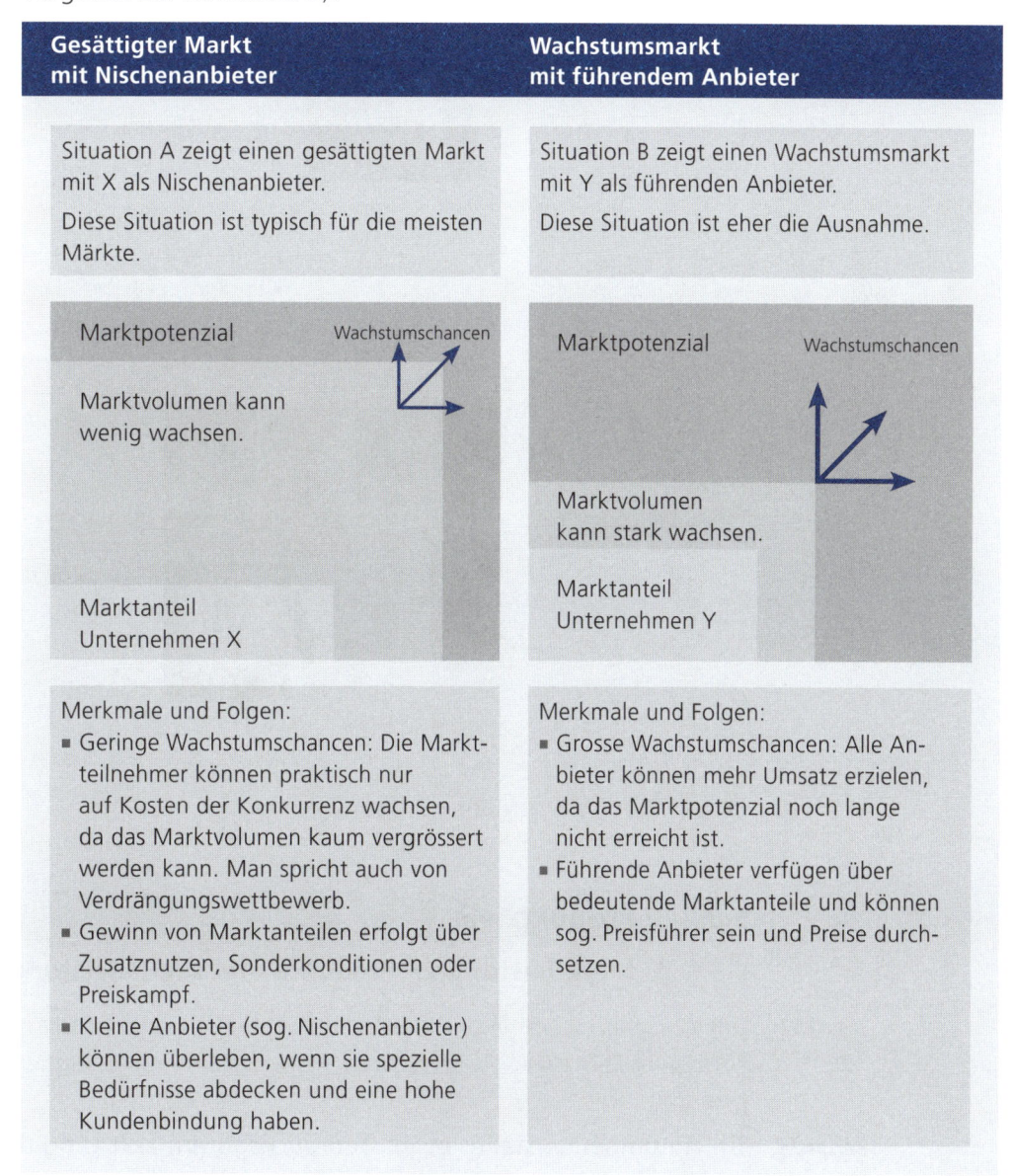

Gesättigter Markt mit Nischenanbieter	Wachstumsmarkt mit führendem Anbieter
Situation A zeigt einen gesättigten Markt mit X als Nischenanbieter. Diese Situation ist typisch für die meisten Märkte.	Situation B zeigt einen Wachstumsmarkt mit Y als führenden Anbieter. Diese Situation ist eher die Ausnahme.
Marktpotenzial — Wachstumschancen Marktvolumen kann wenig wachsen. Marktanteil Unternehmen X	Marktpotenzial — Wachstumschancen Marktvolumen kann stark wachsen. Marktanteil Unternehmen Y
Merkmale und Folgen: • Geringe Wachstumschancen: Die Marktteilnehmer können praktisch nur auf Kosten der Konkurrenz wachsen, da das Marktvolumen kaum vergrössert werden kann. Man spricht auch von Verdrängungswettbewerb. • Gewinn von Marktanteilen erfolgt über Zusatznutzen, Sonderkonditionen oder Preiskampf. • Kleine Anbieter (sog. Nischenanbieter) können überleben, wenn sie spezielle Bedürfnisse abdecken und eine hohe Kundenbindung haben.	Merkmale und Folgen: • Grosse Wachstumschancen: Alle Anbieter können mehr Umsatz erzielen, da das Marktpotenzial noch lange nicht erreicht ist. • Führende Anbieter verfügen über bedeutende Marktanteile und können sog. Preisführer sein und Preise durchsetzen.

Lösung Einführungsfall

Die Autohersteller betreiben Zielgruppen-Marketing. Jede Modellklasse verspricht dem Mercedes-Benz-Kunden einen anderen speziellen Nutzen.

Die Kunden von Mercedes-Benz haben ein hohes Einkommen oder Vermögen und hohes Qualitätsbewusstsein. Zudem spricht jeder Neuwagen von Mercedes-Benz für die Zugehörigkeit zu einer höheren sozialen Klasse.

Eine frühere Umfrage hat folgende Markenmerkmale für Mercedes-Benz ergeben:

Grundbegriffe des Marketings

Markenmerkmale Mercedes-Benz

Merkmale und Vorstellungen des Fahrers

Eigentümertyp
- stilvoll, anspruchsvoll, kultiviert, gehoben
- traditionell
- auffällig konservative Werte, den Status quo aufrechterhaltend

Was sagt der Wagen über mich?
- Schau mich an! Ich habe es geschafft: Geld und Vermögen, er gehört mir!

Wie fühle ich mich mit dem Wagen?
- Erfolgreich in den Augen der anderen

Zusammengefasst: Klassisch, etabliert mit Geld und will, dass es die Leute wissen.

Die Marke in Bildern
- renommiert
- grossartiger Ruf
- luxuriös
- guter Wiederverkaufswert
- mehr als nur ein Wagen

Zusammengefasst: Klassisches Ansehen

Quelle: ¹KarSol/Shutterstock; ²Anastasija Popova/Shutterstock

A E-Aufgabe 6, W-Aufgaben 7 und 8

5.3 Produktziele

5.3.1 Marktleistungen: Produkte und Dienstleistungen

→ **GWZ Kapitel 1** Die wirtschaftlichen Güter werden im Marketing in **Produkte** (Konsumgüter in der Form von Gebrauchs- und Verbrauchsgütern und Investitionen) und **Dienstleistungen** (immaterielle Güter) unterteilt.

Beispiele Ein Automobilhersteller ist im Gebrauchsgütermarkt tätig und dort je nach Kundensegment im Nutzfahrzeug- resp. Personenwagenmarkt. Nahrungsmittelhersteller sind in Verbrauchsgütermärkten tätig; Banken und Versicherungen im Dienstleistungsmarkt.

→ **Kapitel 6** Nebst der Art der Produkte und Dienstleistungen geht es um die Frage, wodurch sich ein Produkt oder eine Dienstleistung von Konkurrenzprodukten abheben kann und damit für die Kundschaft nebst dem **Grund-** auch **Zusatznutzen** bringt.

Beispiele Ein Auto muss fahren, ein TV-Gerät Sendungen empfangen und Bilder mit Ton ausstrahlen – dies sind Grundfunktionen und entsprechen dem Grundnutzen.
Ein Sportwagen bietet diverse Zusätze an, wie hohe Motorisierung, schickes Aussehen, Prestigestatus für die Halter, tolles Fahrgefühl. TV-Geräte können z.B. mit Full-HDMI- und USB-Anschluss ausgestattet sein und ein besonderes Design aufweisen.

5.3.2 Sortiment/Absatzprogramm

Mit **Sortiment resp. Absatzprogramm** sind alle Produkte gemeint, welche von Handelsbetrieben eingekauft und weiterverkauft, resp. von Herstellern selbst erstellt und verkauft oder als Dienstleistungen angeboten werden.

Die Auswahl der Produkte und Dienstleistungen muss so gestaltet sein, dass sie auf die Kundensegmente angepasst ist, und die Zielgruppen für sich einen Mehrwert erkennen. Grundsätzlich entscheidet ein Unternehmen, wie viele verschiedene Produktgruppen es anbieten will, und legt damit die **Sortimentsbreite** fest. Mit der **Sortmimentstiefe** wird bestimmt, wie viele Varianten es innerhalb einer Produktgruppe anbieten will.

Jede Ausgestaltung des Sortiments hat Vor- und Nachteile.

I. Sortimentsbreite

breit	schmal
Grosse Anzahl Artikelarten, resp. Produktgruppen	Kleine Anzahl Artikelarten resp. Produktgruppen
Beispiel: • Ein Geschäft führt im Sortiment Hosen, Blusen, Pullover, Jacken, Accessoires wie Taschen, Gürtel, Foulards und Schuhe.	**Beispiel:** • Ein Geschäft führt im Sortiment Schuhe.
Vorteil: • Mehr Zielgruppen können angesprochen werden.	**Vorteil:** • Starke Spezialisierung, evtl. tiefere Einkaufskosten dank grösserer Einkaufsmenge
Gefahr: • Verzettelung, Unübersichtlichkeit, höhere Stückkosten, da kleinere Einkaufsmengen	**Gefahr:** • Grosse Abhängigkeit und anfällig auf Umsatzeinbussen, wenn sich z.B. die Bedürfnisse ändern oder aus Umweltsphären negative Einflüsse auftreten

II. Sortimentstiefe

tief	flach
Grosse Anzahl Varianten innerhalb einer Artikelart resp. einer Produktgruppe	Kleine Anzahl Varianten innerhalb einer Artikelart resp. einer Produktgruppe
Beispiel: • Ein Geschäft führt im Sortiment ein T-Shirt in 20 Farben.	**Beispiel:** • Ein Geschäft führt im Sortiment verschiedene Kleider immer in einer Farbe.
Vorteil: • Die Bedürfnisse der Kundschaft können individuell befriedigt werden.	**Vorteil:** • Klare Positionierung und hohe Erkennbarkeit für die Kundschaft
Gefahr: • Höhere Stückkosten, da kleine Einkaufsmengen	**Gefahr:** • Zu kleine Zielgruppe

Grundbegriffe des Marketings

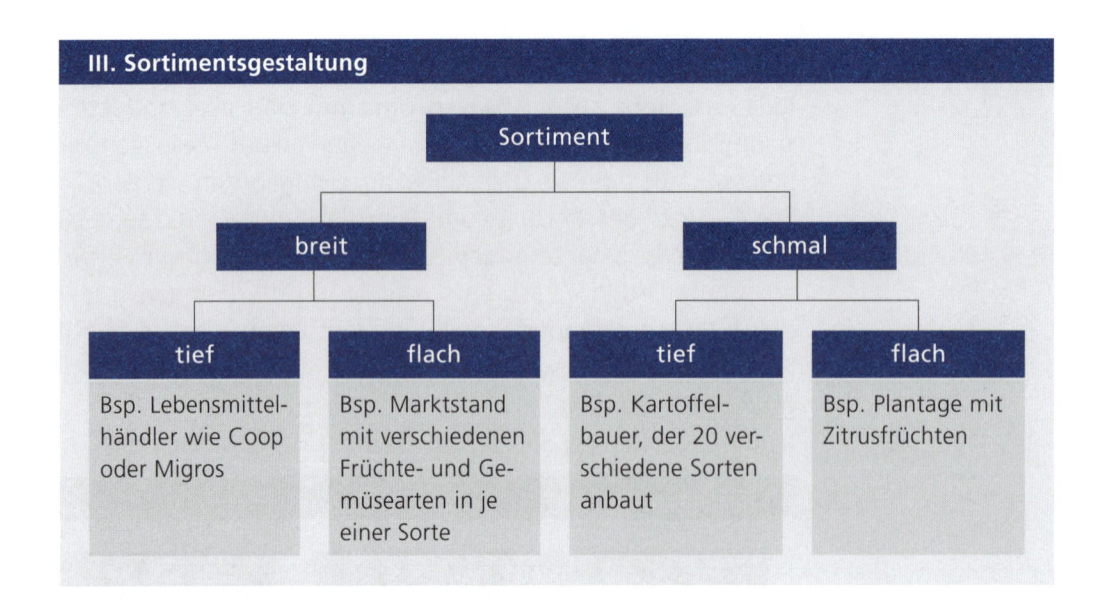

III. Sortimentsgestaltung

```
                        Sortiment
                       /         \
                    breit        schmal
                   /     \       /     \
                tief    flach  tief    flach
```

tief	flach	tief	flach
Bsp. Lebensmittel-händler wie Coop oder Migros	Bsp. Marktstand mit verschiedenen Früchte- und Gemüsearten in je einer Sorte	Bsp. Kartoffel-bauer, der 20 verschiedene Sorten anbaut	Bsp. Plantage mit Zitrusfrüchten

Manchmal ist es einfacher, die Sortimentsbreite resp. -tiefe zu beschreiben, wenn man das Sortiment eines Unternehmens mit dem Sortiment eines Konkurrenten vergleicht.

Beispiel

Sortimentsvergleich

Unser Bier ist die einzige Brauerei in Basel, welche alle Biere in Basel braut und abfüllt und fast nur in Basel verkauft. Das Sortiment besteht aus: Amber, Blond, Schwarz, Weizen, Sommerbier, Weihnachtsbier, Whiskybier, Fasnachtsbier	Feldschlösschen ist die führende Brauerei in der Schweiz. Die Marke Feldschlösschen bietet folgendes Sortiment an: Original, Premium, 2.4, Alkoholfrei, Bügel, Fresca, Panaché, Hopfenperle, Dunkle Perle, Amber, Urtrüb, Ice Beer

Im Vergleich zu Feldschlösschen hat Unser Bier ein flacheres Sortiment, denn Unser Bier braut neun verschiedene Sorten und Feldschlösschen zwölf Sorten Biere.

	Im März 2012 brachte Unser Bier ein neues Spezialbier auf den Markt. Damit vertiefte Unser Bier ihr Sortiment.

Quelle: www.domoloew.ch

Wenn ein Unternehmen sein Sortiment ändert, fällt es immer den Entscheid, dieses entweder tiefer, breiter, schmaler oder flacher zu gestalten.

Beispiel

Sortimentsänderung

Ricola stellt 13 verschiedene Kräuterbonbons her. Neu ist die Geschmacksrichtung «Bergminze» entwickelt und ins Sortiment aufgenommen worden.	Ricola stellt neu die Kräuterkaugummis her, welche in den Geschmacksrichtungen «SpearMint», «Wilde Minze», «Zitronen-melisse» und «Alpin fresh» verkauft werden.
⬇	⬇
Vertiefung des Sortiments, da eine neue Variante entstanden ist.	Verbreiterung des Sortiments, da eine neue Produktgruppe entwickelt worden ist.

A E-Aufgabe 9

5.3.3 Produktionsmenge und Umsatz

Jedes Unternehmen muss als Ziel formulieren, welche Menge an Produkten und Dienstleistungen bereitgestellt und abgesetzt (verkauft) werden kann und soll. Entsprechend müssen Einkauf und Kosten geplant werden.

→ 2.3 Das Unternehmen versucht, den Umsatz möglichst genau zu prognostizieren (d.h. vorherzusagen). Dabei unterstützen u.a. Berichte über Entwicklungen in den Umweltsphären und Analysen der Konkurrenzsituation, die Hinweise auf Mengen- und Preisentwicklungen geben.

Beispiel Dieses Dienstleistungsunternehmen plant den Umsatz aufgrund der Anzahl vereinbarter Kundentermine.

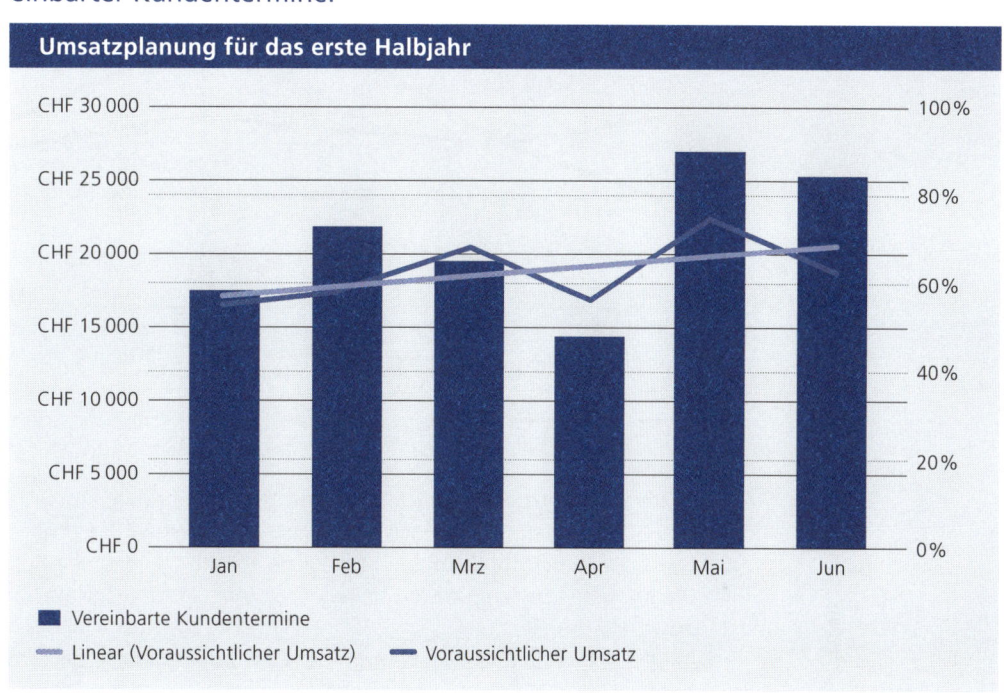

Umsatzplanung für das erste Halbjahr

■ Vereinbarte Kundentermine
— Linear (Voraussichtlicher Umsatz)   — Voraussichtlicher Umsatz

5.3.4 Lebenszyklus

Das **Absatzprogramm** muss immer wieder überprüft werden, u.a. weil die meisten Produkte einen **Lebenszyklus** haben und dabei typischerweise fünf Phasen durchlaufen: Einführungs-, Wachstums-, Reife-, Sättigungs- und Degenerationsphase. Spätestens in der Reifephase muss über eine Veränderung des Produkts nachgedacht werden.

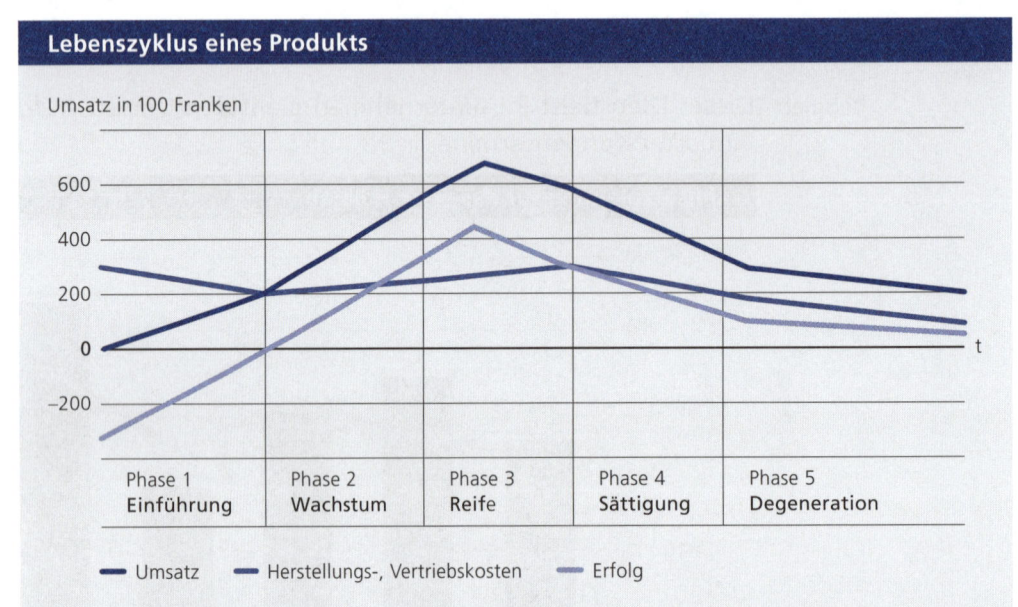

Lebenszyklus eines Produkts

Umsatz in 100 Franken

Phase 1	Phase 2	Phase 3	Phase 4	Phase 5
Einführung	Wachstum	Reife	Sättigung	Degeneration

— Umsatz   — Herstellungs-, Vertriebskosten   — Erfolg

Bedeutung:
- Phase 1 **Einführung**: Entwicklung und Markteinführung verursachen je nach Produkt sehr hohe Kosten, wobei noch wenig Umsatz erzielt wird. Es wird Verlust erwirtschaftet.
- Phase 2 **Wachstum**: Das Produkt ist gut eingeführt und erzielt hohes Umsatzwachstum. Die Marktbearbeitungskosten sinken im Verhältnis zum Umsatz, und es wird Gewinn erwirtschaftet.
- Phase 3 **Reife**: In dieser Phase wird der Gewinn maximiert, bevor das Umsatzwachstum oder der Umsatz selbst zurückgehen.
- Phase 4 **Sättigung**: Der Umsatz geht zurück, es wird aber immer noch Gewinn erzielt. Es muss entschieden werden, was mit dem Produkt geschieht.
- Phase 5 **Degeneration** (Niedergang): Das Produkt wird vom Markt genommen, oder es findet ein sog. **Relaunch** statt, d.h., das Produkt kommt «neu» auf den Markt.

Die Ausprägung und die Dauer der Phasen sind je nach Produkt unterschiedlich.
Wenn ein Produkt ein Flop ist, beschränkt sich der Lebenszyklus auf die Phasen 1 und 5.

Beispiel Produkte mit sehr langen Lebenszyklen sind z.B. Toilettenpapier, Kartoffeln, Milch oder Coca-Cola. Kassettenrekorder samt Musikkassetten, Schallplatten und Diktiergeräte mit analoger Aufzeichnungstechnik sowie Wandtelefone haben keine Bedeutung mehr und sind ersetzt worden durch CD- und MP3- und MP4-Player, digitale Diktiergeräte und Smartphones.
Coca-Cola ist ein Beispiel für einen Lebenszyklus «ohne Ende»: Es gibt Coca-Cola seit 1886 und seit 1936 auch in der Schweiz. Die Rezeptur ist auch nach fast 125 Jahren noch geheim.

A E-Aufgaben 10 und 11, W-Aufgaben 12 bis 16

Leistungsziele

1.5.2.6 Grundbegriffe des Marketings

Ich erkläre in einfachen Fallbeispielen die folgenden grundlegenden Zusammenhänge und Instrumente im Bereich des Marketings und zeige deren Bedeutung bzw. deren Aussagekraft auf:

- Lebenszyklus von Produkten
- Marktsegmentierung und Formen
- Marktziele (Bedürfnisse, Teilmärkte, Kundensegmente)
- Produktziele (Art und Qualität, Sortimentstiefe und -breite, Umsatz)
- Marktgrössen (Potenzial, Anteil, Volumen, Segment)
- Marktstellung
- Marktforschung und deren Instrumente

E 5.1 Marktanalyse

1. Unternehmungskonzept

Ergänzen Sie die Baumstruktur mit den richtigen Begriffen.

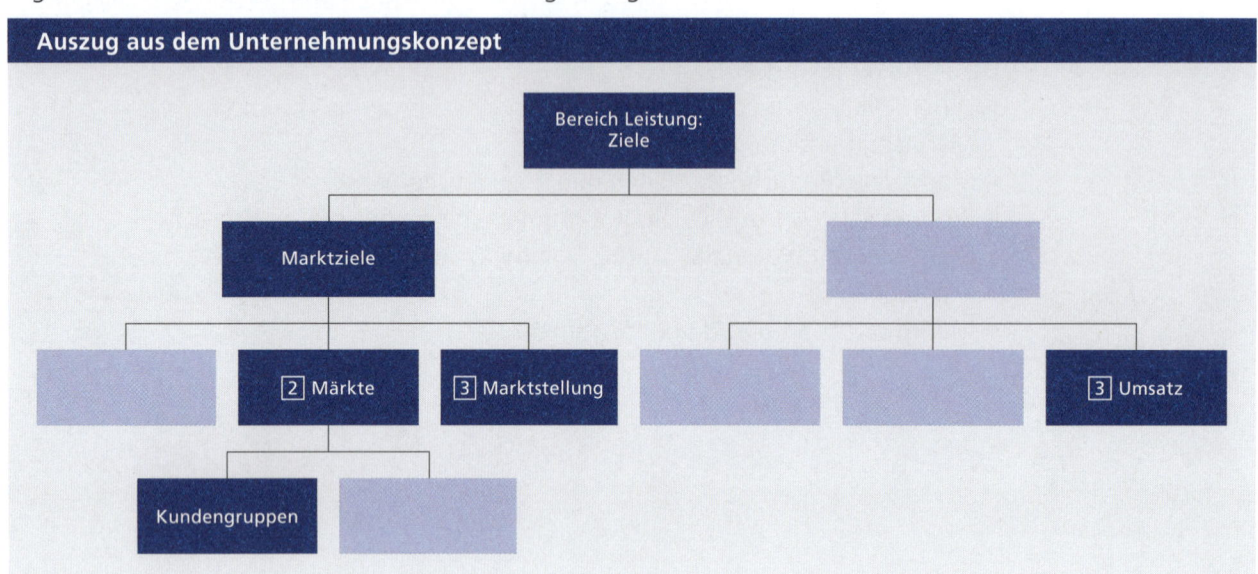

Auszug aus dem Unternehmungskonzept

- Bereich Leistung: Ziele
  - Marktziele
    - ☐
    - ② Märkte
      - Kundengruppen
      - ☐
    - ③ Marktstellung
  - ☐
    - ☐
    - ☐
    - ③ Umsatz

2. Marktanalyse

Mark Pfister aus Pratteln ist begeisterter Sportfischer und teilt seine Leidenschaft mit mehreren Kollegen. Immer wieder haben sie Probleme, die richtigen Gerätschaften und Köder für die Fische zu beschaffen. Mark Pfister beschliesst, sich selbstständig zu machen und einen Laden «Alles, was das Herz eines Anglers begehrt» zu eröffnen.
Er erzählt seinen Kollegen von der Idee, doch Raimon Braun ist skeptisch und fragt, ob Mark Pfister eine Marktanalyse durchgeführt hat.

a) Mark Pfister möchte von Ihnen wissen, welche Ziele eine Marktanalyse verfolgt.

b) Weiter will er von Ihnen wissen, welche Instrumente der Informationsgewinnung grundsätzlich unterschieden werden. Zählen Sie sie auf.

c) Beschreiben Sie drei Unterschiede der beiden Verfahren.

....

....

....

....

W 5.1 Marktanalyse

3. Informationsgewinnung

a) Notieren Sie zu den folgenden Aussagen den Begriff «Marktforschung», «Markterkundung» oder beide Begriffe.

Aussage	Begriff/e
Instrument zur Informationsgewinnung	
Verwendet interne und andere frei zugängliche Quellen	
Fachleute werden beauftragt, systematisch Informationen über den Markt zu erarbeiten.	

b) Aussagen zur Informationsgewinnung beurteilen
Kreuzen Sie an, ob die folgenden Aussagen richtig (R) oder falsch (F) sind. Falsche Aussagen korrigieren Sie auf der Zeile darunter. Bei richtigen Aussagen notieren Sie eine Begründung.

R	F	Aussage
☐	☐	Informationen zum Markt mithilfe von Marktforschung zu gewinnen, ist aufwendig und kostspielig.
☐	☐	Wenn eine Autogarage einige Kundinnen und Kunden anruft und sie fragt, ob sie mit der Arbeit und dem Ablauf des letzten Garagenbesuchs zufrieden sind, handelt es sich um Informationsgewinnung mittels Marktforschung.
☐	☐	Ein Gesamtmarkt lässt sich von der Kundenseite her in Marktsegmente aufteilen.

Grundbegriffe des Marketings

R	F	Aussage
☐	☐	Zur Ausbildung von Marktsegmenten können unterschiedliche Kriterien gewählt werden.
☐	☐	Teilmarkt ist kein Synonym von Marktsegment.

E 5.2 Marktziele

4. Bedürfnisse und Marktsegmentierung

a) Benennen Sie die Bedürfnisse, die folgende Produkte befriedigen.

Produkt	Bedürfnis
Burger von McDonald's oder Burger King aus dem Drive-through	
Ricola-Kräuterbonbons	
Rivella Rot	
Victorinox-Taschenmesser	
Sonnenbrillen	

b) Links sind Situationen geschildert, wie das Zielpublikum eingeteilt wird. Nennen Sie den Fachbegriff für das verwendete Segmentierungskriterium:

Situationen	Segmentierungskriterium
Kinder, Erwachsene	
Ausbildung	
Deutschland, Italien, Frankreich	
Männlich, weiblich	
Niedrigpreis, Hochpreis	
Bern, Basel, Liestal	
Routinekäufe, besondere Anlässe wie Weihnachten	
Niedrigeinkommen, Hocheinkommen	
Evangelisch, katholisch, islamisch, jüdisch	
Ledig, verheiratet	

5. Teilmärkte

a) Erklären Sie, wie Marktsegmente und Teilmärkte zusammenhängen.

b) Kreuzen Sie an, ob es sich bei der nachfolgenden Aufzählung um Marktsegmente oder Teilmärkte handelt, und begründen Sie Ihre Antwort.

1) Mietwohnung, unbebaute Baugrundstücke, Mehrfamilienhäuser, Eigentumswohnungen, Einfamilienhäuser, Gewerberäume zur Miete

Entscheid	Begründung
☐ Marktsegmente	
☐ Teilmärkte	

2) Sportwagen, SUV, Nutzfahrzeuge, Limousinen, Cabriolet, Kleinwagen

Entscheid	Begründung
☐ Marktsegmente	
☐ Teilmärkte	

Grundbegriffe des Marketings

3) Lesebrillen, Sonnenbrillen, Sportbrillen, Schwimmbrillen, Skibrillen, Brillen mit geschliffenen und ungeschliffenen Gläsern

Entscheid	Begründung
☐ Marktsegmente	
☐ Teilmärkte	

c) Segmentierungskriterien im Markt für Brillen

1) Beschreiben Sie, wie der Brillenmarkt segmentiert wird, sodass sich die Teilmärkte Sonnenbrillen, Sportbrillen, Schwimmbrillen, Skibrillen etc. ergeben.

2) Welches weitere Segmentierungskriterium wird ebenso angewendet und wie wird es konkret umgesetzt?

6. Marktgrössen bestimmen und berechnen

a) Ergänzen Sie die folgende Kreisgrafik mit den passenden Begriffen und erklären Sie, was sie bedeuten.

Marktgrössen		
	3	
	Definition	
	2	Marktvolumen
	Definition	
	1	
	Definition	

166

b) Bezieht man den Sättigungsgrad in die Beschreibung der Marktsituation mit ein, zeigt sich, ob künftig vor allem ein Verdrängungswettbewerb herrschen wird, oder ob alle Anbieter ihre Umsätze werden steigern können. Zeichnen Sie links ein Kreisdiagramm, welches einen gesättigten Markt abbildet, und rechts ein Kreisdiagramm für einen Wachstumsmarkt. Verwenden Sie die Ziffern von a) zur Kennzeichnung.

Gesättigter Markt	Wachstumsmarkt

c) Nennen Sie den Fachbegriff für die Grösse, welche den Absatz eines einzelnen Anbieters im Verhältnis zum Marktvolumen ausdrückt.

d) Das Marktpotenzial für Handys beträgt zirka 3,5 Millionen Stück pro Jahr. Der Anbieter Happy Phone verkauft 1,4 Millionen Stück und hat damit einen Marktanteil von 66,66 %.

   1) Berechnen Sie das Marktvolumen.

   2) Berechnen Sie den Sättigungsgrad.

e) Nennen Sie das Fachwort für die Art des Wettbewerbs, der in einem gesättigten Markt vorherrscht.

Grundbegriffe des Marketings

f) Im Beratungsmarkt, den die CONSULT AG bearbeitet, wurden in einem Jahr Umsätze von insgesamt CHF 630 Mio. erreicht. Die CONSULT AG erzielte davon CHF 107,1 Mio. Marktforschungen haben ergeben, dass das Marktpotenzial im selben Jahr CHF 700 Mio. betrug.

   1) Berechnen Sie den Sättigungsgrad des Gesamtmarktes in Prozenten.

   2) Berechnen Sie den Marktanteil der CONSULT AG.

g) Unternehmen X verkauft für CHF 780 000 Zubehörteile des Typs Monolith. Das Marktvolumen für die Zubehörteile beträgt dieses Jahr CHF 3 000 000. Schätzungen zufolge entspricht dies 75 % des Marktpotenzials.

   1) Berechnen Sie das Marktpotenzial für die Zubehörteile des Typs Monolith.

   2) Berechnen Sie den Sättigungsgrad für die Zubehörteile des Typs Monolith.

   3) Berechnen Sie den Marktanteil von Unternehmen X.

W 5.2 Marktziele

7. Aussagen zu den Marktzielen beurteilen

Kreuzen Sie an, ob die folgenden Aussagen richtig (R) oder falsch (F) sind. Falsche Aussagen korrigieren Sie auf der Zeile darunter. Bei richtigen Aussagen notieren Sie eine Begründung.

R	F	Aussage
☐	☐	Marktziele betreffen einzig die zu bearbeitenden Märkte in Bezug auf die Kundensegmente und die geografischen Märkte.
☐	☐	Wenn das Marktvolumen nahe am Marktpotenzial ist, spricht man vom gesättigten Markt, weil die Anbieter kaum mehr zusätzlich Umsatz erzielen können, ohne dabei Konkurrenten Marktanteile zu nehmen.
☐	☐	Ein Nischenanbieter kennzeichnet sich dadurch aus, dass er einen Marktanteil von über 30 % hat.
☐	☐	In einem Wachstumsmarkt herrscht der stärkste Konkurrenzkampf.

Grundbegriffe des Marketings

8. Marktziele formulieren

a) Garage
Formulieren Sie sinnvolle Marktziele für eine Garage, welche in der Nordwestschweiz in drei verschiedenen Zentren Neuwagen der Marken Opel, Citroën und Honda verkauft und eine eigene Reparatur- und Karosseriewerkstatt hat.

Marktziele	Konkrete Formulierungen
Bedürfnisse	
Märkte a) Marktsegmente b) Geografische Märkte	
Marktstellung	

b) Eigener Lehrbetrieb
Formulieren Sie sinnvolle Marktziele zu Ihrem eigenen Lehrbetrieb.

Marktziele	Konkrete Formulierungen
Bedürfnisse	
Märkte a) Marktsegmente b) Geografische Märkte	
Marktstellung	

E 5.3 Produktziele

9. Absatzprogramm/Sortiment

a) Beschreiben Sie das Sortiment eines Kiosks im Vergleich zu einer Buchhandlung mit den beiden Fachbegriffen und begründen Sie Ihre Antwort.

b) Beschreiben Sie das Sortiment des Warenhauses Manor AG im Vergleich zu einer Denner-Filiale in Bezug auf Breite und Tiefe und begründen Sie Ihre Wahl.

c) Notieren Sie, wie die folgenden Unternehmen die Absatzprogramme ändern. Schreiben Sie auf, ob das Sortiment breiter, schmaler, tiefer oder flacher wird.

Aussage	Sortiments-veränderung
SBB lancieren neues Abonnement «günstig ausserhalb der Stosszeiten fahren».	
Nivea nimmt die Produktgruppe Nivea Make-up (dekorative Kosmetik) aus dem Sortiment.	
Ein Motorradhändler nimmt neu Quad-Fahrzeuge ins Sortiment auf. Dabei handelt es sich um vierrädrige Motorräder.	
Ein Motorradhändler nimmt Motorroller mit weniger als 125 cm³ Leistung aus dem Sortiment.	
Ein Mobilfunkanbieter reduziert seine Preismodelle.	
In einer kaufmännischen Berufsschule wird zusätzlich als Freifach Russisch ins Angebot für die Grundbildung aufgenommen.	
Wegen mangelnder Nachfrage stellt die Apotheke Brunner die Dienstleistung Grippeimpfung im Geschäft ein.	
Eine Bank bietet in ihrer Filiale neu auch Versicherungsprodukte an.	

Grundbegriffe des Marketings

10. Produktzyklus (Lebenszyklus eines Produkts)

Betty Bossi ist als Marke bekannt geworden für ihre Kochbücher, die Anleitungen zur raschen, unkomplizierten und doch schmackhaften Zubereitung von Speisen enthalten.

Die Bücher wurden Ende der 1960er-Jahre entwickelt und auf den Markt gebracht; nach einer kurzen Einführungszeit waren sie in den 1970er-Jahren sehr rasch sehr erfolgreich. Diese praktischen Begleiter für Hobbyköchinnen und -köche konnten sich auch in den 1980er-Jahren gut im Markt behaupten. Ab Anfang der 1990er-Jahre war ihr Absatz rückläufig, nicht zuletzt wegen der zunehmenden Konkurrenz, welche das Betty-Bossi-Erfolgsmodell kopierte.

Um die Marke «Betty Bossi» am Leben zu erhalten, wurden Fertigmahlzeiten kreiert und bei grossen Detailhändlern platziert. Zudem wurde das Layout der Kochbücher modernisiert. Die Strategie ging auf, denn der Absatz der Bücher stieg ab dem Jahr 2000 wieder stetig an.

a) Beschriften Sie die einzelnen Phasen des Lebenszyklus; die erste Phase ist schon als Muster gegeben.
b) Zeichnen Sie die Lebenszykluskurve für Betty-Bossi-Kochbücher gemäss den oben stehenden Angaben für die Phasen I–V. Die erste Phase ist als Muster gegeben.

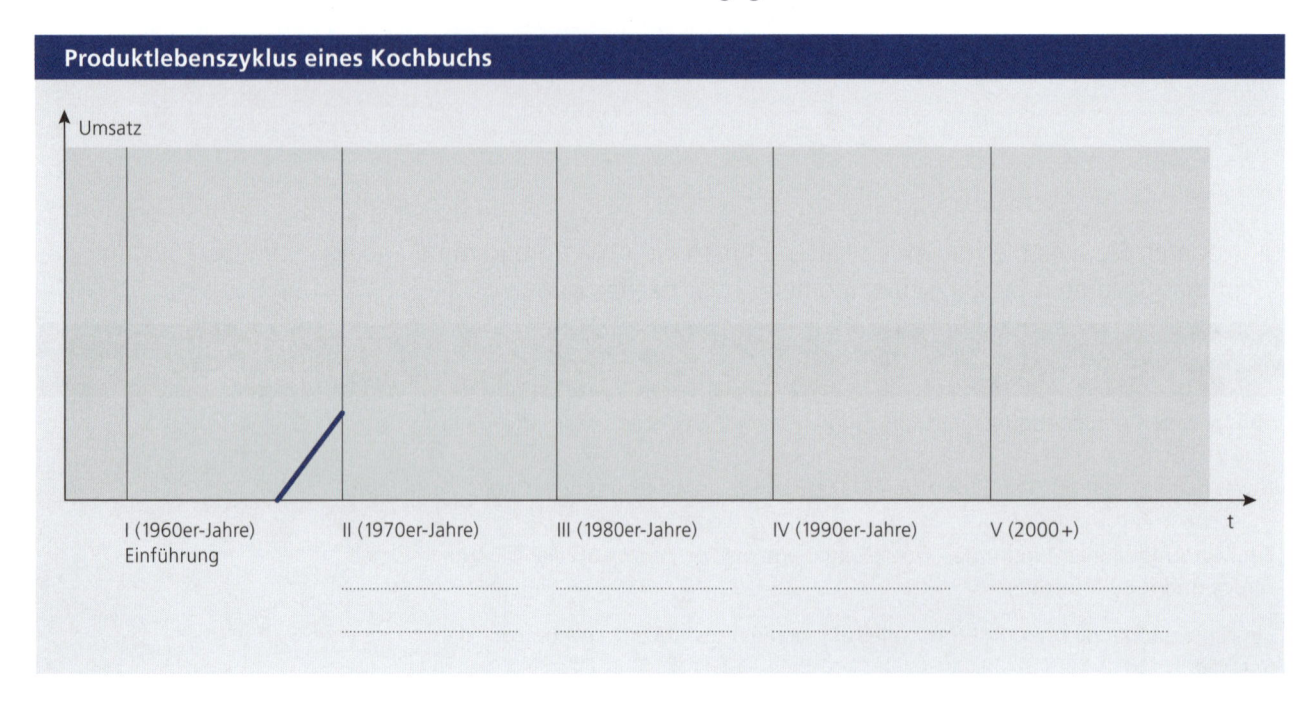

Produktlebenszyklus eines Kochbuchs

I (1960er-Jahre)	II (1970er-Jahre)	III (1980er-Jahre)	IV (1990er-Jahre)	V (2000+)
Einführung				

11. Lebenszyklus

a) Nennen Sie die Phase des Lebenszyklus von Produkten, in welcher die Marktbearbeitungskosten am höchsten sind, weil man intensiv über das Produkt informieren muss.

....

b) Nennen Sie einen Grund, weshalb in der Einführungsphase eines Produkts oftmals noch kein Gewinn erwirtschaftet wird.

....

c) Nennen Sie den Fachbegriff für die Phase des Lebenszyklus, in welcher der Umsatz so stark zurückgeht, dass die Herstellung des Artikels eingestellt werden muss.

....

d) Aus dem Leben einer (Vinyl-)Schallplatte
Schreiben Sie in die rechte Spalte, zu welcher Phase des Produktlebenszyklus die Aussagen passen. Jede Aussage ist höchstens einmal zuzuordnen.

Aussage	Name der Phase
A Damit ein gewisser Umsatz erreicht werden konnte, bedurfte es grosser Verkaufsanstrengungen.	
B Die Schallplatte erreichte ihren Höhepunkt in Bezug auf den wirtschaftlichen Erfolg. Die Platten wurden verfeinert (Hi-Fi, Langspielplatten).	
C Forscher erschufen die Schallplatte, Unternehmen entwickelten die Platte und die Wiedergabegeräte und brachten diese auf den Markt.	
D Qualitativ waren von einem bestimmten Zeitpunkt an keine Verbesserungen mehr möglich.	
E Die Schallplatte wird nicht mehr hergestellt.	

W 5.3 Produktziele

12. Aussagen zu den Produktzielen beurteilen

Kreuzen Sie an, ob die folgenden Aussagen richtig (R) oder falsch (F) sind. Falsche Aussagen korrigieren Sie auf der Zeile darunter. Bei richtigen Aussagen notieren Sie eine Begründung.

R	F	Aussage
☐	☐	Produktziele festlegen bedeutet einzig, dass man entscheiden muss, was man anbietet.
☐	☐	Ein breites Sortiment führt, wer in einer Produktgruppe viele Varianten anbietet.
☐	☐	Die Sortimente können sowohl breit und schmal wie auch tief und flach sein.
☐	☐	Je breiter ein Sortiment ist, desto mehr Kundensegmente kann man ansprechen.
☐	☐	Kundschaft, welche in einem Spezialgeschäft mit tiefem Sortiment einkauft, sucht nach einer Ausführung, Variante, welche nicht alle Geschäfte führen.
☐	☐	Der Lebenszyklus wird in drei Phasen dargestellt: Einführungs-, Wachstums- und Degenerationsphase.

13. Produktziele formulieren

a) Garage
Formulieren Sie sinnvolle Produktziele für eine Garage, welche in der Nordwestschweiz in drei verschiedenen Zentren Neuwagen der Marken Opel, Citroën und Honda verkauft, in einem separaten Zentrum Gebrauchtwagen verkauft und eine eigene Reparatur- und Karosseriewerkstatt hat.

Produktziele	Konkrete Formulierungen
Art und Qualität	
Sortiment	
Umsatz	

b) Lehrbetrieb
Formulieren Sie Produktziele, welche Ihr Lehrbetrieb erfüllen will.

Produktziele	Konkrete Formulierungen
Art und Qualität	
Sortiment	
Umsatz	

Grundbegriffe des Marketings

14. Produktziele bestimmen

Die Rheno AG will Produkt- und Marktziele formulieren. Eine Marktuntersuchung hat ergeben, dass die Käufer beim Kauf die folgenden Anforderungen (in der Reihenfolge ihrer Bedeutung) an ihr Fahrrad stellen:

- Qualität
- Preis
- Garantie
- Art des Fahrrades
- Gewicht des Fahrrades
- Anzahl Gänge
- Aussehen
- Schweizer Fabrikat

In der ganzen Schweiz werden pro Jahr etwa 350 000 neue Fahrräder verkauft, was einer Ausschöpfung des Marktes von 95% entspricht. Die Rheno AG will einen Marktanteil von 10% erzielen. Sie will vor allem Touren- und Sporträder,Rennräder und Kinderfahrräder verkaufen. Die Rheno AG rechnet mit einem Verkauf von 66% Touren- und Sporträder, 9% Rennräder und 25% Kinderfahrräder.

Ergänzen Sie die nachfolgend formulierten Produktziele der Rheno AG sinnvoll.

I. Art und Qualität der Produkte:

«Die Rheno AG stellt Fahrräder von guter Standardqualität her. Sie ist bestrebt, technische Neuerungen in ihre Produkte einfliessen zu lassen. Sie vertreibt die Fahrräder zu angemessenen Preisen.»

II. Breite und Tiefe des Sortiments:

Breite: «Die Rheno AG bietet Touren- und Sporträder, Rennräder und Kinderfahrräder an.»

Tiefe des Sortiments:

III. Produktmengen pro Fahrradart:

15. Markt- und Produktziele unterscheiden

Der leistungswirtschaftliche Bereich eines Unternehmens besteht unter anderem aus der Zielebene. Kreuzen Sie an, ob die folgenden Aussagen Produkt- (P) oder Marktziele (M) für ein Reisebüro beschreiben. Geben Sie in der letzten Spalte die Art an, analog dem bereits gelösten Beispiel.

Aussage	P	M	Art
Wir wollen das führende Reisebüro in Muttenz sein.	☐	☒	Marktstellung
Wir bieten eine auf die Kundschaft zugeschnittene Beratung an.	☐	☐	
Wir bieten die günstigsten Flugverbindungen an.	☐	☐	
Unsere Spezialität sind Individualreisen und Reisen in Kleingruppen.	☐	☐	
Wir sprechen damit vor allem einkommensstarke Personen und Seniorinnen und Senioren an.	☐	☐	
Wir wollen bei Individualreisen einen Marktanteil von 20% erreichen.	☐	☐	

16. Diverse Fragen zu Markt- und Produktzielen

Bestimmen Sie die zutreffende Antwort. Es ist jeweils nur eine Antwort richtig (R).

a) Ein Treuhänder setzt sich folgende Produkt- und Marktziele: «Wir wollen in der Region in der Steuerberatung von Privatkunden führend sein.» Welche Teilziele sind darin enthalten?

R	Auswahlantworten
☐	1) Nur Marktsegment
☐	2) Nur Teilmarkt
☐	3) Nur Bedürfnis
☐	4) Alle in A–C genannten Teilziele kommen vor.
☐	5) Keines der in A–C genannten Teilziele kommt vor.

Grundbegriffe des Marketings

b) Ein Fahrradhändler verkauft ausschliesslich Rennräder verschiedener Marken und Ausführungen. Welche Aussage zum Sortiment ist richtig?

R	Auswahlantworten
☐	1) Dies ist ein flaches und breites Sortiment.
☐	2) Dies ist ein flaches und schmales Sortiment.
☐	3) Dies ist ein tiefes und breites Sortiment.
☐	4) Dies ist ein tiefes und schmales Sortiment.
☐	5) Keine der obigen Antworten ist richtig.

c) In der Schweiz gibt es 2,5 Mio. Haushalte. Davon könnten sich 2 Mio. einen Geschirrspüler leisten. 1 Mio. verfügt tatsächlich über einen Geschirrspüler. Davon sind 200 000, also 20 %, Miele-Geräte.

R	Auswahlantworten
☐	1) 2,5 Mio. ist das Marktpotenzial für Geschirrspüler in der Schweiz.
☐	2) 2,5 Mio. ist das Marktvolumen für Geschirrspüler in der Schweiz.
☐	3) 2 Mio. ist das Marktvolumen für Geschirrspüler in der Schweiz.
☐	4) 1 Mio. ist das Marktpotenzial für Geschirrspüler in der Schweiz.
☐	5) Keine der obigen Antworten ist richtig.

d) Welche der nachfolgenden Aussagen zum Lebenszyklus eines Produkts ist falsch?

R	Auswahlantworten
☐	1) Ein Lebenszyklus besteht aus fünf verschiedenen Phasen.
☐	2) In der Reifephase verstärkt sich die Konkurrenz durch andere Anbieter und die Preise sinken.
☐	3) In der Sättigungsphase wird immer noch Gewinn erzielt.
☐	4) Die Einführung von Substitutionsgütern beschleunigt die Degenerationsphase eines Produkts.
☐	5) Ein Produktlebenszyklus dauert in der Regel zehn Jahre.

e) Welches ist kein demografisches Segmentierungskriterium?

R	Auswahlantworten
☐	1) Freizeitgestaltung
☐	2) Ausbildung
☐	3) Religion
☐	4) Geschlecht
☐	5) Alle oben genannten Kriterien sind demografische Segmentierungskriterien.

6 Marketing-Mix
Betriebswirtschaftliche Zusammenhänge

Inhaltsverzeichnis

	Theorie	Aufgaben
6.1 Marketing-Instrumente	**182**	194
6.2 Marketing-Mix in der Praxis	**192**	210

Leistungsziel	193

6 Marketing-Mix

Einführungsfall

Ozan Demiri ist von Beruf Modedesigner. Er hat sich selbstständig gemacht und entwirft Kollektionen für junge, sportliche Männer und Frauen. Die Kleider werden in der Türkei genäht und in die Schweiz importiert, wo er sie übers Internet und in einem kleinen Laden, den er gemietet hat, verkaufen will.

Nach zwei Monaten hat Ozan Demiri lediglich zwölf Hosen und ein paar T-Shirts verkauft. Damit ist er nicht zufrieden.

Was schlagen Sie Herrn Demiri konkret vor, damit sich die Situation ändert?

6.1 Marketing-Instrumente

Das Unternehmen hat seine Markt- und Produktziele festgelegt und hat nun verschiedene Möglichkeiten,

- sich und die Produkte resp. Dienstleistungen von der Konkurrenz unterscheidbar zu machen → Produkt- und Preispolitik
- diese zur Kundschaft zu bringen → Distributionspolitik und
- mit ihr zu kommunizieren → Kommunikationspolitik.

→ **Kapitel 3** Wie soll das Unternehmen also vorgehen, um seine Produkte zu verkaufen (abzusetzen)? Im Bereich «Leistung» des Unternehmungskonzepts werden auf der Ebene «Verfahren» der Einsatz und die Kombination der Marketing-Instrumente festgelegt.

Merke Die Marketing-Instrumente werden auch als «4 P» bezeichnet, wobei auf die englischen Bezeichnungen Product, Price, Place, Promotion Bezug genommen wird.

Marketing-Instrumente

Marketing-Instrumente sind Verfahren für den Absatz der Produkte und Dienstleistungen.

Leistung

Verfahren

«4 P» (oder Marketing-Instrumente)

- **Product**: Wie gestalte und mache ich das Produkt unterscheidbar?
- **Price**: Zu welchem Preis verkaufe ich das Produkt?
- **Place**: Wie und wo ist das Produkt erhältlich?
- **Promotion**: Wie informiere und beeinflusse ich die Kundschaft?

6.1.1 Produktpolitik (Product)

Das Unternehmen legt mit den **Produktzielen** die Art sowie die Qualität, das Sortiment und die Produktionsmenge fest.

Mit der **Produktdifferenzierung** setzt sich das Unternehmen das Ziel, seine eigenen Produkte und Dienstleistungen von Konkurrenzanbietern unterscheidbar zu machen. Damit werden für die Kundinnen und Kunden Zusatznutzen geschaffen, was unter Umständen ermöglicht, höhere Preise durchzusetzen.

Welche Möglichkeiten hat ein Unternehmen, seine Produkte von anderen unterscheidbar zu machen?

- Das **Produkt selbst** wird bewusst gestaltet und erhält spezielle Eigenschaften. Dabei verleiht die Wahl des verwendeten Materials, der Form, der Ausstattungs- und Leistungsmerkmale dem Produkt ein spezielles Aussehen. Die bewusste Gestaltung wird auch **Design** genannt.

Beispiele Smartphones wie HUAWEI Mate10 im Porsche-Design, das iPhone mit 5,8"-Retina-Display, Jura-Kaffeeautomat Z8 mit One-Touch-Lungo-Funktion für aromatische lange Kaffees, die Flacons von Parfüms

- Name, Marke, Logo oder eine Kombination daraus machen ein Produkt oder eine Dienstleistung wiedererkennbar. Man spricht von **Kennzeichen zur Wiedererkennung**.

Beispiele

Quelle: Renan Teuman/Shutterstock

→ 6.1.4
- Das Produkt erhält eine **Verpackung**, die nebst den Grundanforderungen wie Schutz und Stapelbarkeit auch Kommunikationsfunktionen übernimmt, also über das Produkt informiert oder als Werbeträger dient.
- Zum Produkt werden besondere **Zusatzleistungen** angeboten, je nach Produkt- oder Dienstleistung sind das Garantie- und Serviceleistungen, rasche Kaufabwicklung, Montage, Schulung usw.

Beispiel Ein Autohändler bietet zusätzliche Dienstleistungen an im Bereich Finanzierung, Versicherungsofferten, Garantieverlängerung, Servicepakete.

- **Mitarbeitende**, die sehr gut beraten und kompetent auf die Kundenwünsche eingehen
- Das **Image des Unternehmens** in der Öffentlichkeit trägt dazu bei, dass seine Produkte als etwas Spezielles gelten.

Beispiel Viele bekannte Schweizer Unternehmen wie z.B. Victorinox, Rivella oder Ricola stehen für Schweizer Qualität, Tradition, Innovation und Nachhaltigkeit. Dies erwartet die Kundschaft auch von ihren Produkten.

A E-Aufgabe 1, W-Aufgabe 6

Marketing-Mix

6.1.2 Preispolitik (Price)

Mit der Preispolitik setzt sich das Unternehmen das Ziel, seine Produkte und Dienstleistungen von Konkurrenzangeboten über den Preis unterscheidbar zu machen.

Bei der **Preispolitik** geht es darum,
- mit welchem Verfahren der Preis bestimmt werden soll → Preisbestimmung
- ob unterschiedliche Preise durchgesetzt werden können → Preisdifferenzierung

Preisbestimmung

Mit der **Preisbestimmung** wird die Höhe des Preises festgelegt. Bestimmende Faktoren sind die eigenen Kosten (→ **Kostenorientierung**) und die Konkurrenzsituation (→ **Wettbewerbsorientierung**).

	Kostenorientierte Preisbestimmung	Wettbewerbsorientierte Preisbestimmung
Vorgehen	Preisuntergrenze sind alle Kosten, die anfallen. Darauf wird ein Gewinn dazugerechnet.	Der Preis wird auf die Preise der Konkurrenz ausgerichtet: gleiche Höhe, höher oder tiefer als die Konkurrenzpreise.
Vorteil der Bestimmung	Einfach, da die Kosten bekannt sind.	Einfach, da die Konkurrenzpreise Vergleich bieten.
Einflussfaktoren → 4. Semester FWZ Kapitel 10	■ Eigene Beschaffungskosten ■ Unternehmensinterne Kosten (sog. Gemeinkosten) wie Löhne, Miete, usw. ■ Eigene Gewinnvorstellungen Bsp. Warenhandel Einstandspreis　　　CHF 1000 + Gemeinkosten (30%)　CHF 　300 = Selbstkosten　　　　CHF 1300 + Reingewinn (10%)　　CHF 　130 Verkaufspreis　　　　CHF 1430	Kunden wählen Produkte resp. Dienstleistungen, welche ihnen den grössten Nutzen bringen. Sie wählen nach dem Preis-Leistungs-Verhältnis. Gegenüber der Konkurrenz kann ein Unternehmen folgende Positionen einnehmen: ■ «Mehr Leistung für gleich viel oder mehr Geld» wie z.B. alle Produkte und Dienstleistungen, welche höchste Qualität mit Prestige und höchsten Preisen verbinden. ■ «Gleiche Leistung für weniger oder gleich viel Geld» wie Kopien von Originalprodukten wie z.B. Generika oder Produkte mit günstigeren Verpackungen wie M-Budget oder Produkte von Discountern wie Aldi, Denner, Lidl. ■ «Weniger Leistung aber für weniger Geld» wie z.B. ein 2-Sterne-Hotel im Vergleich zu einem 5-Sterne-Hotel.
Eignung für → GWZ Kapitel 1	Güter und Dienstleistungen mit hohem Nutzen aber **wenig Substitutionsmöglichkeiten** (Bsp. massgeschneiderte Kleider)	Güter und Dienstleistungen des täglichen Bedarfs, die **leicht substituierbar** und als Produkte gut differenzierbar sind (Bsp. Margarine – Butter)

Preisdifferenzierung

Bei der **Preisdifferenzierung** verkauft ein Unternehmen das gleiche Produkt zu unterschiedlichen Preisen. So werden mehr Kundensegmente angesprochen, was zu mehr Verkäufen und höheren Gewinnen führen kann.

Folgende Kriterien sind denkbar, den Preis für ein Produkt unterschiedlich hoch anzusetzen:

- **Personen**, die sich im Alter oder vom Ausbildungsstand her unterscheiden, die das Produkt als Einzelperson oder Gruppe kaufen oder die sich unterschiedlich stark mit dem Produkt identifizieren

Beispiele: Bankdienstleistungen oder Smartphone-Abos für Jugendliche; Vergünstigungen mit Lehrlings- oder Studentenausweis; Fahrten mit dem Rustexpress in den Europapark für Gruppen ab 10 Personen; Spezialpreise für Mitglieder

- **Zeitpunkt des Kaufs**, bezogen auf Jahres- oder Tageszeit

Beispiele: Produkte, bei denen die Nachfrage saisonal schwankt (Haupt-, Nebensaison, Sommer, Winter) wie z.B. bei Hotelübernachtungen, Ferienbuchungen oder bei denen die Nachfrage von der Tageszeit her stark variiert, wie z.B. bei Fahrten in öffentlichen Verkehrsmitteln

- **Menge**, die ein Kunde auf einmal oder über das ganze Jahr gerechnet kauft

Beispiel: Ein Preissystem mit Mengenrabatt für Grosskunden

- **Geografische Märkte**, auf denen ein Produkt verkauft wird

Beispiel: Hersteller verkaufen Produkte in der Schweiz oder generell in Regionen mit höherer Kaufkraft teurer.

- **Verpackung**, die mehr oder weniger aufwendig sein kann. Verpackungen können ein- oder mehrfarbig gestaltet, das Material der Verpackung unterschiedlich gewählt werden.

Beispiele: Prix Garantie von Coop bzw. M-Budget von Migros; Aluminiumdosen anstelle von Glasflaschen usw.

- **Kennzeichnung zur Wiedererkennung**: Markenprodukte können zu einem höheren Preis verkauft werden als sogenannte No-Name-Produkte oder Eigenmarken von Detailhändlern.

Beispiele: Lidl verkauft Milch, die von einer Tochtergesellschaft von Emmi produziert wird, als «Milbona»-Milch. Der Prix-Garantie-Rauchspeck von Coop wird durch Bell Coop CH produziert.

A E-Aufgabe 2, W-Aufgabe 7

6.1.3 Distributionspolitik (Place)

Durch die **Distributionspolitik** wird festgelegt und organisiert, auf welchem Weg und an welchen Orten die Kundschaft die Produkte kaufen kann.
Da bei den Dienstleistungen die Produktion und der Verbrauch zeitlich und örtlich zusammenfallen, stellt sich diese Frage mehrheitlich bei Sachgütern.

Absatzwege

Direkter Absatzweg bedeutet, dass der Hersteller selbst in Kontakt ist mit den Endverbrauchern, wenn er die Produkte verkauft. Der direkte Absatzweg wird z.B. gewählt, wenn

- wenige Produkte verkauft werden resp. der Kundenkreis klein ist und/oder die Produkte einen hohen Erklärungsbedarf haben resp. Spezialanfertigungen sind.
- die Käufer das Produkt an einem Automaten oder übers Internet kaufen können und wollen.

Beispiele

Direkter Absatzweg	
	Fabrikladen oder Verkauf ab Bauernhof; Automaten wie der Pizza-Automat von Wonderpizza; Zeitungsautomaten z.B. «Sonntagsblick» oder «SonntagsZeitung»; Online-Shops von Herstellern oder Aussendienstmitarbeitenden

Quelle: www.som-marketingberatung.com

Indirekter Absatzweg bedeutet, dass die produzierenden Unternehmen nicht in Kontakt kommen mit den Endverbrauchern. Sie verkaufen ihre Produkte an **Grosshändler** (Grossisten) oder **Detailhändler** (Einzelhändler). Grosshändler verkaufen die Produkte an Detailhändler weiter und haben ebenfalls keinen Kontakt zu den Endverbraucherinnen und Endverbrauchern. Diese kaufen die Produkte bei Detailhändlern ein.
Solche indirekten Absatzwege heissen **Handelsketten** und können einstufig oder mehrstufig sein. Dreistufig z.B. bedeutet, dass ein Grosshändler einen ebensolchen beliefert, bevor dieser an den Detailhandel verkauft, was dann an die Konsumenten (Endverbraucher) gelangt.

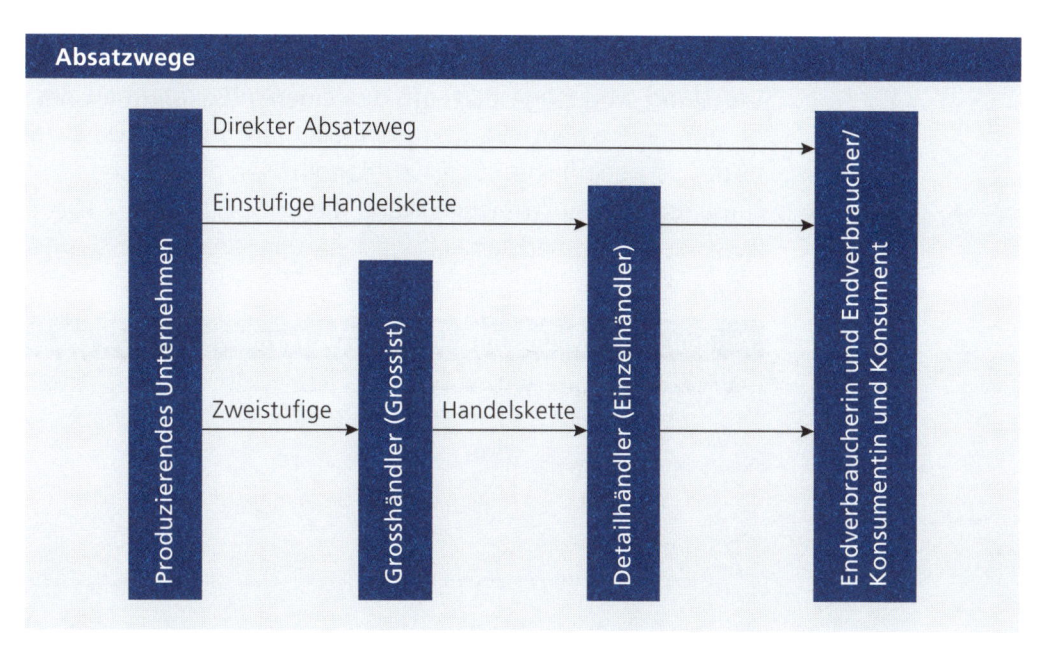

Absatzwege

- Direkter Absatzweg: Produzierendes Unternehmen → Endverbraucherin und Endverbraucher/Konsumentin und Konsument
- Einstufige Handelskette: Produzierendes Unternehmen → Detailhändler (Einzelhändler) → Endverbraucherin und Endverbraucher/Konsumentin und Konsument
- Zweistufige Handelskette: Produzierendes Unternehmen → Grosshändler (Grossist) → Detailhändler (Einzelhändler) → Endverbraucherin und Endverbraucher/Konsumentin und Konsument

Beispiel Anna Zaugg, Goldschmiedin, verkauft ihre selbst gefertigten Kollektionen an Bijouterien, welche als Detailhändler die Schmuckstücke an die Konsumentinnen und Konsumenten verkaufen. Gleichzeitig betreibt Anna Zaugg einen Online-Shop, über welchen die Konsumentinnen und Konsumenten den Schmuck direkt kaufen können.

A E-Aufgabe 3, W-Aufgabe 8

6.1.4 Kommunikationspolitik (Promotion)

Wie informiert ein Unternehmen seine Kundschaft und andere Anspruchsgruppen über das, was es speziell und damit einzigartig macht? Wie transportiert das Unternehmen seine Botschaften, Marken und sein Image?

Instrumente der Kommunikationspolitik

- **PR (Public Relations)** – Werben um Vertrauen in der Öffentlichkeit
- **Sponsoring** – Finanzielle Unterstützung
- **Werbung** – Verhaltensbeeinflussung
- **Verkaufsförderung** – Zeitlich begrenzte Anreize
- **Persönlicher Verkauf** – Direkter Kontakt Verkäufer–Käufer

Marketing-Mix

Werbung

Werbung wird eingesetzt, um den eigenen Bekanntheitsgrad zu erhöhen, die Zielgruppe und potenzielle Kundschaft zu informieren, durch gefühlsbetonte Inhalte positiv zu beeinflussen und Kaufhandlungen auszulösen.

Um diese Ziele zu erreichen, kann man nach der sog. **AIDA-Formel** vorgehen und bewusst die Aufmerksamkeit wecken, um dann Interesse und Wünsche auszulösen, die zur Kaufhandlung führen sollen.

Aufbau von Werbung mittels der AIDA-Formel	
A	Attention (Aufmerksamkeit) Eine Animation, ein Bild oder ein Text dienen als Blickfang.
I	Interest (Interesse) Ein Text oder ein Slogan machen neugierig auf das Produkt.
D	Desire (Wunsch) Die erkannten Vorzüge des Produkts wecken den Wunsch, es zu besitzen.
A	Action (Handlung) Zusatzinformationen können die Kaufhandlung auslösen.

Beispiel — AIDA-Formel

- Was hat es auf sich mit dem Beissen? (Interest)
- Freundlicher Hai mit blitzenden Zähnen als Aufhänger (Attention)
- Altersgerecht, extra für Kinder ohne unnötige Substanzen → Will ich auch für meine Kinder! (Desire)
- Zusatzinformationen unter ... (Action)

Quelle: DENTAL TRIBUNE SWISS Edition, Nr. 12/2011

Nebst dem Aufbau der Werbung an sich, legt das Unternehmen dann die **Werbeträger** (z.B. Zeitung, TV, Radio, Plakatwand) und **Werbemittel** (z.B. Inserat, Werbespot, Plakat) fest und formuliert die **Werbebotschaft**.

Diese kann eher informativ oder eher suggestiv gestaltet sein. Bei **informativer Werbung** überwiegt die sachliche Information über das Produkt, bei **suggestiver Werbung** werden die Gefühle und Bedürfnisse der Kundschaft angesprochen. Es geht um Emotionen, manchmal sogar auch um Manipulationen.

Verkaufsförderung

Mit **Verkaufsförderung** sind alle kurzfristigen Anreize gemeint, welche den Verkauf zusätzlich unterstützen.

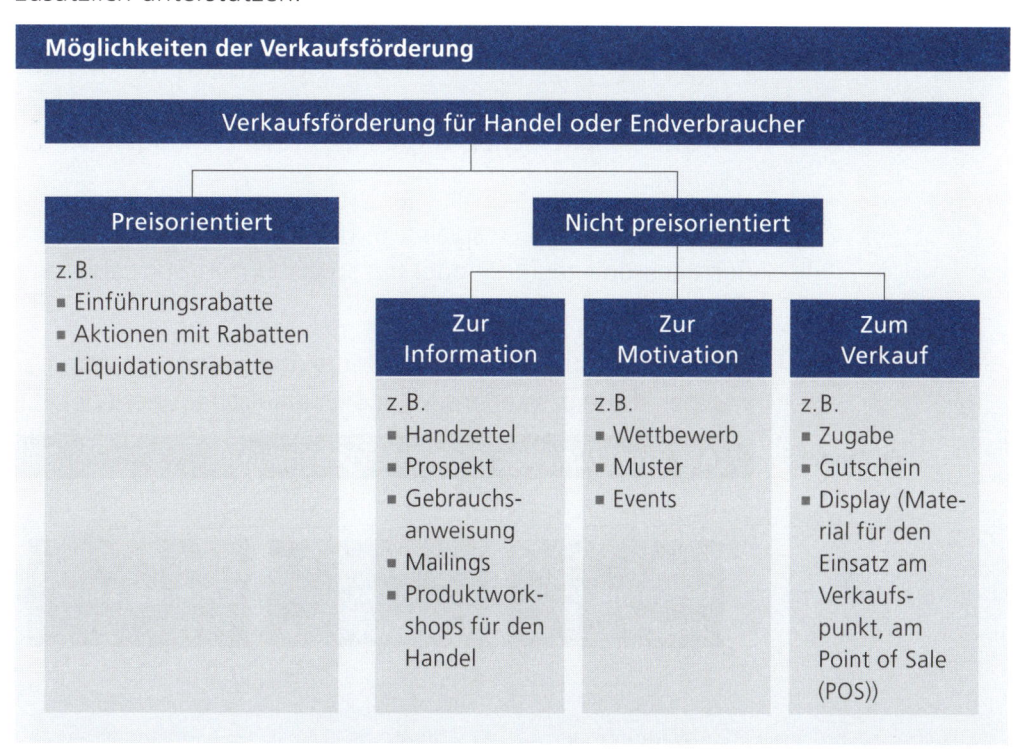

Möglichkeiten der Verkaufsförderung

Verkaufsförderung für Handel oder Endverbraucher

Preisorientiert

z.B.
- Einführungsrabatte
- Aktionen mit Rabatten
- Liquidationsrabatte

Nicht preisorientiert

Zur Information

z.B.
- Handzettel
- Prospekt
- Gebrauchsanweisung
- Mailings
- Produktworkshops für den Handel

Zur Motivation

z.B.
- Wettbewerb
- Muster
- Events

Zum Verkauf

z.B.
- Zugabe
- Gutschein
- Display (Material für den Einsatz am Verkaufspunkt, am Point of Sale (POS))

Beispiel — **Verkaufsförderung**

Für die EMOFORM® actifluor KIDS-Produkte gibt es Publikumsprospekte mit Informationen zu den einzelnen Produkten, zur Anwendung und allgemein zur Zahnpflege.

Für den Handel gibt es Informationen zu einer Studie, welche in der Schulzahnklinik Basel durchgeführt wurde, die Publikumsprospekte für die Beratung und farbige Kartondisplays, welche direkt am POS aufgestellt werden können.

Anlässlich der Produkteinführung wurden Sets verkauft, bestehend aus Zahnpasta, Kinderzahnbürste und gratis einem Becher mit Haifischlogo als Zugabe.

Persönlicher Verkauf

Persönlicher Verkauf findet statt, wenn jemand Produkte vorstellt mit der Absicht, diese zu verkaufen, z.B. im Rahmen von
- Verkaufsgesprächen im Laden mit Konsumentinnen und Konsumenten
- Verkaufsgesprächen mit Kundschaft anlässlich von Messen, an Informationsständen in Läden resp. Einsatz von eigenem Verkaufspersonal bei Partnerunternehmen wie Coop oder Manor, Vertreterbesuchen, Anfragen der Kundschaft, Telefonmarketing.

Das Verkaufsgespräch spielt z.B. beim Verkauf von Dienstleistungen, erklärungsbedürftigen und teuren Produkten sowie Einzel-/Spezialanfertigungen eine wichtige Rolle.

Welche Kommunikationsinstrumente angewandt werden, hängt auch davon ab, in welcher Phase des Lebenszyklus sich ein Produkt befindet.

→ Kapitel 5

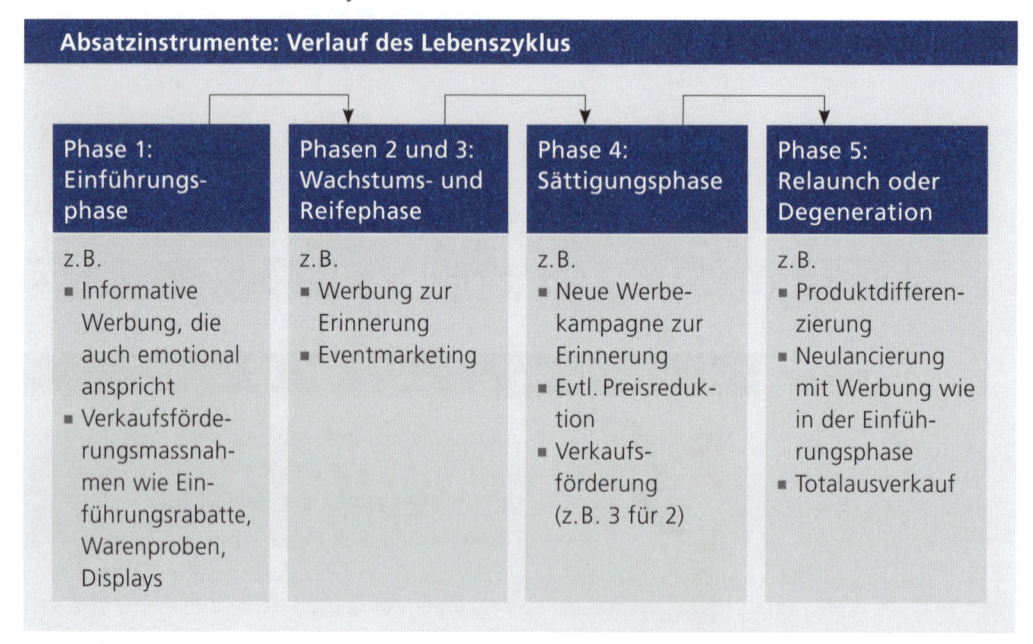

Absatzinstrumente: Verlauf des Lebenszyklus

Phase 1: Einführungsphase	Phasen 2 und 3: Wachstums- und Reifephase	Phase 4: Sättigungsphase	Phase 5: Relaunch oder Degeneration
z.B. ■ Informative Werbung, die auch emotional anspricht ■ Verkaufsförderungsmassnahmen wie Einführungsrabatte, Warenproben, Displays	z.B. ■ Werbung zur Erinnerung ■ Eventmarketing	z.B. ■ Neue Werbekampagne zur Erinnerung ■ Evtl. Preisreduktion ■ Verkaufsförderung (z.B. 3 für 2)	z.B. ■ Produktdifferenzierung ■ Neulancierung mit Werbung wie in der Einführungsphase ■ Totalausverkauf

Public Relations

Unternehmen wollen bei allen Anspruchsgruppen, nicht nur bei den Kunden, ein gutes Image haben. Als **Public Relations** bezeichnet man alle Massnahmen, die zur sog. Öffentlichkeitsarbeit gezählt werden und die Anspruchsgruppen informieren und positiv beeinflussen, wie z.B.
- Leitbild mit der Darstellung der unternehmerischen Ziele und Werte
- Firmenporträt, z.B. als Film
- Organisation eines Tages der offenen Tür und Durchführung von Betriebsbesichtigungen
- Organisation von Events im Rahmen von Produkteinführungen
- Evtl. Veröffentlichung von Geschäftsberichten
- Aktiver Umgang mit den Medien

Sponsoring

Beim **Sponsoring** unterstützt ein Unternehmen eine Veranstaltung, eine Institution oder eine Person finanziell.

Beispiele Formel-1-Teams, Tennisspieler oder Schweizer Nationalmannschaften werden genau so gesponsert wie Modeschauen, Musikkonzerte oder Nachwuchstalente.

Das Unternehmen schenkt das Geld eigentlich nicht, sondern erhält einen Gegenwert in Form von grösserer Bekanntheit, Beliebtheit, positivem Image.

Beispiele Das Unternehmen ist mit seinem Logo visuell präsent beim Anlass oder auf der Bekleidung der Person. Das Unternehmen erhält Tickets, welche es seiner Kundschaft anbieten kann. Die gesponserte Person tritt an einem Firmenanlass auf.

Beim Sponsoring ist es wichtig, dass ein positiver Imagetransfer stattfindet, die eigene Marke oder der eigene Name bekannter und bei einem bestimmten Zielpublikum besser verankert werden kann.

Merke Die Kommunikationsinstrumente werden eingesetzt, um das eigene Angebot vorteilhaft zu positionieren, es unterscheidbar und für die Zielgruppe attraktiv zu machen, immer mit dem Ziel, den Absatz zu steigern.

Lösung Einführungsfall Ozan Demiri muss potenzielle Kundinnen und Kunden darüber informieren, dass er selbst entworfene Kleider verkauft, wo sie gekauft werden können, wie viel sie kosten und weshalb es von Vorteil ist, die Kleider gerade bei ihm zu kaufen.

A E-Aufgaben 4 und 5, W-Aufgaben 9 und 10

6.2 Marketing-Mix in der Praxis

Ziel ist es nun, die einzelnen Marketing-Instrumente so zu kombinieren, dass sich die Wirkungen der einzelnen Massnahmen ergänzen und positiv verstärken.

Merke Als **Marketing-Mix** wird die konkrete Kombination der vier Marketing-Instrumente zu einem in sich stimmigen Ganzen bezeichnet.

Insbesondere muss der Marketing-Mix so gestaltet sein, dass die Markt- und Produktziele erreicht werden können.

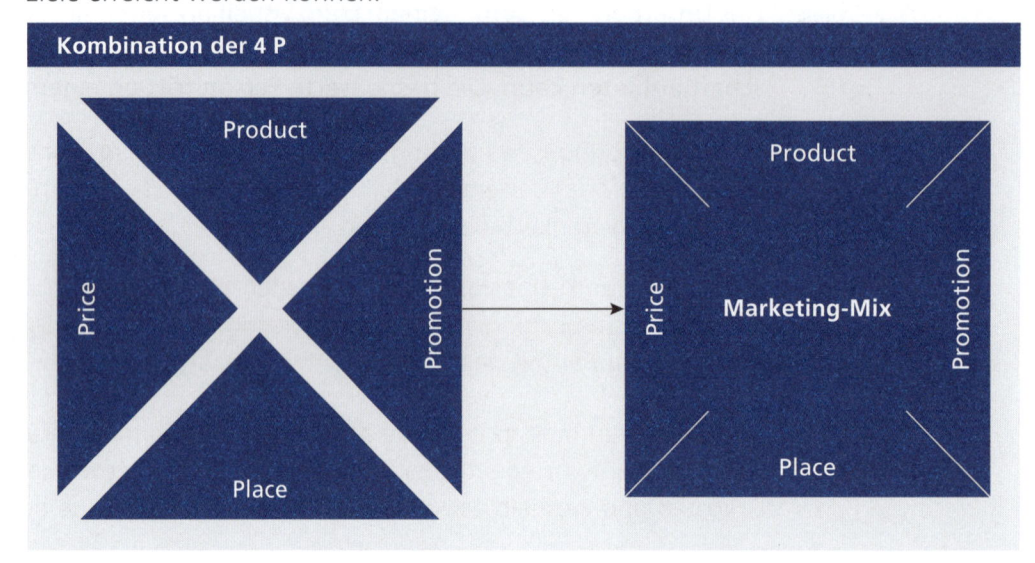

Kombination der 4 P

Product — Price — Promotion — Place → Marketing-Mix

Beispiel Marketing-Mix für ein 4-Sterne-Seehotel mit schöner Aussicht, Sälen, Terrasse, und einem öffentlichen Spezialitätenrestaurant.

Produktpolitik (Product) Gehobener Hotelstandard mit attraktiven Zimmern, alle mit Seesicht und komfortablem Ausbau inkl. WLAN im ganzen Haus.
Drei grosse Säle und zwei Gruppenräume, die alle mit Präsentationsmitteln ausgestattet sind und sich für Bankette, Konferenzen und Seminare eignen.
Citybikes stehen den Gästen kostenlos zur Verfügung. Die Benützung des hoteleigenen Seezugangs mit gepflegter Rasenfläche und Liegemöglichkeiten sowie die Benützung des Pools sind kostenlos.
Das Verpflegungsangebot im hoteleigenen Restaurant umfasst 30 Detailangebote, die von externen Gästen à la carte zusammengestellt werden können. Seminarteilnehmenden und Hotelgästen steht zum Frühstück und Lunch ein Buffet zur Verfügung und am Abend wird ihnen ein 4- bis 5-Gang-Menü serviert.

Preispolitik (Price) Zwei Preiskategorien kommen zur Anwendung: Kalkulation 1 für die Hochsaison, Kalkulation 2 für die Nebensaison und für Seminarteilnehmende.
Die Gäste erhalten einen «All inclusive»-Preis. Es werden alle gängigen Währungen, Checks sowie bekannten Kreditkarten als Zahlungsmittel akzeptiert. Zahlung gegen Rechnung ist möglich, netto 10 Tage nach Erhalt.
Für Chauffeure und Reiseleiter und Reiseleiterinnen gibt es Rabatt. Für Reiseleiter und Reiseleiterinnen gibt es auch Treuerabatte.

Distributionspolitik (Place)	Der Vertrieb der Leistungen erfolgt über ein eigenes Online-Buchungssystem und über Online-Hotelanbieter, Reisebüros im In- und Ausland. Das Angebot richtet sich schwerpunktmässig an Kundschaft aus der deutschen und welschen Schweiz, aus Süddeutschland und Frankreich.
Kommunikationspolitik (Promotion)	Die generellen und saisonalen Angebote werden mit einem umfassenden Direct Marketing bekannt gemacht. Dabei werden die Instrumente Mailing (Briefe), Newsletter, Telefon, Ausstellungen, Präsentationen und die Database (Datenbank mit bisheriger und potenzieller Kundschaft) aktiv eingesetzt. Für den lokalen Markt werden in den Zeitungen Anzeigen geschaltet und Informationsartikel veröffentlicht. Der lokale Geschäftsmarkt wird mit Mailings angesprochen und Treuegutscheine werden abgegeben. Alle Mitarbeitenden der Rezeption, der Bankett-Manager und der Chef de Service sind in die Promotion eingebunden.

Beurteilung

Dies ist ein in sich stimmiger **Marketing-Mix**, der das Aussergewöhnliche am Hotel und den dadurch entstehenden Zusatznutzen betont, das Hochpreissegment anpeilt, wobei Preisdifferenzierung gegenüber Saisonunterschieden und Seminarkundschaft angewandt wird.

Beim Absatzweg wird sowohl der direkte wie auch der indirekte Absatzweg gewählt, was für Hotels absolut notwendig ist.

Weil Zielgruppenadressen vorhanden sind, wird ein aktives Direct Marketing mit PR-Massnahmen betrieben.

Würde das Hotel freie Zimmer zu Billigpreisen anbieten, um das Hotel zu füllen, würde der Marketing-Mix «gestört» werden, was negative Auswirkungen haben könnte: Gäste der gehobenen Klasse haben vielleicht das Bedürfnis, unter ihresgleichen zu sein, angefangen bei der Kleidung, dem Auftreten und der Freizeitgestaltung. Sie lieben das Exklusive, und das darf und muss auch etwas kosten.

Kommen nun Gäste, welche in den Augen der bisherigen Gäste nicht in dieses Segment passen, dann würden diese mit der Zeit fernbleiben und das Hotel würde seine Hauptkundschaft verlieren.

Der Marketing-Mix muss je nach Gegebenheiten ausgestaltet werden. Ein 4-Sterne-Hotel hat einen anderen Marketing-Mix als ein 2-Sterne-Hotel, genauso wie ein neu gegründetes Unternehmen einen anderen Marketing-Mix hat wie ein etabliertes Unternehmen. Schliesslich hat eine Spedition einen anderen Marketing-Mix als eine Versicherungsgesellschaft. Der Mix ist also auch branchenabhängig.

A E-Aufgaben 11 bis 13, W-Aufgaben 14 und 15

Leistungsziel

1.5.2.7 Marketing-Mix (4 P)

- Ich gestalte für ein konkretes Produkt und eine konkrete Dienstleistung den Marketing-Mix stimmig. Dabei lege ich begründet die Marketing-Instrumente hinsichtlich Product, Place, Price und Promotion fest.

E 6.1 Marketing-Instrumente

1. Produktpolitik

In den folgenden Beispielen finden Sie Produktdifferenzierungen beschrieben oder im Bild dargestellt. Es kommen vor:

- Das Produkt selbst mit Design, Ausstattung und Qualität
- Zeichen der Wiedererkennung
- Verpackung
- Image des Unternehmens
- Zusatzleistungen
- Qualität der Mitarbeitenden

a) Ricola-Kräuterbonbons

Notieren Sie jeweils die Art der Produktdifferenzierung, die Sie anhand der Beschreibungen der Beispiele erkennen.

Beispiel	Produktdifferenzierung
Ricola verwendet weltweit den gleichen Schriftzug mit den grünen Buchstaben mit Weiss auf gelbem Hintergrund.	
Ricola steht für Nachhaltigkeit, Ökologie, Qualität und Innovation.	
Ricola bietet Bonbons in Beuteln und Boxen an, die mit Bildern und Informationen versehen sind.	
Für Ricola-Bonbons werden ausschliesslich nach biologischen Richtlinien angebaute Kräuter aus Schweizer Berggebieten verarbeitet.	

b) Opel Crossland X

> Die Opel-X-Linie wurde Ende 2017 durch zwei Modelle erweitert. Das Motto beim Crossland X lautet: Aussen knackig kompakt, innen richtig geräumig. Zweifarbenlackierung ist individuell wählbar, erhöhte Sitzposition gehört zur Grundausstattung wie auch verschiedene technische Raffinessen (Top-Infotainment, Assistenzsysteme, digitale Vernetzung dank Opel OnStar etc.).

Notieren Sie, welche Möglichkeit der Produktdifferenzierung hier beschrieben wird, und begründen Sie Ihre Antwort.

c) Swatch Woof

Beispiel

Hauptmerkmale:
- Special zum chinesischen Neujahr 2018
- Zifferblatt mit Motiv zum Jahr des Hundes
- Ganggenaues Quarzwerk
- Wasserdicht bis 3 bar

In Swatch-Stores werden die Batterien von allen Swatch-Uhren kostenlos ersetzt.

Quelle: Swatch AG

Nennen Sie alle Möglichkeiten der Produktdifferenzierung, die Sie erkennen, und notieren Sie jeweils, woran Sie sie erkennen.

....

....

....

2. Preispolitik

a) Preisbestimmung

1) Preise für Produkte und Dienstleistungen werden nach zwei unterschiedlichen Verfahren festgelegt. Ordnen Sie die folgenden Merkmale dem richtigen Verfahren zu, indem Sie die Zahlen übernehmen.

1. Der Preis richtet sich nach dem Preis der wichtigsten Konkurrenten im Markt.
2. Das Produkt ist eine technologische Neuentwicklung, die zurzeit konkurrenzlos ist.
3. Der Preis soll alle anfallenden Kosten decken und 30 % Gewinnmarge enthalten.
4. Das Produkt ist leicht austauschbar und bietet kaum Möglichkeiten zur Produktdifferenzierung.
5. Wenn die Herstellkosten oder die internen Betriebskosten steigen, steigt auch der Verkaufspreis.
6. Das Produkt bietet mehr Zusatzleistungen als Konkurrenzprodukte, weshalb der Preis auch höher ist.
7. Kunden reagieren stark auf Preisänderungen. Sie bevorzugen immer das Produkt mit dem besseren Preis-Leistungs-Verhältnis.
8. Das Produkt ist nicht substituierbar.

Kostenorientierte Preisbestimmung	Wettbewerbsorientierte Preisbestimmung

Marketing-Mix

2) Erklären Sie, auf welcher Grundlage kosten- resp. wettbewerbsorientierte Preise bestimmt werden.

   ....

   ....

   ....

3) Notieren Sie, bei welchem Preisbestimmungsverfahren die Kosten des Unternehmens die Preisuntergrenze bestimmen.

   ....

4) Nennen Sie die drei Möglichkeiten, welche ein Unternehmen hat, um seine Preise wettbewerbsorientiert zu bestimmen.

   ....

   ....

   ....

5) Bestimmen Sie, welches Preisbestimmungsverfahren ein Unternehmen anwendet, welches im Markt mit der Werbebotschaft auftritt: «Bei uns erhalten Sie alles, aber billiger.»

   ....

b) Preisdifferenzierung

   1) Beurteilen Sie, ob man von Preisdifferenzierung spricht, wenn die gleiche Leistung zu gleichen Preisen verkauft wird.

      ....

      ....

2) In folgenden Beispielen finden Sie verschiedene Arten der Preisdifferenzierung beschrieben oder bildlich dargestellt. Notieren Sie in der rechten Spalte den passenden Begriff.

Personen	Geografische Märkte	Verpackung
Zeitpunkt	Menge	Kennzeichen zur Wiedererkennung

Beispiel	Preisdifferenzierung
Bei gleicher Einrichtung und gleichem Service senkt ein Hotel für die Nebensaison die Zimmerpreise.	
Bei einer Mietdauer eines Leihwagens von mehr als 14 Tagen reduziert sich die Tagesmiete um CHF 10 pro Tag.	
In Frankreich kosten die Flüge mit Air France für Passagiere über 60 Jahre 10–20% weniger.	
Kinder bis drei Jahre sind im Pauschalpreis der Eltern inbegriffen.	
aquabasilea verkauft Einzeleintritte oder 11er-Karten zum Preis von 10 Einzeleintritten.	
aquabasilea bietet Senioren die 11er-Eintrittskarten 10% günstiger an.	
aquabasilea bietet ab 20 Uhr einen eineinhalbstündigen Einlass in die Badewelt für nur CHF 10 an (anstatt CHF 25).	
Ein Hotel bietet bei einer Buchung von vier Übernachtungen eine Zusatznacht gratis an.	
In Frankreich kostet eine Nespresso-Kapsel mehr als in der Schweiz.	
Rotwein, der im Tetra Pak verkauft wird, ist günstiger.	
Quelle: www.fuersie.de	
Mineralwasser aus gleichem Ort, aber vier Mal teurer. Quelle: www.srf.ch	

Marketing-Mix

3. Absatzwege

a) Wie werden die folgenden Fachbegriffe allgemein umschrieben? Der erste Begriff ist als Beispiel gegeben.

Fachbegriff	Umschreibung
Distributionspolitik	Sie legt fest, auf welchem Weg und an welchen Orten die Kundschaft die Produkte kaufen kann.
Direkter Absatzweg	
Indirekter Absatzweg	
Grosshändler (Grossist)	
Detailhändler (Einzelhändler)	

b) Kreuzen Sie bei jeder Aussage an, welcher Absatzweg sich jeweils besser eignet.

Aussage	Direkter Absatz	Indirekter Absatz
Das Produkt muss erklärt werden.	☐	☐
Der Kunde wünscht eine grosse Auswahl.	☐	☐
Der Hersteller möchte keine eigene Vertriebsorganisation aufbauen.	☐	☐
Das Produkt ist eine Massanfertigung.	☐	☐
Es wird eine Dienstleistung verkauft.	☐	☐
Der Kunde kauft das Produkt täglich ein.	☐	☐
Der Hersteller möchte Geld sparen, indem er keinen Kontakt zu den Endverbrauchern aufbauen will.	☐	☐

c) Füllen Sie ausgehend vom Beispiel von Anna Zaugg (vgl. Theorie) die folgenden Begriffe in die richtigen leeren Kästen der Abbildung ein. Zwei Kästen bleiben leer.

Goldschmiedin   Bijouterien   Online-Shop

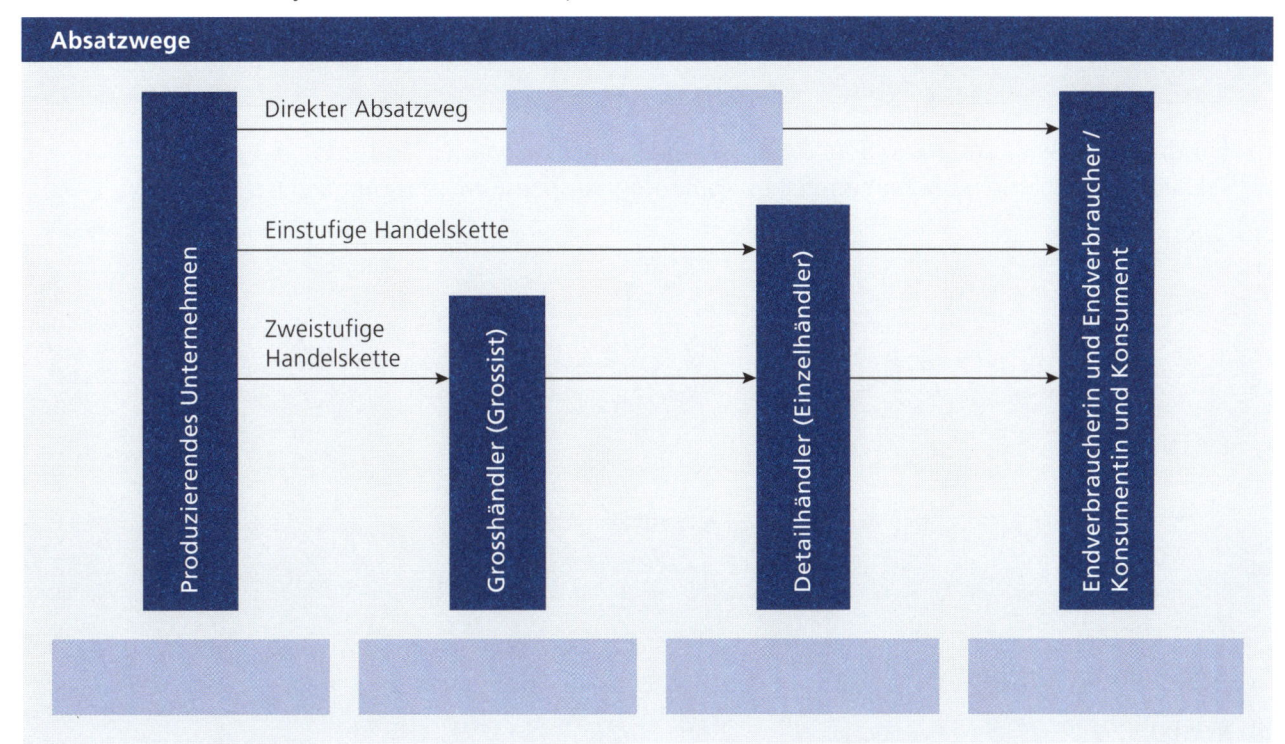

Absatzwege

- Direkter Absatzweg → [Online-Shop]
- Einstufige Handelskette
- Zweistufige Handelskette

Produzierendes Unternehmen [Goldschmiedin] → Grosshändler (Grossist) → Detailhändler (Einzelhändler) [Bijouterien] → Endverbraucherin und Endverbraucher / Konsumentin und Konsument

d) Kreuzen Sie an, welche Art von Absatzweg in den folgenden Fällen gewählt worden ist. Bei indirekten Absatzwegen entscheiden Sie, ob dieser ein- oder mehrstufig ist.

Beispiel	direkt	indirekt	einstufig	mehrstufig
Martin Burger kauft sein Gemüse ab Hof.	☐	☐	☐	☐
Marianne Keller kauft Salat «aus der Region» bei der Migros.	☐	☐	☐	☐
Ivan Pilic bucht bei Swiss online einen Flug von Zürich nach New York.	☐	☐	☐	☐
Tamara Winter kauft bei der Garage Seefeld AG einen neuen Toyota, der über den Grosshändler in Safenwil in die Schweiz importiert worden ist.	☐	☐	☐	☐

e) Erklären Sie den Unterschied zwischen dem direkten und dem indirekten Absatzweg.

Marketing-Mix

f) Was unterscheidet den Gross- vom Detailhandel?

....

....

....

g) Ein Unternehmen kann sowohl im Detail- als auch im Grosshandel tätig sein.
Erklären Sie allgemein und anhand eines konkreten Beispiels, wie das möglich ist.

Allgemein:

....

....

....

Beispiel:

....

....

....

4. Kommunikationspolitik

a) Werbung

1) Erklären Sie, worin das Ziel von Werbung besteht.

....

....

2) Erklären Sie, wie Werbung aufgebaut wird, um die Markt- und Produktziele zu erreichen.

....

....

3) Zählen Sie auf, was ein Unternehmen ausser dem Aufbau von Werbung noch festlegt.

....

4) Notieren Sie rechts den Fachbegriff, zu welchem die Umschreibungen gehören.

Umschreibung	Fachbegriff
Werbespot, Inserate, Flyer	
Fernsehen, Kino, Plakatwand	
«Wir bringen Ihre Fähigkeiten zum Tragen.»	

5) Schreiben Sie die englischen Wörter für die AIDA-Formel und deren Bedeutung auf.

b) Verkaufsförderung

Verkaufsförderung wird in preisorientierte und nicht preisorientierte Verkaufsförderung eingeteilt. Zählen Sie Beispiele für beide Arten auf.

Art	Beispiele
Preisorientiert	
Nicht preisorientiert	

c) Persönlicher Verkauf

Erklären Sie, wann das Kommunikationsinstrument «Persönlicher Verkauf» zum Einsatz kommt.

d) Public Relations

Zählen Sie Mittel auf, mit denen Public Relations betrieben wird.

Marketing-Mix

e) Sponsoring

1) Erklären Sie, wie ein Unternehmen Sponsoring betreiben kann.

....

....

2) Erklären Sie, weshalb Sponsoring nichts mit «Geldverschenken» zu tun hat.

....

....

....

5. Marketing-Instrumente erkennen

Kreuzen Sie an, zu welchem Absatzinstrument die jeweilige Massnahme gehört. In einem Fall können zwei Zuordnungen gemacht werden.

Massnahme	Product	Place	Promotion	Price
Entwicklung eines neuen Logos	☐	☐	☐	☐
«Wir bieten dauerhaft zwei Shampoos für den Preis von einem.»	☐	☐	☐	☐
«Kluge Köpfe schützen sich.»	☐	☐	☐	☐
Verkaufsstände an frequentierter Lage in der Stadt	☐	☐	☐	☐
Auslieferungen nur an ausgewiesene Fachhändler	☐	☐	☐	☐
«Wir gewähren zwei Jahre Gratisservice beim Kauf unserer Maschine.»	☐	☐	☐	☐
Verpackungen nur aus ökologischem, abbaubarem Material	☐	☐	☐	☐
Jeder 100. Kunde erhält eine Flasche Wein.	☐	☐	☐	☐

W 6.1 Marketing-Instrumente

6. Produktpolitik

a) Folgende Produkte verfügen über Zusatznutzen durch Produktdifferenzierung.
   Notieren Sie das Kriterium resp. die Kriterien, welche angewandt werden. Zur Wahl stehen:

   Das Produkt selbst mit Design, Ausstattung und Qualität
   Zeichen der Wiedererkennung
   Verpackung
   Image des Unternehmens
   Zusatzleistungen
   Qualität der Mitarbeitenden

Situation	Differenzierungskriterien
1) Natura Güggeli bietet an ihren Grillwagen ausschliesslich Güggeli mit Schweizer Herkunft an. Quelle: www.natura-gueggeli.ch	
2) Personenwagen, bei welchen die Ausstattungsmerkmale ausgewählt werden können.	
3) Läckerli, ein Basler Süssgebäck Quelle: www.laeckerli-huus.ch	
4) Coop-Kundenkarte	
5) Ricola Quelle: www.ricola.ch	
6) Fresh Active Sorgt für ein natürliches Frischegefühl – 48 Stunden lang. Quelle: www.de.nivea.ch	
7) Victorinox MiniChamp 18 Funktionen, darunter Orangenschäler Quellen: www.victorinox.com, Joe Ravi/Shutterstock	
8) Sportartikel von Nike Quelle: www.news.nike.org	

Marketing-Mix

b) Kreuzen Sie an, ob die folgenden Aussagen richtig (R) oder falsch (F) sind.
   Falsche Aussagen korrigieren Sie auf der Zeile darunter.

R	F	Aussage
☐	☐	Die Produktdifferenzierung hat zum Ziel, das Sortiment des Unternehmens festzulegen.
☐	☐	Wenn ein Unternehmen eine verlängerte Garantiefrist anbietet für ein Produkt, so ist das Kriterium für die Differenzierung das Kennzeichen zur Wiedererkennung.
☐	☐	Die Differenzierung über das Kennzeichen zur Wiedererkennung kann über den Namen oder ein Symbol erfolgen.
☐	☐	Das Unternehmen, welches einen Publikumspreis gewinnt für das beste «Call-Center», kann dies als Differenzierungsmerkmal in ihrer Werbung nutzen.
☐	☐	Ob TV-System, Audio-Systeme, Telefone oder Zubehör, Bang Olufsen steht für Design und Form der Spitzenklasse. Damit differenziert Bang Olufsen die Produkte über das Kennzeichen zur Wiedererkennung.
☐	☐	Bei Parfums ist mit am wichtigsten, dass die Differenzierung über die Verpackung möglich ist. Nicht nur die Flacons, sondern auch die Schachteln erzählen bereits die Geschichte des Dufts.
☐	☐	Für Dienstleistungsunternehmen ist die Differenzierung ihrer Leistung durch die Produkte selbst das einzig mögliche Kriterium.

7. **Preispolitik**

   a) Wettbewerbsorientierte Preisbestimmung

   1) Der Autohersteller Volvo verkauft seine Modelle zu vergleichsweise hohen Preisen. Annahme: Volvo legt die Preise mit dem Ziel «mehr für mehr» fest. Argumentieren Sie aus Sicht von Volvo, weshalb die Kundschaft für ihre Autos mehr bezahlen soll.

   ....

   ....

2) Kuoni bietet Urlaub (z.B. Reisen oder Badeferien) zu vergleichsweise hohen Preisen an. Annahme: Kuoni legt die Preise mit dem Ziel «mehr für mehr» fest. Argumentieren Sie aus Sicht von Kuoni, weshalb die Kundschaft für ihre Produkte mehr bezahlen soll.

3) Nespresso verkauft Kaffeemaschinen mit Kapseltechnologie. Vor allem die Kapseln sind im Vergleich zu anderen Systemen teuer. Annahme: Nespresso legt die Preise mit dem Ziel «mehr für mehr» fest. Argumentieren Sie aus Sicht von Nespresso, weshalb die Kundschaft für ihre Kaffeekapseln mehr bezahlen soll.

4) Ex Libris betreibt Buchläden und einen Online-Shop, die dadurch auffallen, dass die Bücher günstiger sind als bei der Konkurrenz. Kreuzen Sie an, nach welcher Strategie Ex Libris die Preise bestimmt. Begründen Sie Ihre Antwort auf der Zeile darunter.

Richtig	Strategie und Begründung
☐	«mehr für mehr»
☐	«mehr für gleich viel»
☐	«mehr für weniger»
☐	«gleich viel für weniger»

5) Erklären Sie, inwiefern Fluggesellschaften wie Easy Jet oder Ryan Air die Flüge mit dem Ziel «weniger für weniger» anbieten.

Marketing-Mix

b) Preisdifferenzierung

Erklären Sie zwei Möglichkeiten der Preisdifferenzierung von Ticketpreisen für Flüge.

....

....

....

....

....

....

....

8. Absatzwege

Kreuzen Sie an, welche Art von Absatzweg in den folgenden Fällen gewählt worden ist. Bei einem indirekten Absatzweg entscheiden Sie, ob dieser ein- oder mehrstufig ist.

Beispiel	direkt	indirekt	einstufig	mehrstufig
Sandra Stamm kauft sich eine Coca-Cola aus dem Getränkeautomaten, den Coca-Cola selbst betreibt.	☐	☐	☐	☐
Die Wehren AG importiert Rosen direkt aus Peru für ihre eigenen Blumengeschäfte.	☐	☐	☐	☐
Die Gärtnerei Schmidt verkauft ihre selbst gezogenen Pflanzensetzlinge an Gartenbauer aus der Region.	☐	☐	☐	☐
Die Dümmen GmbH in Rheinberg (D) verkauft ihre selbst gezüchteten Pflanzen (z.B. Weihnachtssterne) über Grosshändler in die ganze Welt.	☐	☐	☐	☐

9. Kommunikationspolitik

a) Werbung

1) Entscheiden Sie, ob folgende Werbeslogans suggestiv oder informativ sind.

Werbeslogan	Art
«Clevere kaufen FLOPPY»	
«Werden ausschliesslich mit Pflanzen gefüttert»	
«Erfüllt jeden Ihrer Träume»	
«Syna Wave hat 2,5-mal mehr Filterfläche!»	

2) Erklären Sie, welches Ziel mit informativen Werbebotschaften verfolgt wird.

3) Formulieren Sie einen informativen Werbeslogan zum Thema Qualität und Preis.

4) Formulieren Sie einen suggestiven Werbeslogan zum Thema Drinks zum Abnehmen.

5) Formulieren Sie für ein Waschmittel ...

   einen informativen Werbeslogan:

   einen suggestiven Werbeslogan:

6) Erklären Sie den Unterschied zwischen Werbemitteln und -trägern, indem Sie die Begriffe erklären.

   Werbemittel:

   Werbeträger:

7) Welches sind zwei mögliche Werbeträger für Kataloge?

b) Kommunikationspolitik – Fachbegriffe erkennen

   Geben Sie den genauen Begriff aus dem Marketing-Bereich Promotion an, der jeweils beschrieben ist.

   1) Werbung wird damit verbreitet.

   2) Sie wird eingesetzt, wenn Emotionen geschaffen werden sollen.

   3) Eine Zeitung oder Zeitschrift berichtet ausführlich und positiv über den Tag der offenen Tür bei der Hirslanden Klinik.

   4) Hilft Werbung wirksam zu gestalten.

   5) Findet vor Weihnachten in Geschäften an speziellen Ständen z.B. für Parfums statt.

Marketing-Mix

6) Davon profitieren Nachwuchstalente in Kunst und Sport genauso wie z.B. Nationalmannschaften.

....

7) Wenn es Gratismuster in grösseren Filialen gibt.

....

c) Kommunikationspolitik – Aussagen beurteilen

Kreuzen Sie die zutreffenden Aussagen an. Es können auch mehrere Antworten richtig sein.

1) AIDA	trifft zu
Im Rahmen der Kommunikationspolitik existiert die AIDA–Formel. Dahinter verbirgt sich …	
die Marketingerkenntnis, dass nur imposante Werbeauftritte, ähnlich den Aufzügen in der gleichnamigen Oper, einen verkaufsfördernden Eindruck bei den potenziellen Kunden hinterlassen.	☐
die empirisch belegte Tatsache, dass der Werbe- und Verkaufserfolg von einer Kombination von Aussen- und Innendienst-Anreizsystemen massgeblich bestimmt wird.	☐
eine Formel der Kommunikationswirkung, welches die Stufen Attention – Interest – Desire – Action unterscheidet.	☐
die Erfahrung, dass sich eine Kaufentscheidung (Akzeptanz des Produkts) in der Regel durch folgende Formel wiedergeben lässt: Ankündigung + Information + Darbietung = Akzeptanz	☐

2) Promotion	trifft zu
Unter dem Marketing-Begriff Kommunikationspolitik (Promotion) werden Massnahmen des Unternehmens zusammengefasst, die den Bekanntheitsgrad des Produkts erhöhen. Dazu zählen …	
die klassische Werbung, z.B. im Fernsehen und Radio	☐
die Standardisierung der Produktverpackung (Euro-Palette) bzw. der Gebrauchsanweisungen	☐
die Veröffentlichung der Bilanz, Erfolgsrechnung einschliesslich des Anhangs	☐
das Sponsoring von Personen, Institutionen oder Veranstaltungen wie z.B. im Sport	☐

d) AIDA-Formel

Max Havelaar

Quelle: www.maxhavelaar.ch

1) Ergänzen Sie die folgende Übersichtstabelle. In der Spalte Beispiel notieren Sie, wie die Umsetzung im Inserat von Max Havelaar konkret erfolgte.

Abkürzung	Englischer Begriff	Umschreibung	Beispiel
A	Attention		
I			Text: Faire Bananen machen Schule
D	Desire		
A		Mehr erfahren, Kaufhandlung auslösen	

2) Nennen Sie eine informative Werbebotschaft aus dem oben abgebildeten Inserat:

....

....

Marketing-Mix

10. Marketing-Instrumente erkennen

a) Kreuzen Sie in der folgenden Tabelle den jeweils richtigen Marketing-Bereich an.

Massnahme	Product	Place	Promotion	Price
1) Der Vertrieb erfolgt ausschliesslich über Fachgeschäfte.	☐	☐	☐	☐
2) Als Imageträgerin soll das Fotomodell Claudine Seiler gewonnen werden.	☐	☐	☐	☐
3) Das neue Produkt wird unter dem Markennamen «Scent of a woman» vermarktet.	☐	☐	☐	☐
4) Das Parfum ist teuer und soll vor allem höchste Kaufkraftklassen ansprechen.	☐	☐	☐	☐
5) Der Designer Centurio wird mit der Entwicklung einer aussergewöhnlichen Flaschenform und einer luxuriösen Verpackung beauftragt.	☐	☐	☐	☐
6) Durch auffällige Einweg-Verkaufsstände aus Karton sollen an den Verkaufsstellen die Umsätze zusätzlich erhöht werden.	☐	☐	☐	☐
7) Die Fachgeschäfte sollen mit einem hohen Wiederverkaufsrabatt dazu animiert werden, das neue Parfum in ihr Sortiment aufzunehmen.	☐	☐	☐	☐

b) Nennen Sie die Massnahme (von 1 bis 7), welche nicht durchgeführt werden sollte. Begründen Sie Ihre Wahl.

E 6.2 Marketing-Mix in der Praxis

11. Begriffe

a) Erklären Sie den Begriff Marketing-Mix.

b) Notieren Sie die Begriffe für die vier «P» auf Deutsch und auf Englisch.

12. Aussagen beurteilen

Kreuzen Sie an, ob die folgenden Aussagen richtig (R) oder falsch (F) sind.
Falsche Aussagen korrigieren Sie auf der Zeile darunter.

R	F	Aussage
☐	☐	Der Marketing-Mix wird im Unternehmungskonzept zum sozialen Bereich gezählt.
☐	☐	Die vier «P» heissen Product, Placement, Promot und Price.
☐	☐	Die suggestive Werbung spricht die Gefühle an, soll Bedürfnisse schaffen und wird oft für Konsumgüter verwendet.
☐	☐	Die ALKALI-Formel beschreibt die Vorgänge, welche die Werbung beim Betrachter bzw. Hörer auslösen muss, um erfolgreich zu sein.
☐	☐	Tragtaschen, Messestände, Plakate und Inserate sind Werbemittel.
☐	☐	Der indirekte Absatz wird vor allem bei Investitionsgütern und im Warenhandel verwendet.
☐	☐	Mit der Tiefpreisstrategie will man unter anderem Markteintritte neuer Anbieter verhindern.
☐	☐	Der Marketing-Mix ist ein Instrument, um den Absatz zu steigern.

Marketing-Mix

13. Lückentext

Ergänzen Sie den nachfolgenden Lückentext zum Thema Marketing-Mix. In jede Lücke kommt ein Wort.

Der Marketing-Mix ist im _____ Bereich des Unternehmungskonzepts einzuordnen. Er ist in vier Gruppen unterteilt: _____, _____, _____ und _____. Die zwei Arten von Werbebotschaften heissen _____ und _____.

Die Werbung spricht die Gefühle an und versucht, Bedürfnisse zu schaffen. Diese Werbung wird häufig bei _____-gütern angewendet. Die _____ Werbung spricht den Verstand an. Sie wird hauptsächlich in der _____-phase von Produkten angewendet.

W 6.2 Marketing-Mix in der Praxis

14. Marketing-Mix

Entwerfen Sie einen Marketing-Mix für ein Produkt resp. eine Dienstleistung Ihres Lehrbetriebs.

Absatzinstrument	Konkrete Ausführung
Produktpolitik (Product)	
Preispolitik (Price)	
Distributionspolitik (Place)	
Kommunikationspolitik (Promotion)	

15. Marketing-Mix für eine Fluglinie

Die Billigfluglinie Swiss-Wings benötigt eine Marketing-Kampagne, um ihr Angebot erfolgreich absetzen zu können. Die Marketing-Abteilung hat schon einige Vorarbeiten geleistet. Legen Sie einen passenden Marketing-Mix mit Werbemassnahmen fest.

Festgelegte Marketing-Ziele:
Wir wollen innerhalb eines Jahres die beliebteste Billig-Fluggesellschaft Europas sein. Wir wollen einen hohen Bekanntheitsgrad und hohe Sympathie bei den Kunden erreichen, um Konkurrenzvorteile gegenüber Wettbewerbern zu erzielen.
Wir wollen eine hohe Buchungsbereitschaft der Kunden erreichen.
Um unsere Ziele zu erreichen, muss unsere Fluglinie konsequent eine kostenorientierte Strategie verfolgen. Myriam Braun, eine Mitarbeiterin der Marketing-Abteilung, hat einige Vorschläge zum Marketing-Mix, die sie Ihnen auf einem Notizblatt aushändigt.

Kurznotizen:
Die Swiss-Wings vertreibt die Flugreisen zum grössten Teil über Reisebüros, da so eine qualifizierte Beratung gewährleistet ist. Werbeanzeigen sollten im Managermagazin und in Firmenzeitungen geschaltet werden, so werden viele potenzielle Kunden erreicht.
Durch gezielte Telefonaktionen sollen Kunden in persönlichen Gesprächen gewonnen werden und soll der Name Swiss-Wings Bekanntheit erlangen.
Um eine hohe Anzahl von Kundenbuchungen zu erhalten, räumen wir den Kunden langfristige Zahlungsfristen von bis zu drei Monaten ein.
Kunden werden keinerlei Rabatte eingeräumt, um ständig Tiefstpreise zu garantieren.
Damit sich die Kunden bei uns wohlfühlen, sorgen wir für gute Verpflegung (Begrüssung mit Sekt und Lachsbrötchen).
Unser Personal muss freundlich und zuvorkommend auftreten.
Um die Kosten zu begrenzen, werden nur ältere Flugzeuge angeschafft und wird die Wartung der Maschinen auf das Nötigste beschränkt.

Aufträge:
Ordnen Sie die Aussagen der Kurznotizen von Myriam Braun stichwortartig den vier Absatzinstrumenten in der nachfolgenden Tabelle zu.
Beurteilen Sie kurz die Aussagen von Myriam Braun im Hinblick auf die oben festgelegten Marketing-Ziele.
Machen Sie zu jedem der vier Absatzinstrumente jeweils zwei eigene Vorschläge zur Förderung des Absatzes, unter Berücksichtigung der zuvor festgelegten Marketing-Ziele der Swiss-Wings.

Marketing-Mix

Marketing-Mix	Product	Zuordnung aus Kurznotizen:
		Beurteilung:
		Eigene Vorschläge:
	Price	Zuordnung aus Kurznotizen:
		Beurteilung:
		Eigene Vorschläge:

Betriebswirtschaftliche Zusammenhänge

Marketing-Mix		
Place	Zuordnung aus Kurznotizen:	
	Beurteilung:	
	Eigene Vorschläge:	
Promotion	Zuordnung aus Kurznotizen:	
	Beurteilung:	
	Eigene Vorschläge:	

1 Recht und Staat
Grundlagen des Rechts

Inhaltsverzeichnis

	Theorie	Aufgaben
1.1 Grundbegriffe	**218**	223
1.2 Arbeit mit dem Gesetzbuch	**219**	224

Leistungsziel	222

1 Grundlagen des Rechts

1.1 Grundbegriffe

Einführungsfall

> Marissa Herder und ihre Freundin stehen an ihrem gemeinsamen Skitag seit zehn Minuten geduldig in der Menschenschlange, die sich an der Talstation vor dem Sessellift gebildet hat, um sich auf den Berg befördern zu lassen. Kurz bevor sie endlich an der Reihe sind, drängt sich ein anderer Skifahrer an ihnen vorbei und nimmt den Platz vor ihnen ein.
> Was können Marissa Herder und ihre Freundin rechtlich gegen den Skifahrer unternehmen?

In einer Gesellschaft braucht es verbindliche Verhaltensregeln, damit nicht chaotische Zustände mit dauerndem Streit und Faustrecht herrschen. Ansonsten könnte jede Person schalten und walten, wie sie will. Verhaltensregeln bezwecken entsprechend ein geordnetes, friedliches und gerechtes Zusammenleben, bei dem auch die Interessen der schwächeren Personen geschützt werden, sowie ein erfolgreiches Funktionieren der Wirtschaft. Man unterscheidet drei Arten von Verhaltensregeln, in der Folge Normensysteme genannt.

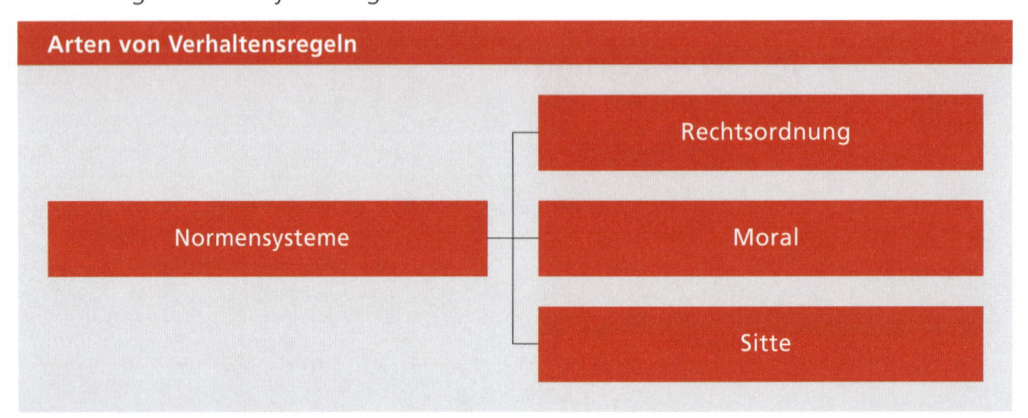

Arten von Verhaltensregeln

Normensysteme
- Rechtsordnung
- Moral
- Sitte

Rechtsordnung (Recht)

Es ist eine zentrale Aufgabe des Staates, im Namen und Auftrag der Gesellschaft Ordnungsregeln aufzustellen und durchzusetzen. Durch die **Gesamtheit der staatlich verordneten Verhaltensregeln** entsteht die **Rechtsordnung**. Hält man sich nicht daran, muss man mit staatlichen Sanktionen wie z.B. einer Busse oder Haftstrafe rechnen.

→ **BWZ Kapitel 2** Von den Regeln der Rechtsordnung sind auch Unternehmen direkt betroffen. Sie zu kennen und einzuhalten, ist für das langfristige und erfolgreiche Bestehen zentral und deshalb wichtiger Bestandteil der sozialen Umweltsphäre von Unternehmen.

Moral (Ethik)

Bei der **Moral** handelt es sich um die **innere Einstellung des einzelnen Menschen**, seine Werthaltungen bzw. sein Gewissen (z.B. mogelt man nicht beim Kartenspiel, weil man das unfair findet und sonst ein schlechtes Gewissen hat). Da jeder Mensch frei über sein moralisches Verhalten entscheiden kann, sind diese persönlichen Regeln für die Allgemeinheit nicht verbindlich und deshalb auch nicht erzwingbar.

Sitte

Unter **Sitte** versteht man **Regeln des Anstandes und des Brauches,** die sich in der Gemeinschaft im Laufe der Zeit herausbilden (z.B. gehört es sich, pünktlich zu einer Verabredung zu erscheinen und den anderen nicht warten zu lassen). Die Missachtung von Regeln der Sitte wird in der Gesellschaft regelmässig als unhöflich oder gar unerhört bewertet. Wie die moralischen Regeln lässt sich aber auch das sittliche Verhalten nicht staatlich erzwingen.

Lösung Einführungsfall | Im Fall von Marissa Herder und ihrer Freundin gibt es keine anwendbare Rechtsvorschrift, mit der sie etwas gegen den Skifahrer unternehmen können. Sie können ihn aber auf die Verletzung der guten Sitten bzw. der Anstandsregeln aufmerksam machen, wonach man beim Schlangestehen nicht drängelt.

Wandel der Normensysteme

In den verschiedenen, immer komplexer werdenden Lebensbereichen kann man sich heute kaum mehr auf einheitliche moralische oder sittliche Verhaltensnormen verlassen. Deshalb werden die Vorschriften des Rechts immer zahlreicher und umfassender. Das vom Staat gesetzte Recht sollte jedoch möglichst weitgehend die in der Bevölkerung vorherrschenden Moral- und Sittenvorstellungen zum Ausdruck bringen. Widersprechen rechtliche Anordnungen dem Rechtsempfinden weiter Kreise der Gesellschaft, wird dies zwangsläufig zu Konflikten führen. Da Moral und Sitte einem steten Wandel unterworfen sind (z.B. Einstellungen zum Umweltschutz oder zur Homosexualität), hat sich auch das Recht entsprechend zu verändern und zu entwickeln.

Merke | Es gibt Regelverstösse, die mehrere Normensysteme betreffen. So ist es widerrechtlich (gegen die Rechtsordnung) jemanden zu töten. Dies verstösst ausserdem gegen die geltenden Moralvorstellungen.

A E-Aufgaben 1 und 2, W-Aufgabe 3

1.2 Arbeit mit dem Gesetzbuch

1.2.1 Darstellung von Gesetzesartikeln

Jedes Gesetz hat zur Vereinfachung eine eigene Abkürzung, die bei einem Verweis (**Zitat**) auf einen bestimmten **Artikel** verwendet wird. Nachfolgend sind einige wichtige Beispiele alphabetisch aufgelistet.

BV Bundesverfassung
OR Obligationenrecht
SchKG Schuldbetreibungs- und Konkursgesetz
ZGB Zivilgesetzbuch

Merke | Das Arbeiten mit dem vorliegenden Lehrbuch setzt voraus, dass die oben aufgelisteten Gesetze verfügbar sind. Sie liegen in gängigen Verlagsausgaben in Form eines einzigen Buchs vor, weshalb in der Folge vom «Gesetzbuch» die Rede ist.

Die einzelnen **Artikel** eines Gesetzes sind jeweils aufsteigend nummeriert. Das Zitat «Art. 5 BV» verweist folglich auf den fünften Artikel der Bundesverfassung. Werden bei späteren Anpassungen zusätzliche Artikel in ein Gesetz aufgenommen, erhalten die Nummern als zusätzliche Indexierung einen Kleinbuchstaben, z. B. Art. 335 OR, Art. 335a OR, Art. 335b OR.

Ein Gesetzesartikel wird weiter in einzelne **Absätze**, die aufsteigend nummeriert sind, unterteilt. Zum Beispiel das Zitat «Art. 128 Abs. 2 BV» verweist auf den zweiten Absatz des entsprechenden Artikels. Eine zusätzliche Unterteilung innerhalb eines Absatzes erfolgt entweder mit **Ziffern** (1./2./3. usw.) oder mit **Buchstaben** (a/b/c usw.).

Beispiel Bundesverfassung

> **Artikel 128** →
> **Buchstabe a** →
> **Absatz 2** →
>
> **Art. 128** Direkte Steuern
> ¹ Der Bund kann eine direkte Steuer erheben:
>   a. von höchstens 11,5 Prozent auf dem Einkommen der natürlichen Personen;
>   b. von höchstens 8,5 Prozent auf dem Reinertrag der juristischen Personen;
>   c. Aufgehoben
> ² Der Bund nimmt bei der Festsetzung der Tarife auf die Belastung durch die direkten Steuern der Kantone und Gemeinden Rücksicht.
> ³ Bei der Steuer auf dem Einkommen der natürlichen Personen werden die Folgen der kalten Progression periodisch ausgeglichen.
> ⁴ Die Steuer wird von den Kantonen veranlagt und eingezogen. Vom Rohertrag der Steuer fallen ihnen mindestens 17 Prozent zu. Der Anteil kann bis auf 15 Prozent gesenkt werden, sofern die Auswirkungen des Finanzausgleichs dies erfordern.

Der vollständige Verweis auf einen Gesetzesartikel hat folgende Form:

Artikel	Absatz	Ziffer/Buchstabe	Gesetz

Beispiel Obligationenrecht

> **Art. 40***a*
> ¹ Die nachfolgenden Bestimmungen sind auf Verträge über bewegliche Sachen und Dienstleistungen, die für den persönlichen oder familiären Gebrauch des Kunden bestimmt sind, anwendbar, wenn:
>   a. der Anbieter der Güter oder Dienstleistungen im Rahmen einer beruflichen oder gewerblichen Tätigkeit gehandelt hat und
>   b. die Leistung des Kunden 100 Franken übersteigt.
> ² Die Bestimmungen gelten nicht für Versicherungsverträge.
> ³ Bei wesentlicher Veränderung der Kaufkraft des Geldes passt der Bundesrat den in Absatz 1 Buchstabe b genannten Betrag entsprechend an.

Art. 40a	Abs. 1	Buchstabe b	OR

Beispiel Zivilgesetzbuch

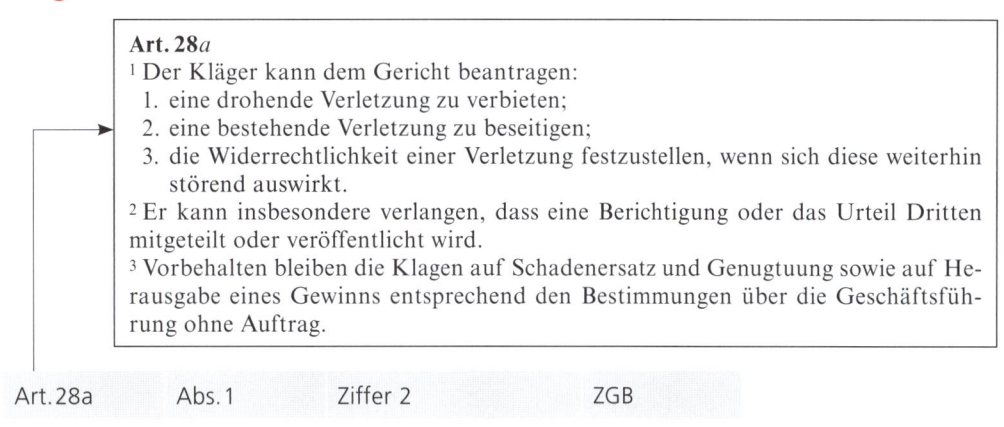

> **Art. 28***a*
> [1] Der Kläger kann dem Gericht beantragen:
> 1. eine drohende Verletzung zu verbieten;
> 2. eine bestehende Verletzung zu beseitigen;
> 3. die Widerrechtlichkeit einer Verletzung festzustellen, wenn sich diese weiterhin störend auswirkt.
> [2] Er kann insbesondere verlangen, dass eine Berichtigung oder das Urteil Dritten mitgeteilt oder veröffentlicht wird.
> [3] Vorbehalten bleiben die Klagen auf Schadenersatz und Genugtuung sowie auf Herausgabe eines Gewinns entsprechend den Bestimmungen über die Geschäftsführung ohne Auftrag.

| Art. 28a | Abs. 1 | Ziffer 2 | ZGB |

Soll mit einem Zitat auf einen Artikel inklusive die darauffolgenden verwiesen werden, fügt man der Artikelnummer die Abkürzung «ff.» (folgende) an. Zum Beispiel das Zitat «Art. 7 ff. BV» meint als Verweis auf die Grundrechte der Bundesverfassung die Artikel 7 und folgende.

1.2.2 Finden von Gesetzesartikeln

In der Regel enthält ein rechtlicher **Sachverhalt** (**konkreter Fall**) einen oder mehrere rechtliche **Schlüsselbegriffe**, mit deren Hilfe sich im Stichwort- oder im Inhaltsverzeichnis des Gesetzbuches der massgebende Gesetzesartikel bestimmen lässt (evtl. sind es auch mehrere). Die folgenden beiden Beispiele sollen das veranschaulichen.

Sachverhalt	Schlüsselbegriffe
Ronny Haller behauptet, Grundeigentümer könne man nur von ganzen Grundstücken oder Häusern sein. Paula Wirt findet das seltsam, gibt es doch auch auf einzelne Stockwerke beschränktes Eigentum, z.B. bei einer Wohnung.	Grundeigentum, Grundstück, Stockwerkeigentum
Carlos Santschi möchte wissen, wem das leer stehende Haus gegenüber gehört. Seine Nachbarin, die auf der Gemeindeverwaltung arbeitet, meint, das könne er ohne Weiteres im Grundbuch der Gemeinde herausfinden. Dieses sei öffentlich.	Grundbuch, Öffentlichkeit

Neben dem Inhalts- und dem Stichwortverzeichnis helfen unter Umständen auch die **Randtitel** beim Auffinden von Gesetzesartikeln. Die Randtitel ergänzen die Struktur des Inhaltsverzeichnisses mit verschiedenen zusätzlichen Indexierungen.

Beispiel Zivilgesetzbuch

Randtitel → B. Erwerb / I. Eintragung

> **Art. 656**
> [1] Zum Erwerbe des Grundeigentums bedarf es der Eintragung in das Grundbuch.
> [2] Bei Aneignung, Erbgang, Enteignung, Zwangsvollstreckung oder gerichtlichem Urteil erlangt indessen der Erwerber schon vor der Eintragung das Eigentum, kann aber im Grundbuch erst dann über das Grundstück verfügen, wenn die Eintragung erfolgt ist.

Grundlagen des Rechts

1.2.3 Tatbestand und Rechtsfolge

Ist der für ein rechtliches Problem massgebende Gesetzesartikel bestimmt, muss er in seine beiden Bestandteile, den Tatbestand und die Rechtsfolge, zerlegt werden.

Tatbestand	Rechtsfolge
«WENN» (zeitlich vorher)	«DANN» (zeitlich nachher)
Der Tatbestand umschreibt allgemein, unter welchen Bedingungen der Artikel zur Anwendung kommt. Die einzelnen Bedingungen heissen **Tatbestandsmerkmale**.	Die Rechtsfolge umschreibt allgemein, welche rechtlichen Wirkungen eintreten, wenn die Bedingungen des Tatbestands gegeben sind.

Beispiel Volljährigkeit Art. 14 ZGB

Tatbestand	Rechtsfolge
WENN jemand das 18. Lebensjahr vollendet hat, …	… DANN ist er (bzw. sie) volljährig.

1.2.4 Beurteilung eines Sachverhalts

Ein konkreter rechtlicher Fall kann in vier Schritten beurteilt werden.

Sachverhalt (Beispiel)	
Die 21-jährige Erna Balz besucht seit 2 Jahren die BM 2 an der WKS KV Bildung in Bern. Ernas Vater behauptet, sie sei noch nicht volljährig, solange sie ihre Ausbildung nicht abgeschlossen habe. Stimmt diese Behauptung?	
Lösungsschritte	Antworten (Beispiel)
1. Bestimmen Sie den massgebenden Gesetzesartikel.	«Volljährigkeit» → Art. 14 ZGB
2. Zerlegen Sie den Gesetzesartikel in den Tatbestand und die Rechtsfolge.	Tatbestand «WENN 18. Lebensjahr vollendet» Rechtsfolge «DANN Volljährigkeit»
3. Vergleichen Sie den Tatbestand mit dem Sachverhalt. Eine konkrete Begründung wird in der Regel verlangt.	Erna hat als 21-jährige Person das 18. Lebensjahr vollendet. Andere Bedingungen, z.B. eine Ausbildung, sind nicht massgebend.
4. Bestimmen Sie die Rechtsfolge bzw. beantworten Sie die Frage gemäss Sachverhalt.	Die Behauptung von Ernas Vater ist falsch, d.h., Erna ist volljährig.

Merke Nur wenn der gesamte Tatbestand eines Gesetzesartikels – also jedes einzelne Tatbestandsmerkmal – mit dem Sachverhalt übereinstimmt, trifft die im Gesetz allgemein umschriebene Rechtsfolge auch konkret ein.

A E-Aufgaben 4 und 5, W-Aufgaben 6 bis 9

Leistungsziel

1.5.3.1 Wichtige Grundlagen des Rechts und des Staates

- Ich zeige anhand von Beispielen die Anforderungen an ein modernes Rechtssystem.

E 1.1 Grundbegriffe

1. Regeln des Verhaltens – Aussagen

Kreuzen Sie an, ob die nachfolgenden Aussagen richtig (R) oder falsch (F) sind.
Falsche Aussagen berichtigen Sie auf der nachfolgenden Zeile.

R	F	Aussage
☐	☐	Das menschliche Verhalten wird ausschliesslich durch das Recht bestimmt.
☐	☐	Moral, Sitte und Recht verändern sich mit der Zeit.
☐	☐	Wenn jemand ein schlechtes Gewissen hat, dann muss er gegen die guten Sitten verstossen haben.
☐	☐	Sittliches und moralisches Verhalten kann vom Staat nicht erzwungen werden.

2. Regeln des Verhaltens – Begriffe

Weisen Sie den folgenden Umschreibungen jeweils den passenden Begriff zu.

Umschreibung	Begriff
a) Zu diesem Normensystem gehört z.B. die Hausordnung an einer kaufmännischen Berufsschule.	
b) Es handelt sich dabei um persönliche Werthaltungen und Ansichten, welche von aussen nicht erzwungen werden können.	
c) Man verstösst dagegen, wenn man beim Niesen die Hand nicht vor Mund und Nase hält.	

W 1.1 Grundbegriffe

3. Moral, Sitte und Recht – Sachverhalt (konkreter Fall)

Lars Wenger fährt im Zug von Luzern nach Zürich. Er sitzt allein in einem Abteil. Da entdeckt er auf der Sitzgruppe gegenüber eine goldene Rolex-Uhr. Er schaut sich um, vergewissert sich, dass ihn niemand beobachtet, und nimmt die Uhr an sich. In Zürich angekommen, gibt er die Uhr an einem Bahnschalter als Fundsache ab.

Ergänzen Sie zu diesem Sachverhalt die folgenden angefangenen Sätze mit dem jeweils korrekten Wortlaut.

a) Aus moralischen Gründen hat Lars Wenger die Rolex-Uhr am Bahnschalter abgegeben, weil …

....

b) Aus sittlichen Gründen hat Lars Wenger die Rolex-Uhr am Bahnschalter abgegeben, weil …

c) Aus rechtlichen Gründen hat Lars Wenger die Rolex-Uhr am Bahnschalter abgegeben, weil …

E 1.2 Arbeit mit dem Gesetzbuch

4. Richtig zitieren

Zitieren Sie die markierten Stellen der vier folgenden Gesetzesauszüge.

1. aus dem Zivilgesetzbuch:

Art. 641a
[1] Tiere sind keine Sachen.
[2] Soweit für Tiere keine besonderen Regelungen bestehen, gelten für sie die auf Sachen anwendbaren Vorschriften.

Art. 655
[1] Gegenstand des Grundeigentums sind die Grundstücke.
[2] Grundstücke im Sinne dieses Gesetzes sind:
   1. die Liegenschaften;
   2. die in das Grundbuch aufgenommenen selbstständigen und dauernden Rechte;
   3. die Bergwerke;
   4. die Miteigentumsanteile an Grundstücken.

2. aus dem Obligationenrecht:

Art. 259
Der Mieter muss Mängel, die durch kleine, für den gewöhnlichen Unterhalt erforderliche Reinigungen oder Ausbesserungen behoben werden können, nach Ortsgebrauch auf eigene Kosten beseitigen.

Art. 259a
[1] Entstehen an der Sache Mängel, die der Mieter weder zu verantworten noch auf eigene Kosten zu beseitigen hat, oder wird der Mieter im vertragsgemässen Gebrauch der Sache gestört, so kann er verlangen, dass der Vermieter:
   a. den Mangel beseitigt;
   b. den Mietzins verhältnismässig herabsetzt;
   c. Schadenersatz leistet;
   d. den Rechtsstreit mit einem Dritten übernimmt.
[2] Der Mieter einer unbeweglichen Sache kann zudem den Mietzins hinterlegen.

5. Schlüsselbegriffe und Gesetzesartikel bestimmen

a) Bestimmen Sie pro Sachverhalt je zwei Schlüsselbegriffe, mit deren Hilfe sich im Inhaltsverzeichnis oder im Stichwortregister des Gesetzbuches eine anwendbare Regel finden lässt.

Sachverhalt	Schlüsselbegriffe
Lara Hengartner möchte wissen, wem das Grundstück gegenüber gehört. Sie weiss, dass das im Grundbuch der Gemeinde eingetragen ist. Unklar ist ihr jedoch, ob sie als Nachbarin auch das Recht hat, eine entsprechende Auskunft zu erhalten.	
Hans Capelletti macht im Wald einen wertvollen Fund. Hinter einer Sitzbank entdeckt er eine Handtasche inklusive Geldbörse mit CHF 500. Er fragt sich, was er unternehmen muss, um die rechtmässige Eigentümerin zu finden.	
Bernhard Weiss hat im örtlichen Anzeiger ein Inserat für eine 5-Zimmer-Eigentumswohnung zum Preis von CHF 700 000 gesehen. Er möchte sich genauer über die rechtliche Situation informieren, wenn man von einem Gebäude nur ein einzelnes Stockwerk als Eigentum hat.	

b) Unterstreichen Sie bei den folgenden Aussagen je einen geeigneten Schlüsselbegriff und bestimmen Sie mithilfe des Stichwortverzeichnisses in Ihrem Gesetzbuch den massgebenden Gesetzesartikel.

Aussage	Gesetzesartikel
Als Fahrniskauf ist jeder Kauf anzusehen, der nicht ein Gebäude oder ein Stück Land betrifft.	
Wenn es so abgemacht wurde, dann muss der Mieter die Nebenkosten der Wohnungsmiete übernehmen.	
Der Arbeitgeber verpflichtet sich durch den Lehrvertrag, die lernende Person fachgerecht auszubilden.	
Das Ja-Wort zwischen Geschwistern gilt als Ehehindernis.	
Kinder als gesetzliche Erben werden zu gleichen Teilen am Vermögen des verstorbenen Vaters berechtigt.	

W 1.2 Arbeit mit dem Gesetzbuch

6. Tatbestand und Rechtsfolge

Bestimmen Sie für die aufgelisteten Gesetzesartikel, welches der Tatbestand und welches die Rechtsfolge ist, indem Sie sie in einen WENN-DANN-Satz umformulieren. Jeder Inhalt muss eindeutig zugeordnet werden.

ZGB	Tatbestand (WENN)	Rechtsfolge (DANN)
Art. 641a Abs. 2		
Art. 641 Abs. 1		
Art. 643 Abs. 3		

OR	Tatbestand (WENN)	Rechtsfolge (DANN)
Art. 199		
Art. 260a Abs. 1		
Art. 6a Abs. 1		
Art. 42 Abs. 1		

7. Sachverhalt von Gerda Blum

Gerda Blum topft auf dem Balkon ihrer Wohnung im 1. Stock Geranien um. Mit einer unachtsamen Armbewegung stösst sie eine Blumenkiste vom Sims. Die Kiste trifft ein im Garten spielendes Kind am Kopf. Das Kind stirbt trotz sofortiger ärztlicher Hilfe wenig später an der erlittenen Kopfverletzung. Drei Monate später erhält Gerda Blum eine Vorladung an das Strafgericht des Kantons Bern.

Auszug aus dem Strafgesetzbuch (StGB):

> **Artikel 117**
> Fahrlässige Tötung
> Wer fahrlässig den Tod eines Menschen verursacht, wird mit Freiheitsstrafe bis zu drei Jahren oder Geldstrafe bestraft.

a) Zitieren Sie den massgebenden Gesetzesartikel korrekt und zerlegen Sie ihn in den Tatbestand und in die Rechtsfolge.

Gesetzesartikel: ....

Tatbestand	Rechtsfolge

b) Wird Gerda Blum wegen des Todes des Kindes bestraft? Kreuzen Sie die richtige Antwort an und begründen Sie Ihren Entscheid.

Antwort: ☐ Ja, Gerda Blum wird bestraft.   ☐ Nein, Gerda Blum wird nicht bestraft.

Begründung: ....

....

8. Sachverhalt von Verena Guggisberg

Verena Guggisberg ist Eigentümerin eines Lagerschuppens mitten in Berns Altstadt. Nun möchte sie den leicht heruntergekommenen Schuppen mit weisser Farbe streichen lassen. Ihr Nachbar ist von dieser Idee gar nicht begeistert und meint, ohne sein Einverständnis dürfe dieser Anstrich gar nicht erfolgen.

Braucht Verena Guggisberg das Einverständnis ihres Nachbarn? Kreuzen Sie die richtige Antwort an. Begründen Sie Ihren Entscheid und nennen Sie auch den massgebenden Gesetzesartikel inklusive Absatz.

Tipp: Suchen Sie im Stichwortverzeichnis Ihres Gesetzbuches nach dem Schlüsselbegriff «Eigentum».

Antwort: ☐ Ja ☐ Nein

Begründung: ....

....

Gesetzesartikel: ....

Grundlagen des Rechts

9. Sachverhalt von Manfred Ochs

Manfred Ochs möchte seinem 14-jährigen Patenkind Timo zu Weihnachten CHF 100 schenken. Timos Schulfreund Andreas behauptet, Timo dürfe dieses Geld gar nicht selber annehmen, weil er in seinem Alter noch nicht rechtsfähig sei. Dem widerspricht Manfred Ochs, Timo sei sehr wohl rechtsfähig, dürfe also die CHF 100 annehmen.

Wer ist im Recht? Begründen Sie Ihre Antwort und nennen Sie auch den massgebenden Gesetzesartikel inklusive Absatz.

Tipp: Suchen Sie im Stichwortverzeichnis Ihres Gesetzbuches nach dem Schlüsselbegriff «Rechtsfähigkeit».

Antwort mit Begründung:

_____

_____

Gesetzesartikel: _____

2 Recht und Staat
Öffentliches Recht

Inhaltsverzeichnis

		Theorie	Aufgaben
2.1	Wichtige Rechtsgebiete und Systematik	230	245
2.2	Rechtsstaat, Institutionen und Grundrechte	231	246
2.3	Prinzip der Gewaltentrennung	233	249
2.4	Direkte/indirekte Demokratie	239	256
2.5	Rechte und Pflichten der Bürgerinnen und Bürger	241	258

Leistungsziele 244

2 Öffentliches Recht

→ 1.1 Zusammen mit den beiden anderen Normensystemen (Moral und Sitte) regelt das Recht das Zusammenleben in einer Gesellschaft. Die ganze Rechtsordnung wird in das öffentliche Recht und in das private Recht unterteilt.

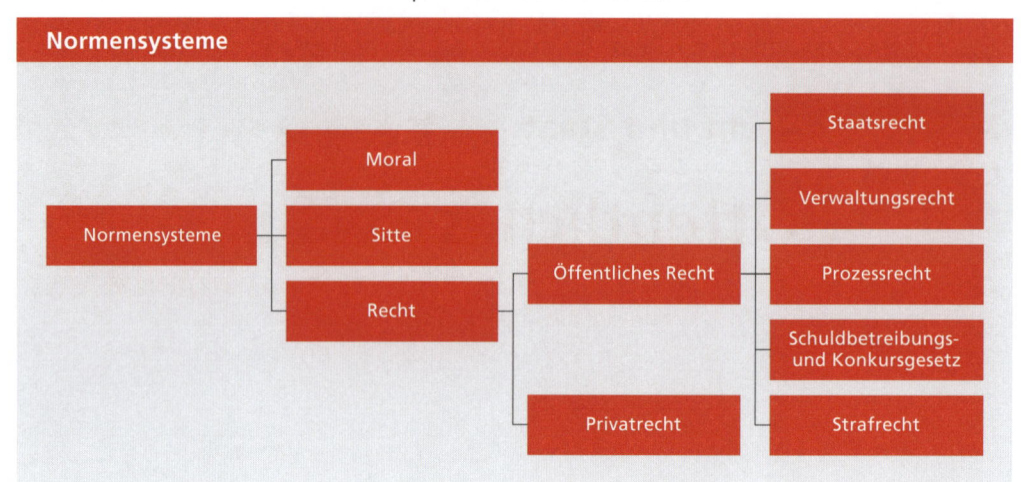

Normensysteme

Normensysteme
- Moral
- Sitte
- Recht
  - Öffentliches Recht
    - Staatsrecht
    - Verwaltungsrecht
    - Prozessrecht
    - Schuldbetreibungs- und Konkursgesetz
    - Strafrecht
  - Privatrecht

2.1 Wichtige Rechtsgebiete und Systematik

Einführungsfall Wegen Fahrens in angetrunkenem Zustand wird Peter Burger der Fahrausweis für drei Monate entzogen. Zudem muss er eine Geldstrafe von CHF 3500 bezahlen. Wer darf im Fall von Peter Burger das Strafmass festlegen und warum?

Die Vorschriften des öffentlichen Rechts kommen immer dann zur Anwendung, wenn in einer bestimmten Situation **staatliche Behörden in einer den Personen übergeordneten Rolle** beteiligt sind. Das öffentliche Recht regelt somit die Beziehungen zwischen dem übergeordneten Staat und den untergeordneten Personen. Konkret geht es darum, dass der Staat Aufgaben, welche im Interesse der Allgemeinheit liegen, von Amtes wegen wahrnimmt und die entsprechenden Rechtsnormen bei den einzelnen Personen durchsetzt. Alle Vorschriften des öffentlichen Rechts haben zwingenden Charakter, können also nicht abgeändert oder aufgehoben werden.

Das öffentliche Recht umfasst im Wesentlichen die folgenden Rechtsgebiete:

Staatsrecht (Verfassungsrecht)

→ 2.2 bis 2.5 Die **Bundesverfassung** ist das Grundgesetz der Schweiz. In ihr ist die Schweizer Rechtsordnung in den Grundzügen festgeschrieben. Dazu zählen die Rechte und Pflichten der Bürgerinnen und Bürger, der Aufbau des Staates, die Aufteilung der Aufgaben zwischen Bund und Kantonen oder die Tätigkeiten und Kompetenzen der einzelnen staatlichen Behörden. Neben der Bundesverfassung hat jeder Kanton noch seine eigene Kantonsverfassung.

Art. 5 Abs. 4 BV Die Bundesverfassung verpflichtet Bund und Kantone, sich an das **Völkerrecht** zu halten. Dieses regelt die Beziehungen zwischen den Staaten zur Förderung von Frieden, Stabilität und zum Schutz der Menschen.

Beispiel Das Völkerrecht verbietet es den Staaten, biologische oder chemische Waffen einzusetzen.

Verwaltungsrecht

Das Verwaltungsrecht leitet sich direkt vom Staatsrecht ab. Es legt im Detail die verschiedenen in der Verfassung aufgeführten **Aufgaben der staatlichen Behörden** fest und enthält Vorschriften, die bei dieser Verwaltungstätigkeit zu beachten sind. Wichtige Bereiche des Verwaltungsrechts sind das Steuerrecht, das Strassenverkehrsrecht, das Baurecht, das Polizeirecht und das Schulrecht.

Prozessrecht

→ 2. Semester Kapitel 5

Das Prozessrecht regelt die **Abläufe vor Gericht**. Man unterscheidet das Zivil-, Straf- und Verwaltungsprozessrecht.

Schuldbetreibungs- und Konkursgesetz (SchKG)

→ 4. Semester Kapitel 12

Das Schuldbetreibungs- und Konkursgesetz regelt das Verfahren beim zwangsweisen **Eintreiben von Geldforderungen**.

Strafrecht

Begeht eine Person eine Straftat wie Diebstahl, Drogenhandel, Körperverletzung oder vorsätzliche Tötung eines Menschen, bestimmt das Strafrecht **das vom Gericht zu verhängende Strafmass** für diese Verletzung von Rechtsvorschriften (z.B. Geld- oder Gefängnisstrafe). Zentraler Bestandteil des Strafrechts ist das Schweizerische Strafgesetzbuch (StGB).

Lösung Einführungsfall

> Im Fall von Peter Burger handelt es sich um einen Verstoss gegen das Strassenverkehrsrecht, welches ein Rechtsgebiet des öffentlichen Rechts ist. Der Staat bzw. der zuständige Richter setzt mit dem Fahrausweisentzug und der Geldstrafe eine Rechtsnorm bei der untergeordneten Privatperson Peter Burger durch. Dies liegt im Interesse der Allgemeinheit.

A E-Aufgabe 1, W-Aufgabe 2

2.2 Rechtsstaat, Institutionen und Grundrechte

Einführungsfall

> Dr. med. Jens Lampart will in der Stadt Luzern eine Arztpraxis eröffnen und hat deshalb bei der kantonalen Gesundheitsdirektion das Gesuch um Erteilung einer Praxisbewilligung eingereicht. Heute erhält er von der Behörde den Bescheid, dass ihm die Praxisbewilligung verweigert wird. Begründet wird der Entscheid mit dem Hinweis, dass sein Arztdiplom wie auch sein Weiterbildungsnachweis nicht den rechtlichen Anforderungen entsprechen.
> Gegen welchen rechtsstaatlichen Grundsatz verstösst der Entscheid der Luzerner Behörde? Weshalb ist der Entscheid trotzdem rechtsstaatlich in Ordnung?

Art. 5 BV Die Schweiz ist ein **Rechtsstaat**. Durch die in der Bundesverfassung erwähnten Grundsätze rechtsstaatlichen Handelns wird dies klar zum Ausdruck gebracht. Ein Rechtsstaat zeichnet sich dadurch aus, dass der Macht des Staates (z.B. der Regierung), die gegenüber den einzelnen Personen ausgeübt werden kann, durch die Rechtsordnung klare Schranken gesetzt sind. Das Legalitätsprinzip, die Gewaltentrennung und der Schutz der **Grundrechte** sind die drei zentralen staatsrechtlichen Grundsätze, zu deren Achtung sich ein Rechtsstaat verpflichtet (andernfalls spricht man von einem **totalitären Staat**).

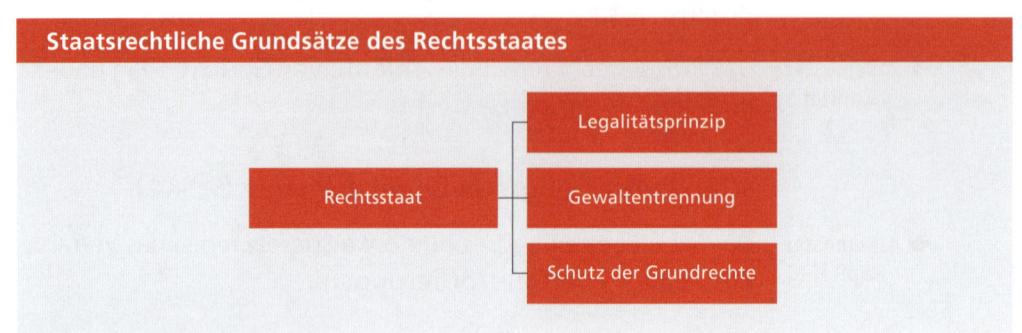

Staatsrechtliche Grundsätze des Rechtsstaates

Rechtsstaat
- Legalitätsprinzip
- Gewaltentrennung
- Schutz der Grundrechte

2.2.1 Legalitätsprinzip

Art. 9 BV Das **Legalitätsprinzip** besagt, dass der Staat sich bei der Verwaltungstätigkeit durch seine Behörden an die gegebenen Gesetze halten muss (legal heisst gesetzlich). Bürgerinnen und Bürger sind also vor willkürlichem staatlichem Handeln geschützt. Gleiches muss gleich behandelt werden, und zwar genau in Abstimmung mit der jeweils anwendbaren Rechtsnorm. Entsprechend darf es ohne **gesetzliche Grundlage** auch **kein staatliches Handeln** geben. So muss z.B. der Polizist für dieselbe Übertretung im Strassenverkehr immer dieselbe Ordnungsbusse erteilen. Er darf nicht mehr und auch nicht weniger verlangen.

2.2.2 Gewaltentrennung

Art. 144 BV
→ 2.3

Damit in einem Staat keine Person bzw. Personengruppe eine zu umfassende Macht ausüben kann, wird die **Staatsmacht aufgeteilt** und verschiedenen Behörden oder **Institutionen** zugewiesen. Die Bundesverfassung verlangt deshalb die personelle Unabhängigkeit der Parlamentsbehörde (beschliesst Gesetze), der Regierungsbehörde (führt Gesetze aus) und der Gerichtsbehörde (legt Gesetze aus und sanktioniert Verstösse).

2.2.3 Schutz der Grundrechte (Menschenrechte)

Art. 7 ff. BV Bei den in der Bundesverfassung aufgeführten **Grundrechten** handelt es sich um die **grundlegenden Freiheiten und Rechte**, die jede Person gegenüber dem Staat geltend machen kann. Man nennt sie auch **Menschenrechte**. Sie definieren insbesondere die persönlichen Bereiche der Bürgerinnen und Bürger, in die der Staat nicht eingreifen darf. Sie begrenzen die Macht des Staates, indem jede und jeder unter anderem das Recht hat,
- in Freiheit zu leben (Recht auf persönliche Freiheit),
- die Religion frei zu wählen (Glaubensfreiheit),
- die Erwerbstätigkeit der eigenen Wahl auszuüben (Wirtschaftsfreiheit),

- die Meinung ungehindert zu äussern (Meinungsfreiheit),
- zu heiraten (Ehefreiheit) oder
- Eigentum an Sachen wie Liegenschaften, Fahrzeuge, Kunstwerke oder Geld zu erwerben und frei darüber zu verfügen (Eigentumsgarantie).

Einschränkungen der Grundrechte

Art. 36 BV Gemäss Verfassung sind den Grundrechten der Bürgerinnen und Bürger indessen Grenzen gesetzt. Liegen eine **gesetzliche Grundlage** (Gesetzesnorm) sowie zusätzlich ein **öffentliches (allgemeines) Interesse** vor, darf der Staat in diese persönlichen Freiheiten eingreifen. Ein öffentliches Interesse der Gesellschaft besteht etwa an den **Rechtsgütern** Sicherheit, Ruhe und Ordnung, gute Verkehrswege, Volksgesundheit oder Naturschutz.

Art. 26 BV So gilt beispielsweise die **Eigentumsgarantie** nicht schrankenlos. Das Privateigentum ist also nicht in jedem Fall vor dem Zugriff oder der Einflussnahme des Staates geschützt.

Beispiele
- Für den Neubau einer Autobahn wird ein Landeigentümer (gegen volle Entschädigung) enteignet.
- Einer Person wird die Baubewilligung verweigert, weil das geplante Haus nicht den Bauvorschriften entspricht.
- Die Gemeinde verbietet den Abbruch eines denkmalgeschützten Gebäudes.

Art. 684 ZGB
- Einem Hauseigentümer wird untersagt, die Nachbarn nach 22.00 Uhr in der Nacht weiter mit übermässig lauter Musik zu belästigen.

Art. 16 BV Auch die **Meinungsfreiheit**, d. h. das Recht, persönliche Ansichten über politische, gesellschaftliche und wirtschaftliche Themen oder über Personen, Unternehmen **Art. 28 ff. ZGB** sowie staatliche Behörden frei zu äussern und zu veröffentlichen, kann nicht unein-
Art. 13 BV geschränkt beansprucht werden. Insbesondere der **Persönlichkeitsschutz** jener Person, über die eine Meinung geäussert wird, wirkt dem entgegen. In diesem Sinne sind etwa Beschimpfungen, ehrverletzende Äusserungen, Rufschädigungen mittels unwahrer Angaben oder die Verletzung der Privatsphäre gesetzeswidrig.

Lösung Einführungsfall Die Luzerner Behörde verstösst mit ihrem Entscheid gegen den rechtsstaatlichen Grundsatz des Schutzes der Grundrechte (die Wirtschaftsfreiheit gemäss Art. 27 BV wird eingeschränkt). Da es eine gesetzliche Grundlage gibt und der Schutz der Volksgesundheit im öffentlichen Interesse liegt, ist der Entscheid trotzdem rechtsstaatlich in Ordnung.

A E-Aufgaben 3 bis 5, W-Aufgaben 6 und 7

2.3 Prinzip der Gewaltentrennung

Einführungsfall Roger Arni aus Kriens ist seit Jahren ein viel geachtetes Mitglied des Schweizer Nationalrats (Bundesparlament). Gern möchte er seine Ideen und Ansichten auch in der Luzerner Kantonspolitik vermehrt direkt einbringen. Also entschliesst er sich, bei den Wahlen in den Luzerner Kantonsrat (Kantonsparlament) als Kandidat anzutreten.
Dürfte Roger Arni bei einer erfolgreichen Wahl in den Kantonsrat auch weiterhin im Nationalrat verbleiben, oder würde das Ausüben dieser beiden Ämter gegen den rechtsstaatlichen Grundsatz der Gewaltentrennung verstossen?

Öffentliches Recht

Mit dem rechtsstaatlichen Grundsatz der **Gewaltentrennung** (**Gewaltenteilung**) soll verhindert werden, dass eine Person oder Personengruppe (bzw. eine Behörde) über zu viel Staatsgewalt verfügen kann. Der Grundsatz wird umgesetzt, indem die **Staatsmacht** in drei Teilgewalten aufgegliedert und verschiedenen, voneinander unabhängigen **Behörden** (Institutionen) zugewiesen wird.

Gewaltentrennung in der Schweiz				
	Horizontale Gewaltentrennung			
	Beschreibung der Staatsgewalt			
		• Gesetze geben (Rechtsetzung) • Kontrolle der Regierung und Verwaltung	• Gesetze ausführen (Rechtsvollzug) • Verwaltung des Staates	• Gesetze auslegen • Verstösse sanktionieren bei Streitigkeiten und Straftaten (Rechtsprechung)
	Staatliche Institutionen – allgemeine Bezeichnungen			
		• Parlament • Legislative	• Regierung • Exekutive	• Gericht • Judikative
Vertikale Gewaltentrennung	**Staatliche Institutionen – Schweizer Bezeichnungen**			
	Bund	Bundesversammlung (National- und Ständerat)	Bundesrat	Bundesgericht
	Kanton	Kantonsrat (Grosser Rat/Landrat/ Landsgemeinde)	Regierungsrat (Staatsrat)	Kantonsgericht (Obergericht/ Verwaltungsgericht)
	Gemeinde	Gemeindeversammlung (Einwohnerrat/ Grosser Gemeinde-/ Grosser Stadtrat)	Gemeinderat (Stadtrat)	Friedensrichter/-in

2.3.1 Vertikale Gewaltentrennung (Föderalismus)

Art. 54 ff. BV
Art. 43a BV
Art. 49 BV

In der Schweiz gilt der **Föderalismus**, d.h., die Macht des Gesamtstaates (Bund) ist stark eingeschränkt durch **ausgeprägte Kompetenzen seiner Teilstaaten** (Kantone). In der Rechtsordnung ist festgelegt, welche **Staatsaufgaben** dem **Bund**, den Kantonen bzw. den **Gemeinden** obliegen (**vertikale Gewaltentrennung**). Die **Bundesverfassung** listet die Angelegenheiten des Bundes lückenlos auf. Es gilt dabei das Prinzip der **Subsidiarität** (Unterstützung). Danach übernimmt der **Bund** nur diejenigen Aufgaben, zu deren Erfüllung die einzelnen Kantone und Gemeinden nicht in der Lage sind und schweizweit einheitliche Lösungen deshalb im allgemeinen Interesse liegen.

Beispiele
- Beziehung zum Ausland (Art. 54 BV)
- Armee (Art. 58–60 BV)
- Berufsbildung (Art. 63 BV)
- Umweltschutz (Art. 74 BV)
- Verkehr und Nationalstrassen (Art. 82/83 BV)
- Geld- und Währungspolitik (Art. 99 BV)
- Landwirtschaft (Art. 104 BV)
- Sozialversicherungen (Art. 111–117 BV)
- Zivilrecht (Privatrecht) und Strafrecht (Art. 122/123 BV)
- Bundessteuern und Zölle (Art. 128–134 BV)

Art. 57 BV
Art. 62 BV
Art. 69 BV
Art. 128 Abs. 2 BV

Für alle anderen nicht ausdrücklich dem Bund vorbehaltenen Aufgaben sind die **Kantone** oder gemäss kantonalem Recht die **Gemeinden** verantwortlich. Von Bedeutung sind unter anderem die Bereiche Schul- und Polizeiwesen, Kultur sowie die Kantons- und Gemeindesteuern.

2.3.2 Horizontale Gewaltentrennung

Art. 144 BV

Horizontale Gewaltentrennung bedeutet die **Aufteilung der Staatsgewalt** auf einer bestimmten staatlichen Ebene wie z.B. der Bundesebene. Die **Bundesverfassung** hält dazu fest, dass Mitglieder des National- und Ständerats, des Bundesrats sowie Richterinnen und Richter des Bundesgerichts nicht gleichzeitig einer anderen **Behörde** der gleichen Ebene angehören dürfen. Im Weiteren wird den Mitgliedern des Bundesrats und den (vollamtlichen) Richterinnen und Richtern des Bundesgerichts untersagt, ein anderes Amt des Bundes oder eines Kantons zu bekleiden und eine andere Erwerbstätigkeit auszuüben.

Lösung Einführungsfall

> Im Fall von Roger Arni wäre es bei einer Wahl in den Luzerner Kantonsrat möglich, beide politischen Ämter zu bekleiden. Da Nationalrat und Kantonsrat Behörden auf unterschiedlichen staatlichen Ebenen sind (Bund und Kanton), ist das kein Verstoss gegen die Gewaltentrennung. Nur Mitgliedern des Bundesrats und des Bundesgerichts ist die Übernahme von Kantonsämtern untersagt.

Die nachfolgenden Ausführungen beschränken sich auf die horizontale Gewaltentrennung auf Bundesebene und erläutern die vorangegangene **Übersicht «Gewaltentrennung in der Schweiz»**. Die Grundsätze gelten für die Behörden auf der Kantons- und Gemeindeebene sinngemäss.

Öffentliches Recht

Bundesversammlung (Parlament, Legislative)

Art. 148 BV Die Bundesversammlung übt als **Behörde** die erste und **höchste Staatsgewalt** auf Bundesebene aus. Sie ist zuständig für die **Gesetzgebung** (Rechtsetzung). Die Bundesversammlung besteht aus zwei gleichberechtigten Parlamentskammern, dem **Nationalrat** und dem **Ständerat**. Die beiden Eidgenössischen Räte tagen zur gleichen Zeit vier Mal im Jahr während drei Wochen getrennt im Bundeshaus in Bern (diese Versammlungen nennt man ordentliche **Sessionen**). Wenn es der Arbeitsanfall verlangt oder Dringendes ansteht, können Sonder- oder ausserordentliche Sessionen abgehalten werden. Damit ein neues Gesetz oder eine Gesetzesänderung rechtsgültig zustande kommt, muss die Mehrheit der **Abgeordneten** im National- und Ständerat der Gesetzesvorlage zustimmen.

Art. 151 BV
Art. 156 BV
Art. 159 BV

Schweizer Bundesparlamentarierinnen und -parlamentarier üben ihre Behördenfunktion nebenamtlich aus, gehen also noch anderen Beschäftigungen nach. Man spricht von einem **Milizsystem**.

Das Schweizer Parlament

Art. 145 BV
Art. 149 BV
Art. 150 BV

Nationalrat	Ständerat
Volksvertretung	Kantonsvertretung
Grosse Kammer	Kleine Kammer
200 Abgeordnete Die Anzahl Sitze wird gemäss Bevölkerungszahl auf die Kantone verteilt; jeder Kanton hat mindestens einen Sitz.	46 Abgeordnete Die 20 Vollkantone stellen je zwei, die 6 Halbkantone je einen Abgeordneten.
Die Amtsdauer beträgt 4 Jahre; alle 4 Jahre wählt das Volk in den Kantonen seine Nationalräte neu.	Wahl und Amtsdauer sind nicht in der Verfassung geregelt; es gilt kantonales Recht.

Der Sinn des Ständerats als zweiter gesetzgebender Kammer ist, dass die bevölkerungsreichen Kantone (mit den meisten Nationalratssitzen) in Bundessachen nicht allein bestimmen können. Im gleichberechtigten Ständerat haben die kleineren Kantone die Mehrheit der Abgeordnetenstimmen, was einen Ausgleich zum Nationalrat schafft.

Die verschiedenen Aufgaben der Bundesversammlung

Im Vordergrund stehen die folgenden Aufgaben:

Art. 164/165 BV
- **Gesetzgebung**
National- und Ständerat beraten über Bundesgesetze und stimmen darüber ab. Ein Gesetz oder eine Gesetzesänderung braucht immer die Zustimmung beider Räte, sonst gilt die Vorlage als abgelehnt. Ausnahmsweise erlässt die Bundesversammlung auch detaillierte Ausführungsbestimmungen (Verordnungen).

Art. 167 BV
- **Finanzen**
National- und Ständerat beschliessen die Bundesausgaben und befinden über das vom Bundesrat vorgelegte Budget und die Staatsrechnung.

Art. 168 BV
Art. 176 BV
- **Wahlen**
Die **Vereinigte Bundesversammlung** (gemeinsame Sitzung beider Räte im Nationalratssaal) wählt die Mitglieder des Bundesrats und des Bundesgerichts sowie den Bundespräsidenten bzw. die Bundespräsidentin (vgl. unten).

Art. 169 BV
- **Oberaufsicht**
National- und Ständerat überwachen die Tätigkeit des Bundesrats und der ihm unterstellten Bundesverwaltung. Damit soll sichergestellt werden, dass der Bundesrat Entscheide der übergeordneten Bundesversammlung korrekt umsetzt und die Staatsgeschäfte in ihrem Sinne führt.

Bundesrat (Regierung, Exekutive)

Der Bundesrat ist in erster Linie zuständig für die **Ausführung** (Vollzug) **der** von der Bundesversammlung beschlossenen **Gesetze** in der Schweiz. Wenn sich die Bundesversammlung beispielsweise für ein neues und strengeres Tierschutzgesetz entschieden hat, muss der Bundesrat sicherstellen, dass die Schweizer Verwaltungsstellen die neuen Gesetzesbestimmungen im Umgang mit den Privatpersonen auch anwenden und durchsetzen.

Art. 175 BV
Die sieben gleichberechtigten Bundesrätinnen und Bundesräte werden von der Bundesversammlung für vier Jahre gewählt (Wiederwahl ist möglich). Bei der Wahl gilt das (freiwillige, nicht gesetzlich vorgeschriebene) Prinzip der **Konkordanz**. Nach diesem Prinzip sollen alle wichtigen politischen **Parteien** gemäss ihrer Wählerstärke (bei den Parlamentswahlen) in der Regierung vertreten sein.

Art. 177 Abs. 1 BV
Nach der Bundesverfassung hat der Bundesrat als Einheit, als **Kollegialbehörde**, aufzutreten. In diesem Sinne müssen alle sieben Mitglieder im Kollegium getroffene Mehrheitsentscheide mittragen und nach aussen vertreten (auch wenn einzelne mit dem Entscheid eigentlich nicht einverstanden sind).

Art. 176 BV
Den Vorsitz im Bundesrat hat die Bundespräsidentin bzw. der **Bundespräsident**. Die **Bundesversammlung** wählt sie bzw. ihn aus den Reihen des Bundesrats für die Dauer eines Jahres. Die Machtbefugnisse der Bundespräsidentin bzw. des Bundespräsidenten sind nicht grösser als die der anderen Regierungsmitglieder. Als Vorsitzende leiten sie die Bundesratssitzungen und nehmen Repräsentationsaufgaben wahr.

Öffentliches Recht

Die verschiedenen Aufgaben des Bundesrats

Der Bundesrat ist insbesondere für die folgenden Aufgabenbereiche zuständig:

Art. 180 BV
Art. 181 BV
- **Regierungspolitik**
Er plant die staatlichen Tätigkeiten und unterbreitet der Bundesversammlung Vorschläge für neue Gesetze oder Gesetzesänderungen.

Art. 182 Abs. 1 BV
→ 2. Semester Kapitel 3
- **Erlass von Verordnungen**
Er erlässt in Form von Verordnungen detailliertere Ausführungsbestimmungen zu neuen oder bestehenden Gesetzen.

Art. 182 Abs. 2 BV
- **Gesetzesvollzug**
Er sorgt dafür, dass die von der Bundesversammlung beschlossenen Gesetze in der Praxis umgesetzt und in der Schweiz eingehalten werden.

Art. 183 BV
- **Finanzen**
Er erstellt das Budget und die Staatsrechnung und legt diese der Bundesversammlung zur Verabschiedung (Bewilligung) vor.

Art. 184 BV
- **Beziehungen zum Ausland**
Er vertritt die Schweiz nach aussen und bestimmt die aussenpolitischen Schwerpunkte.

Art. 178 BV
- **Bundesverwaltung**
Er leitet die **Bundesverwaltung**. Jedes Regierungsmitglied steht einem der folgenden sieben, auf bestimmte Bundesaufgaben spezialisierten eidgenössischen **Departemente** (Verwaltungsabteilungen) vor.

Die sieben eidgenössischen Departemente						
Finanzdepartement	Departement für Verteidigung, Bevölkerungsschutz und Sport	Departement des Innern	Justiz- und Polizeidepartement	Departement für Umwelt, Verkehr, Energie und Kommunikation	Departement für Wirtschaft, Bildung und Forschung	Departement für auswärtige Angelegenheiten
(EFD)	(VBS)	(EDI)	(EJPD)	(UVEK)	(WBF)	(EDA)
Wichtige Aufgabenbereiche						
Verwaltung Bundesfinanzen Steuern und Zölle	Armee Zivilschutz Sport	Gesundheit Sozialversicherungen	Bundesgesetze vorbereiten Unterstützung der kantonalen Polizei Asylwesen	Verkehr und Strassen Umweltschutz Energie Radio, Fernsehen und Telekommunikation	Wirtschaftspolitik Bildung, Forschung und Innovation Landwirtschaft Wohnungswesen	Beziehung zum Ausland

Bundesgericht (Judikative)

Art. 188 BV

→ 2. Semester Kapitel 5

Das Bundesgericht mit Sitz in **Lausanne** und **Luzern** ist als **oberste Gerichtsbehörde** für den dritten Teilbereich der Staatsgewalt zuständig. Seine Aufgabe ist die **Rechtsprechung**. Die Richterinnen und Richter erfüllen diesen Auftrag, indem sie in Streitfällen zwischen Privatpersonen (Zivilprozess), bei der Bemessung von Strafen (Strafprozess) sowie bei Beschwerden von Privatpersonen gegen Entscheide von staatlichen Stellen (Verwaltungsprozess) die vom Parlament vorgegebenen Gesetze anwenden und auslegen sowie entsprechend urteilen. Die Urteile des Bundesgerichts in diesen Fällen sind in der Schweiz endgültig (ausser bei geltend gemachten Verletzungen der Menschenrechte durch den Staat; diese Urteile des Bundesgerichts können Personen noch vom **Europäischen Gerichtshof für Menschenrechte** in Strassburg beurteilen lassen).

A E-Aufgaben 8 bis 10, W-Aufgaben 11 bis 13

2.4 Direkte / indirekte Demokratie

Einführungsfall

Im Fürstentum Liechtenstein ist der Fürst das Staatsoberhaupt. In dieses Amt wird er nicht vom Volk gewählt, sondern es wird ihm von seiner Familie vererbt. Als Staatsoberhaupt hat der Fürst gemäss Rechtsordnung die Kompetenz, über Gesetze, denen das Parlament und das Volk zugestimmt haben, selbst zu befinden und diese zu widerrufen. Es ist also möglich, dass der Volkswille von einer Person im Staat blockiert wird.
Kann Liechtenstein damit als demokratischer Staat (das Volk bestimmt mit) bezeichnet werden?

→ 2.3 Es gibt verschiedene Möglichkeiten, wie die Herrschaft in einem Staat (Staatsmacht) ausgeübt wird. So kann etwa die Ausgestaltung der **Gewaltentrennung** – wie sie weiter vorne für die Schweiz dargelegt wurde – sehr unterschiedlich erfolgen.

Man spricht in diesem Zusammenhang von Regierungsformen.

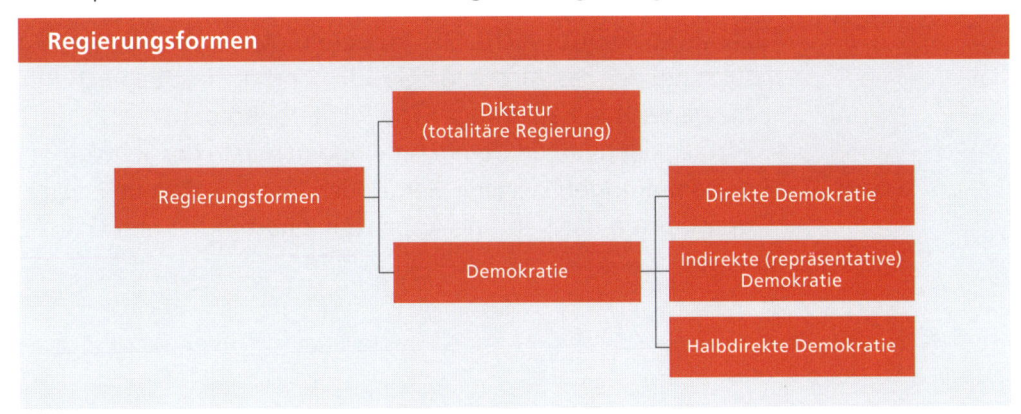

Regierungsformen

- Regierungsformen
  - Diktatur (totalitäre Regierung)
  - Demokratie
    - Direkte Demokratie
    - Indirekte (repräsentative) Demokratie
    - Halbdirekte Demokratie

Öffentliches Recht

2.4.1 Diktatur (totalitäre Regierung)

Bei der Regierungsform **Diktatur** übt eine einzelne Person (Diktator, Monarch, Religionsführer) oder eine Gruppe von Personen die alleinige Macht im Staat aus. Es gibt **keine Gewaltentrennung**, die Regierung steuert also auch die Gesetzgebung und die Rechtsprechung. Das Volk hat in diesen staatlichen Angelegenheiten kein Mitbestimmungsrecht. Zudem werden die **Grundrechte** der Leute **willkürlich eingeschränkt**, indem etwa kritische Äusserungen zum Staatsapparat verboten sind, politische Gegner verfolgt und verhaftet werden oder die Medien nicht frei berichten dürfen.
Eine mächtige, allgegenwärtige Polizei und Armee überwacht die Menschen im Staat und tritt jeder Bedrohung der Machthaber vehement entgegen.

Beispiele China, Saudi-Arabien, Kuba, Nordkorea

2.4.2 Demokratie

Art. 7 ff. BV **Demokratie** bedeutet **Volksherrschaft**. In einem demokratischen Staat ist das Volk oberster Entscheidungsträger. Man bezeichnet in diesem Fall das Volk als den **Souverän**, da alle Entscheide zur Rechtsordnung letztlich von ihm ausgehen. Die Bürgerinnen und Bürger können frei und gleichberechtigt (rechtsgleich) in staatlichen Angelegenheiten mitwirken. Die **Gewaltentrennung** sorgt dafür, dass keine Person oder Personengruppe zu mächtig wird. Zahlreiche **in der Verfassung festgehaltene Grundrechte (Freiheitsrechte)** schützen zudem den Einzelnen vor staatlicher Willkür.

Von Bedeutung sind die folgenden drei Ausprägungen der demokratischen Regierungsform:

Direkte Demokratie

In der direkten Demokratie ist das **Volk** direkt Inhaber der **Staatsgewalt** und stimmt selbst und endgültig über die Verfassung und alle Gesetze ab. Ein gesetzgebendes Parlament gibt es nicht. Die Vorbereitung der Gesetzesvorlagen, den Vollzug (Ausführung) der beschlossenen Gesetze und die Rechtsprechung delegiert das Volk an die gewählten Regierungs- und Richterbehörden.
Formen der direkten Demokratie finden sich in der Schweiz etwa an den **Gemeindeversammlungen** kleinerer Gemeinden (ohne Gemeindeparlament) oder an den **Landsgemeinden** der Kantone Appenzell Innerrhoden und Glarus.

Indirekte (repräsentative) Demokratie

Im Unterschied zur direkten Demokratie übt das Volk bei der **repräsentativen Demokratie** die **Staatsgewalt** nur indirekt über sein **politisches Wahlrecht** aus. In freien Wahlen bestimmt das Volk seine **Repräsentanten** oder Volksvertreter. Diese für eine bestimmte Zeitperiode gewählten **Abgeordneten** bilden das gesetzgebende **Parlament** und entscheiden im Namen und Auftrag des Volkes allein und endgültig über Verfassung und Gesetze. Die einzelnen Bürgerinnen und Bürger werden folglich diejenigen Abgeordneten wählen, von denen sie glauben, dass diese die Gesetzgebung in ihrem Sinne gestalten (indirekte Einflussnahme).

Beispiele Deutschland, Frankreich, Italien, USA

Halbdirekte Demokratie

Art. 149 Abs. 2 BV
Art. 150 Abs. 3 BV

Die Schweiz hat als Regierungsform die halbdirekte Demokratie, eine **Kombination aus direkter und indirekter Demokratie**. Das Volk wählt die **Abgeordneten** des Parlaments (National- und Ständeräte), und diese entscheiden wie bei der indirekten Demokratie.

→ 2. Semester Kapitel 3

Das Volk hat aber zusätzlich das Recht, entsprechend der direkten Demokratie unmittelbar auf Verfassung und Gesetzgebung Einfluss zu nehmen. Diese Einflussnahme erfolgt durch das **Referendumsrecht** und das **Initiativrecht**. Durch diese beiden **Volksrechte** (politische Rechte) haben die Bürgerinnen und Bürger die Möglichkeit, das gewählte Parlament bei seiner Arbeit in die Schranken zu weisen.

Lösung Einführungsfall

> Im Fall des Fürstentums Liechtenstein kann nicht von einem echten demokratischen Staat gesprochen werden. Demokratie bedeutet Volksherrschaft (direkt oder indirekt über Volksvertreter) mit Gewaltentrennung und Gleichberechtigung unter den Bürgerinnen und Bürgern. Da der (nicht frei gewählte) Fürst Volksentscheide widerrufen kann, steht er über dem Volk und ist somit in Staatsangelegenheiten privilegiert (Monarchie). Dies widerspricht demokratischen Prinzipien.

A E-Aufgaben 14 und 15, W-Aufgaben 16 und 17

2.5 Rechte und Pflichten der Bürgerinnen und Bürger

Einführungsfall

> Der italienische Staat ersucht die Schweizer Behörden um Auslieferung des Schweizer Bürgers Daniel Hefti, um ihn vor ein italienisches Gericht zu stellen. Gemäss polizeilichen Ermittlungen soll er im Anschluss an ein Fussballspiel in Mailand eine Schlägerei angezettelt und dabei einen Fussballfan schwer verletzt haben.
> Werden die Schweizer Behörden dem Auslieferungsgesuch stattgeben?

→ 2.2

Die in der **Bundesverfassung** verankerten grundlegenden Rechte und Freiheiten, welche die einzelnen Bürgerinnen und Bürger gegenüber dem Staat haben, bilden eine tragende Säule des Schweizer Rechtsstaates. Wer Rechte geltend machen kann, muss aber auch die Bereitschaft zeigen, Träger von Pflichten zu sein. Folglich wird den Bürgerinnen und Bürgern in der Bundesverfassung die Übernahme derjenigen Grundpflichten abverlangt, deren Erfüllung für ein geordnetes und funktionsfähiges Staatswesen unabdingbar ist.

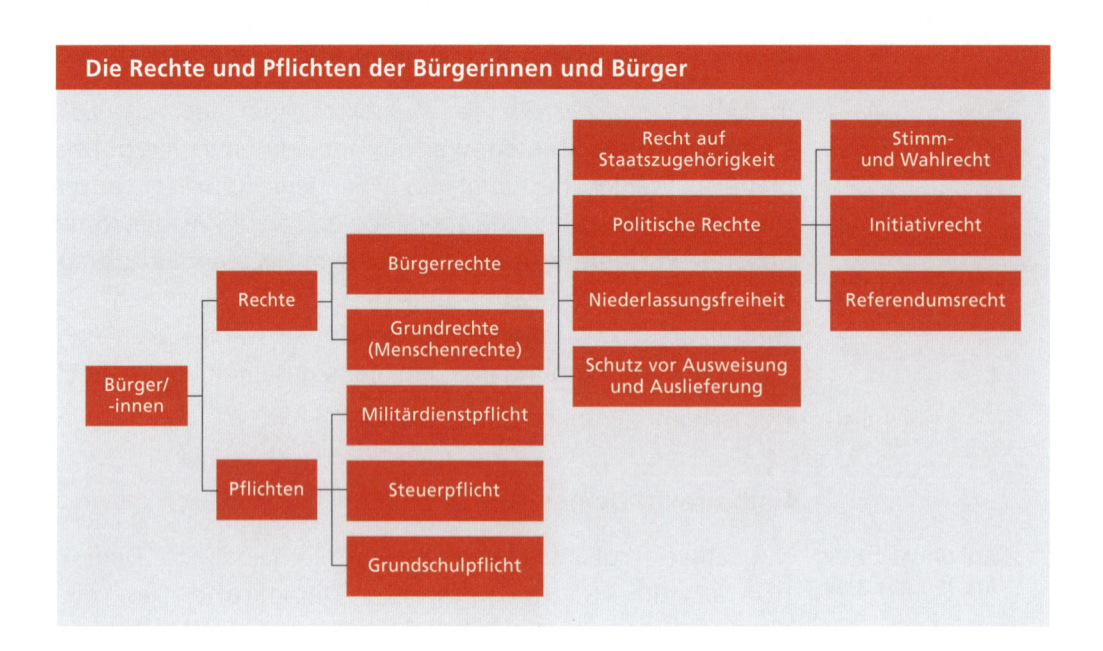

Die Rechte und Pflichten der Bürgerinnen und Bürger

Bürger/-innen
- Rechte
  - Bürgerrechte
    - Recht auf Staatszugehörigkeit
    - Politische Rechte
      - Stimm- und Wahlrecht
      - Initiativrecht
      - Referendumsrecht
    - Niederlassungsfreiheit
    - Schutz vor Ausweisung und Auslieferung
  - Grundrechte (Menschenrechte)
- Pflichten
  - Militärdienstpflicht
  - Steuerpflicht
  - Grundschulpflicht

2.5.1 Bürgerrechte

Art. 37 BV Die **Bürgerrechte** sind verknüpft mit der **Schweizer Staatsbürgerschaft**. Jede Schweizerin bzw. jeder Schweizer erhält das Bürgerrecht der Heimatgemeinde. Damit verbunden sind automatisch auch die Kantonsbürgerschaft und das Schweizer Bürgerrecht. Von diesem **Recht auf Staatszugehörigkeit** leiten sich als weitere Bürgerrechte die politischen Rechte, die Niederlassungsfreiheit sowie der Schutz vor Ausweisung und Auslieferung ab.

Politische Rechte

Art. 136 BV Durch die politischen Rechte können Schweizer Bürgerinnen und Bürger in staatlichen Angelegenheiten aktiv mitwirken, insbesondere indem sie **wählen und abstimmen**. Um die politischen Rechte auf Bundesebene ausüben zu können, muss man das Schweizer Bürgerrecht besitzen, das 18. Lebensjahr beendet haben und darf nicht wegen Geisteskrankheit oder Geistesschwäche entmündigt sein.

→ **2. Semester Kapitel 3** Die politischen Rechte umfassen das **Stimm- und Wahlrecht**, das **Initiativrecht** sowie das **Referendumsrecht**. Die entsprechenden Inhalte werden weiter hinten dargelegt.

Niederlassungsfreiheit

Art. 24 BV Die Verfassung garantiert Schweizer Bürgerinnen und Bürgern das Recht, sich an jedem Ort der Schweiz **niederzulassen**, die Schweiz zu **verlassen** und jederzeit wieder **einzureisen**.
Ausländischen Staatsbürgerinnen und -bürgern kommt dieses Recht nur zu, wenn sie im Besitz der Schweizer Niederlassungsbewilligung sind.

Schutz vor Ausweisung und Auslieferung

Art. 25 BV Der Staat darf keine Schweizer Bürgerinnen und Bürger aus der Schweiz ausweisen, sie also nicht verpflichten, die Schweiz zu verlassen. Ebenso wenig dürfen im Ausland straffällig gewordene Schweizerinnen und Schweizer ohne ihr Einverständnis für die Strafuntersuchung oder den -vollzug an eine ausländische Behörde ausgeliefert werden. Für die im Ausland begangene Straftat werden sie in der Schweiz verfolgt und verbüssen hier auch eine allfällige Strafe.

Lösung Einführungsfall | Im Fall von Daniel Hefti dürfen die Schweizer Behörden diesen ohne sein Einverständnis nicht an Italien ausliefern. Er wird in der Schweiz nach schweizerischem Strafrecht belangt.

2.5.2 Grundrechte (Menschenrechte)

Art. 7 ff. BV

→ 2.2

Im Gegensatz zu den Bürgerrechten können die verfassungsmässigen **Grundrechte** von allen Personen beansprucht werden. Sie gelten unabhängig von der Staatsangehörigkeit. Da es sich dabei um die **grundlegenden Freiheitsrechte** des Menschen wie Recht auf Leben, Recht auf Eigentum, Glaubensfreiheit, Meinungsfreiheit oder Freiheit in der Berufsausübung handelt, werden sie auch **Menschenrechte** genannt.

2.5.3 Militärdienstpflicht

Art. 58 BV
Art. 59 BV

Für die Sicherheit des Landes und den Schutz der Bevölkerung hat die Schweiz eine Armee. Die Bundesverfassung erwähnt die **Militärdienstpflicht** aller **Schweizer Bürger** (für Schweizerinnen ist der Militärdienst freiwillig). Anstelle von Militärdienst kann die Bürgerpflicht in Form eines zivilen Ersatzdienstes erfüllt werden.

2.5.4 Steuerpflicht

Art. 128 BV
Art. 130 BV
Art. 131 BV
Art. 132 BV

Für die Erfüllung der verschiedenen dem Staat übertragenen Aufgaben wie Verkehr, Sicherheit oder Kulturförderung sind entsprechende finanzielle Mittel nötig. Der Bund kann dazu **von allen Bürgerinnen und Bürgern** (auch von Ausländerinnen und Ausländern) sowie **von Unternehmen** der Schweiz einen persönlichen Beitrag in Form von Steuerabgaben einfordern.

2.5.5 Grundschulpflicht

Art. 62 BV Mit der in der Verfassung festgeschriebenen **Grundschulpflicht** wird sichergestellt, dass **alle Kinder** in der Schweiz (unabhängig von der Staatszugehörigkeit) eine ordentliche Schulbildung erhalten. Der Grundschulunterricht untersteht **kantonaler Leitung oder Aufsicht** und ist an öffentlichen Schulen für alle unentgeltlich.

A E-Aufgaben 18 bis 20, W-Aufgaben 21 bis 23

Leistungsziele

1.5.3.1 Grundlagen des Rechts und des Staates

Ich zeige anhand von Beispielen die Anforderungen an ein modernes Rechtssystem und erkläre die folgenden Grundlagen:

Öffentliches Recht

- Wichtige Rechtsgebiete und Systematik
- Rechtsstaat und Institutionen
- Grundrechte (Kern und Bedeutung exemplarisch dargestellt an Eigentumsgarantie und Meinungsfreiheit)
- Prinzip der Gewaltentrennung
- Direkte/indirekte Demokratie
- Rechte und Pflichten der Bürger

E 2.1 Wichtige Rechtsgebiete und Systematik

1. Systematik des öffentlichen Rechts

Weisen Sie den folgenden Umschreibungen jeweils den passenden Begriff zu.

a) Die Schweizer Bundesverfassung regelt in diesen Rechtsbereich unter anderem die Rechte und Pflichten der Bürgerinnen und Bürger, den Aufbau des Staates sowie die Aufgabenverteilung zwischen Bund und Kantonen.

b) Dieses Rechtsgebiet enthält Vorschriften dazu, wie Lehrpersonen den Lernenden Semesternoten zu erteilen haben.

c) In diesem Gesetz ist die gesamte Schweizer Rechtsordnung in den Grundzügen enthalten.

d) Dieser Rechtsbereich regelt die Beziehungen zwischen den Staaten.

W 2.1 Wichtige Rechtsgebiete und Systematik

2. Merkmale des öffentlichen Rechts

Vervollständigen Sie die folgenden Aussagen mit den richtigen Fachbegriffen.

Aussage
Das öffentliche Recht regelt die Beziehungen zwischen …
Die Vorschriften des öffentlichen Rechts sind nicht abänderbar, sondern …
Das Grundgesetz des öffentlichen Rechts auf Bundesebene ist die …

Weitere Aufgaben zum Kapitel 2.1 Öffentliches Recht – Wichtige Rechtsgebiete und Systematik finden sich im Kapitel 4 Privatrecht (2. Semester).

Öffentliches Recht

E 2.2 Rechtsstaat, Institutionen und Grundrechte

3. Aussagen zu den rechtsstaatlichen Grundsätzen

Kreuzen Sie den korrekten rechtsstaatlichen Grundsatz an, der durch die Aussage jeweils betroffen ist. Mehrfachnennungen sind möglich.

Aussage	Legalitäts-prinzip	Gewalten-trennung	Schutz der Grundrechte
Ein Gemeindepräsident darf nicht gleichzeitig Friedensrichter der Gemeinde sein.	☐	☐	☐
Vor dem Gesetz sind alle gleich.	☐	☐	☐
Ein Steuerbeamter erlässt einem Bürger die in Rechnung gestellten Gemeindesteuern, weil dieser sich um den örtlichen Musikverein sehr verdient gemacht hat.	☐	☐	☐
Aus Wohlwollen erteilt eine Primarlehrerin ihrem Lieblingsschüler statt der Note 4, die den gezeigten Schulleistungen entspricht, eine 5.	☐	☐	☐
Der Regierung eines Staates ist es gemäss Verfassung untersagt, Gesetze abzuändern.	☐	☐	☐
Von einem Katholiken dürfen durch die evangelisch-reformierte Kirchgemeinde keine Kirchensteuern erhoben werden.	☐	☐	☐
Flüchtlinge, deren Asylgesuch abgewiesen wurde, haben in der Schweiz dennoch das Recht auf Nothilfe.	☐	☐	☐
Ein bekannter Schweizer Wirtschaftsführer wirft in einem Fernsehinterview der Regierung Unfähigkeit bei der Bekämpfung der aktuellen Wirtschaftskrise vor. Der Bundesrat akzeptiert diese Aussage nicht.	☐	☐	☐

4. Aussagen zu den rechtsstaatlichen Grundsätzen

Kreuzen Sie an, ob die folgenden Aussagen richtig (R) oder falsch (F) sind.
Falsche Aussagen korrigieren Sie auf der Zeile darunter.

R	F	Aussage
☐	☐	Der Schutz der Grundrechte verlangt, dass die Staatsmacht auf verschiedene unabhängige Behörden aufgeteilt wird.
☐	☐	Personen in der Schweiz können sich uneingeschränkt auf die in der Verfassung verankerten Freiheitsrechte berufen.
☐	☐	Gerichtsbehörden können ihnen nicht genehme Gesetze abändern.
☐	☐	Das Legalitätsprinzip verhindert willkürliche Entscheide durch die staatlichen Behörden.

5. Lückentext zum Rechtsstaat

Vervollständigen Sie den folgenden Lückentext mit den jeweils zutreffenden Formulierungen. Es können mehrere Wörter in eine Lücke passen. Verwenden Sie die entsprechenden Fachbegriffe.

Was rechtsstaatliches Handeln ist, steht in der Schweiz in der _____. Werden die entsprechenden drei allgemeingültigen Grundsätze _____, _____ und Schutz der _____ in einem Staat nicht beachtet, spricht man von einem _____. Von den drei Grundsätzen gilt einer, nämlich der _____, auch im Schweizer Rechtsstaat nicht immer. Wenn eine _____ und zusätzlich ein _____ gegeben sind, wird dieser Grundsatz eingeschränkt. Ein Beispiel dafür ist die Meinungsfreiheit, welcher insbesondere wegen der Vorschriften zum _____ häufig durch den Staat Grenzen gesetzt sind.

W 2.2 Rechtsstaat, Institutionen und Grundrechte

6. Einschränkung der Grundrechte

Geben Sie an, welches Grundrecht durch die nachfolgend aufgeführten Sachverhalte jeweils eingeschränkt wird. Nennen Sie auch den Verfassungsartikel, in dem dieses Grundrecht festgeschrieben ist.

a) Ehrverletzende Äusserungen über eine Person werden bestraft.

　Grundrecht:

　Verfassungsartikel:

b) Der Internetverkehr einer verdächtigen Person wird durch die Polizei überwacht.

　Grundrecht:

　Verfassungsartikel:

c) Im Kanton Zug hat eine Person gemäss Gesetz weniger Steuern zu bezahlen als im Kanton Bern.

　Grundrecht:

　Verfassungsartikel:

d) Die vom Schweizer Volk angenommene Minarett-Initiative verbietet muslimischen Gläubigen den Bau von Türmen (Minaretten) bei ihren Moscheen.

　Grundrecht:

　Verfassungsartikel:

Öffentliches Recht

e) Einer urteilsunfähigen Person wird die Ehe verwehrt.

   Grundrecht:

   Verfassungsartikel:

f) Unter gewissen Voraussetzungen ist in der Schweiz der Schwangerschaftsabbruch straffrei möglich.

   Grundrecht:

   Verfassungsartikel:

7. Rechtsstaatliche Grundsätze – Sachverhalt

Roger Waldis ist empört. Soeben hat er einen Zeitungsartikel über die sogenannte Pauschalbesteuerung von Ausländerinnen und Ausländern in der Schweiz gelesen. Er findet es ungerecht, dass reiche Ausländerinnen und Ausländer mit Wohnsitz in der Schweiz gemäss geltenden Steuergesetzen viel weniger Steuern bezahlen müssen als Schweizerinnen und Schweizer in vergleichbaren finanziellen Verhältnissen.

a) Welches verfassungsmässige Grundrecht ist im geschilderten Fall betroffen?

b) Weshalb handelt es sich im geschilderten Fall nicht um eine Verletzung des Legalitätsprinzips?

c) Auf welchen Artikel der Bundesverfassung stützt sich der Staat, wenn er reichen Ausländerinnen und Ausländern die Pauschalbesteuerung gewährt?

d) Nennen Sie die vier Tatbestandsmerkmale des Artikels gemäss Teilaufgabe c).

e) Welches ist aus Sicht der Schweiz ein möglicher Vorteil der Pauschalbesteuerung von reichen Ausländerinnen und Ausländern (öffentliches Interesse)?

E 2.3 Prinzip der Gewaltentrennung

8. Gewaltentrennung

Ergänzen Sie die unten abgebildete Übersicht zur Gewaltentrennung in der Schweiz, indem Sie die korrekten Begriffe in die leeren Kästen eintragen.

Gewaltentrennung				
		Horizontale		
			Rechtsvollzug	
				Gericht
Vertikale	Bund	Legislative		
		Kantonsrat		
		Gemeindeversammlung		

9. Bundesversammlung

Die Bundesversammlung besteht aus den zwei Parlamentskammern National- und Ständerat. Bearbeiten Sie zu den beiden eidgenössischen Räten die folgenden Aufgaben:

a) Nennen Sie drei Unterschiede zwischen dem National- und dem Ständerat.

Öffentliches Recht

b) Nennen Sie drei Gemeinsamkeiten von National- und Ständerat.

c) Weshalb hat die Schweiz mit dem Ständerat eine zweite Parlamentskammer?

d) Darf ein Mitglied des National- oder Ständerats gleichzeitig Bundesrat sein? Nennen Sie auch den Verfassungsartikel, in dem dies geregelt ist.

Lösung	
Antwort	
BV-Artikel	

e) Bei der Beratung im Nationalrat über einen Zusatz zum Bankengesetz haben 145 der anwesenden 169 Abgeordneten der neuen gesetzlichen Regelung zugestimmt. Im Ständerat wurde die gleiche Vorlage von 28 der anwesenden 44 Abgeordneten abgelehnt.
Wurde die Vorlage angenommen oder abgelehnt? Begründen Sie die Antwort, und nennen Sie auch die beiden massgebenden Verfassungsartikel mit Absatz.

Lösung	
Antwort	
Begründung	
BV-Artikel	

10. Tätigkeiten von Behörden

Kreuzen Sie an, welche Teilgewalt des Bundes jeweils für die beschriebenen Tätigkeiten zuständig ist. Bei einer Tätigkeit sind zwei Kreuze richtig, sonst immer nur eins.

Tätigkeit	Legislative	Exekutive	Judikative
Oberaufsicht über das Finanzdepartement	☐	☐	☐
Gesetze ändern	☐	☐	☐
Leitung der Bundesverwaltung	☐	☐	☐
Gesetze auslegen und Verstösse sanktionieren	☐	☐	☐
Staatsrechnung erstellen	☐	☐	☐
Verordnungen erlassen	☐	☐	☐
Bestimmung der aussenpolitischen Schwerpunkte	☐	☐	☐
In einem konkreten Fall das genaue Strafmass festlegen	☐	☐	☐
Beschlussfassung über die Staatsausgaben	☐	☐	☐
Wahl eines neuen Bundesrichters	☐	☐	☐

W 2.3 Prinzip der Gewaltentrennung

11. Gewaltentrennung – Begriffe

Lösen Sie das folgende Kreuzworträtsel zur Gewaltentrennung (schreiben Sie die Buchstaben Ä als AE und Ö als OE).

Senkrecht	Waagrecht
1) Prinzip der Aufgabenteilung zwischen Bund und Kantonen	12) Verwaltungsabteilung des Bundes
2) Kurzname eines Departements des Bundes	13) Staatliche Ebene in der Schweiz
3) Stellen, denen die Staatsgewalt zugewiesen wird	14) Anderer Begriff für Teilung
4) Die Wahl von National- und Ständerat ist Aufgabe des …	15) Art der Gewaltenteilung zwischen Bund, Kantonen und Gemeinden
5) Anderer Begriff für Staatsmacht	16) Ständeräte vertreten diese
6) Teilgewalt des Staates	17) Anderer Begriff für Volksvertreter
7) Erlasse des Parlaments	18) Versammlung des Parlaments
8) Behörde, die das Recht vollzieht	19) Aufgabenbereich des Departements UVEK
9) Exekutive einer Stadt	
10) Teilstaat der Schweiz	
11) Aufgabenbereich des Bundes	

Recht und Staat

Öffentliches Recht

12. Gewaltentrennung in der Bundesverfassung

Kreuzen Sie an, ob die folgenden Aussagen richtig (R) oder falsch (F) sind.
Nennen Sie zu allen Aussagen auch den massgebenden Verfassungsartikel.

R	F	Aussage
☐	☐	In der Schweiz werden alle Staatsaufgaben zentral durch den Bund wahrgenommen. BV-Artikel:
☐	☐	Ein Bundesrat wird für vier Jahre gewählt. BV-Artikel:
☐	☐	Die Regelung des Strassenverkehrs ist Sache der Kantone. BV-Artikel:
☐	☐	Ein Bundesrat darf nebenamtlich als Hochschulprofessor tätig sein. BV-Artikel:
☐	☐	Wenn ein Gesetz des Kantons Tessin andere Vorschriften enthält als das entsprechende Bundesgesetz, dann gilt das Tessiner Gesetz. BV-Artikel:
☐	☐	Die Wahl des Bundespräsidenten ist Aufgabe des Nationalrats. BV-Artikel:
☐	☐	Der Ständerat ist als Behörde mit der höchsten Gewalt auf Bundesebene ausgestattet. BV-Artikel:
☐	☐	Der Nationalrat ist die Volksvertretung im Parlament. BV-Artikel:
☐	☐	Im Bundesparlament hat der Nationalrat das letzte Wort. BV-Artikel:
☐	☐	Die sieben Bundesrätinnen bzw. Bundesräte vertreten nach aussen ihre persönliche Meinung zum aktuellen Staatsgeschehen. BV-Artikel:

13. Gewaltentrennung auf Bundesebene

a) Kreuzen Sie an, ob die nachfolgenden Aussagen richtig (R) oder falsch (F) sind. Falsche Aussagen korrigieren Sie auf den leeren Zeilen.

R	F	Aussage
☐	☐	Der Schweizer Bundesrat hat neun Mitglieder.
		Korrektur:
☐	☐	Der Bundesrat wird vom Parlament gewählt.
		Korrektur:
☐	☐	Der Bundesrat erlässt Gesetze und Verordnungen.
		Korrektur:
☐	☐	Jeder Bundesrat und jede Bundesrätin leitet je ein Departement.
		Korrektur:
☐	☐	Die Beziehungen zum Ausland sind Sache des Bundesrats, und zwar des Departements für andersartige Angelegenheiten.
		Korrektur:
☐	☐	Nationalrätinnen und Nationalräte dürfen neben ihrer Parlamentsarbeit keiner weiteren Erwerbstätigkeit nachgehen.
		Korrektur:

b) Welcher Kanton hat am meisten Nationalratssitze und weshalb?

c) Weshalb hat der Ständerat 46 Mitglieder (wie setzt sich die Zahl zusammen)?

E 2.4 Direkte/indirekte Demokratie

14. Regierungsformen – Eigenschaften

Kreuzen Sie die Regierungsform an, auf welche die Aussage jeweils zutrifft.
Eine Aussage kann sich auf mehr als eine Regierungsform beziehen.

Aussage	Diktatur	Direkte Demokratie	Indirekte Demokratie	Halbdirekte Demokratie
Der Souverän ist eine einzelne Person oder eine Personengruppe.	☐	☐	☐	☐
Das Volk delegiert die Staatsgewalt an gewählte Abgeordnete, welche in der Folge im Namen und Auftrag des Volkes die Rechtsordnung gestalten.	☐	☐	☐	☐
Es gibt kein gesetzgebendes Parlament.	☐	☐	☐	☐
Die Staatsmacht geht vom Volk aus.	☐	☐	☐	☐
Die Bürgerinnen und Bürger sind in staatlichen Angelegenheiten gleichberechtigt.	☐	☐	☐	☐
Das Volk kann nicht direkt an der Gesetzgebung mitwirken.	☐	☐	☐	☐
Mit dem Referendumsrecht kann das Volk auf die gesetzgeberische Tätigkeit des Parlaments Einfluss nehmen.	☐	☐	☐	☐
Die Regierung kann Gesetze abändern oder ganz abschaffen.	☐	☐	☐	☐
Man bezeichnet diese Regierungsform auch als repräsentative Demokratie.	☐	☐	☐	☐
Das Volk stimmt über jedes Gesetz ab.	☐	☐	☐	☐

15. Regierungsformen – Aussagen

Kreuzen Sie an, ob die folgenden Aussagen richtig (R) oder falsch (F) sind.
Falsche Aussagen korrigieren Sie auf der Zeile darunter.

R	F	Aussage
☐	☐	Das Volk gestaltet in einem Staat mit direkter Demokratie die Gesetzgebung selbst.
☐	☐	Bei der repräsentativen Demokratie ist das Volk nur indirekter Inhaber der gesetzgebenden Staatsgewalt.
☐	☐	Die Schweiz ist auf Bundesebene eine direkte Demokratie.
☐	☐	Mit Souverän bezeichnet man in einem Staat den obersten Entscheidungsträger.
☐	☐	Das Initiativrecht ist ein Volksrecht bei der indirekten Demokratie.

W 2.4 Direkte/indirekte Demokratie

16. Regierungsformen – Sachverhalt

In einem totalitär regierten Staat wurde kürzlich das Parlament neu zusammengesetzt. Die Abgeordneten wurden dabei in einer umstrittenen Volkswahl bestimmt. Wichtige Oppositionspolitiker waren von einer Kandidatur ausgeschlossen. Zudem hat die Staatsregierung einen grossen Teil der Parlamentarier direkt selbst ernannt. Über 80 % der Abgeordneten gelten als regierungstreu.

a) Zählen Sie vier zentrale Grundrechte (Menschenrechte) gemäss Schweizer Bundesverfassung auf, welche Voraussetzungen für eine Demokratie sind.

b) Welches Grundrecht gemäss Bundesverfassung wurde durch den staatlich verordneten Ausschluss der Oppositionspolitiker von den Wahlen in das Parlament verletzt? Nennen Sie auch den massgebenden Verfassungsartikel, welcher in der Schweiz dieses Grundrecht regelt.

Lösung	
Grundrecht	
BV-Artikel	

c) Nennen Sie neben der Verletzung der Menschenrechte (Teilaufgabe a) einen weiteren Grund dafür, dass der erwähnte Staat keine Demokratie ist.

d) Weshalb hat die Staatsregierung überhaupt Wahlen durchgeführt?

e) Nennen Sie die zwei Verfassungsartikel, welche die (demokratische) Wahl der Schweizer Abgeordneten ins Parlament regeln.

Lösung	
BV-Artikel	
BV-Artikel	

Öffentliches Recht

17. Regierungsformen – Vergleich

Vergleichen Sie die verschiedenen Regierungsformen anhand der unten in der linken Spalte aufgeführten Kriterien. Schreiben Sie die korrekten Eigenschaften der einzelnen Regierungsformen in die leeren Kästen. In der letzten Zeile sind die Eigenschaften vorgegeben, und Sie müssen das passende Kriterium einsetzen.

Kriterium	Diktatur	Direkte Demokratie	Indirekte Demokratie	Halbdirekte Demokratie
Wer ist die oberste Instanz im Staat?				
Wer ist der direkte Inhaber der Staatsgewalt?				
Wer beschliesst Gesetze?				
	Keine	Direkt durch Abstimmungen	Indirekt durch Wahlen	Indirekt durch Wahlen und direkt durch Referendums- und Initiativrecht

E 2.5 Rechte und Pflichten der Bürgerinnen und Bürger

18. Bürgerpflichten

Kreuzen Sie an, ob die folgenden Aussagen richtig (R) oder falsch (F) sind.
Falsche Aussagen korrigieren Sie auf der Zeile darunter.

R	F	Aussage
☐	☐	Alle Schweizerinnen und Schweizer sind militärdienstpflichtig.
☐	☐	Die Grundschulpflicht in der Schweiz gilt nur für Schweizer Kinder.
☐	☐	Der Grundschulunterricht untersteht der Leitung der Kantone.

19. Grundrechte und Bürgerrechte

Ordnen Sie den nachfolgenden Sachverhalten den Grossbuchstaben des jeweils richtigen Rechtsbereichs zu.

G = Grundrecht   B = Bürgerrecht

Sachverhalt	Bereich
Beat Sutter nimmt an der Gemeindeversammlung in Steffisburg teil, wo über eine neue Turnhalle abgestimmt wird.	
Ein Schweizer Straftäter wird wegen eines Vergehens im Ausland nicht an dieses ausgeliefert, sondern in der Schweiz bestraft.	
Die griechisch-orthodoxe Kirchgemeinde in Zürich trifft sich jeden Freitagabend zur Messe.	
Sarah Wüthrich zieht von Bern nach Basel, weil sie sich mit dem dort ansässigen Remo Seiler verheiraten wird.	
Nachdem er das Fähigkeitszeugnis erlangt hat, lässt sich der 19-jährige Severin Pasche bei der UBS AG als Kaufmann anstellen.	
Obwohl der im Ausland wohnhafte Schweizer Leo Hug die Schweiz seit 30 Jahren nicht mehr besuchte, darf er jederzeit einreisen.	

20. Rechte und Pflichten der Bürgerinnen und Bürger – Begriffe

Vervollständigen Sie den folgenden Lückentext mit den jeweils zutreffenden Fachbegriffen. In jede Lücke kommt nur ein Begriff.

Die _____ regelt in der Schweiz die zentralen Rechte und _____ der Bürger/-innen. Nicht nur Schweizer/-innen, sondern alle Personen haben _____ _____, auch Grundrechte genannt. Auf Bundesebene haben jedoch nur Schweizer/-innen das Stimm- und Wahlrecht, das Initiativrecht oder das _____. Diese Art von Rechten bezeichnet man als _____ Rechte.

Öffentliches Recht

W 2.5 Rechte und Pflichten der Bürgerinnen und Bürger

21. Rechte und Pflichten einer ausländischen Familie – Sachverhalt

Familie Grillo ist seit fünf Jahren in der Schweiz sesshaft. Alle Mitglieder der Familie haben die italienische, nicht aber die Schweizer Staatsbürgerschaft.

a) Zählen Sie je zwei verfassungsmässige Rechte und Pflichten auf, welche die Grillos als Einwohner der Schweiz haben.

Rechte:

....

....

Pflichten:

....

....

b) Zählen Sie drei politische Rechte auf, auf welche die Grillos aufgrund der fehlenden Schweizer Staatsbürgerschaft auf Bundesebene verzichten müssen.

....

c) Welche Bürgerrechte würde die Familie Grillo durch eine Einbürgerung in der Schweiz neben den politischen Rechten erwerben?

....

....

....

22. Rechte und Pflichten – Umgang mit dem Gesetzbuch

Lösen Sie die folgenden Teilaufgaben mithilfe des Gesetzbuchs.

a) Nennen Sie den 2. Titel der Bundesverfassung.

....

b) Nennen Sie alle Kapitel des 2. Titels der Bundesverfassung.

....

....

....

260

c) Nennen Sie den Verfassungsartikel, der regelt, dass die Bürgerinnen und Bürger ihre politischen Rechte grundsätzlich an ihrem Wohnort ausüben.

d) Nennen Sie die Tatbestandsmerkmale und die Rechtsfolge von Art. 39 Abs. 4 BV.

Tatbestandsmerkmale:

Rechtsfolge:

23. Rechte und Pflichten – Sachverhalte

Beantworten Sie die folgenden Fragestellungen mithilfe des Gesetzbuchs. Alle Antworten sind zu begründen. Nennen Sie auch den jeweils massgebenden Verfassungsartikel.

a) Walter Brönnimann hat am Stammtisch von der in der Schweizer Bundesverfassung garantierten Niederlassungsfreiheit erfahren. Nun hat er die Idee, sich in der Mitte des Verkehrskreisels am Loryplatz in Bern niederzulassen. Darf er das?

Lösung	
Antwort	
Begründung	
BV-Artikel	

b) Andrea Brägger, 17-jährige Lernende, setzt sich in ihrer Freizeit für den Weltfrieden ein. Ihr Kollege, Manfred Rölli, meint dagegen, die Schweizer Armee könnte doch in Nordafrika die Regierungen unterstützen, damit die Flüchtlingsproblematik endlich einmal entschärft werde. Sind Andrea Bräggers Befürchtungen, persönlich in allfällige militärische Handlungen der Schweizer Armee in Afrika verwickelt zu werden, begründet?

Lösung	
Antwort	
Begründung	
BV-Artikel	

c) Familie Galli ist die Ausbildung ihrer beiden Zwillingssöhne Levi und Elia, sechs Jahre alt, sehr wichtig. Aus Angst vor schlechten Einflüssen möchte die Familie auf eine öffentliche Einschulung ihrer beiden Kinder verzichten und stattdessen deren Erziehung und Ausbildung nach eigenem Gutdünken von einer Vertrauensperson zu Hause durchführen lassen. Ist das Vorgehen von Familie Galli zulässig?

Lösung	
Antwort	
Begründung	
BV-Artikel	

1 Gesamtwirtschaftliche und gesellschaftliche Zusammenhänge
Bedürfnisse und Güterarten

Inhaltsverzeichnis

	Theorie	Aufgaben
1.1 Bedürfnisse	**264**	267
1.2 Güterarten	**265**	270
1.3 Vom Mangel zur Nachfrage	**266**	273

Leistungsziel	266

1 Bedürfnisse und Güterarten

Einführungsfall | Es ist 11.50 Uhr. So kurz vor der Mittagspause wird die Klasse immer unruhiger. Es passiert fast jeden Tag ganz automatisch.
Was könnte der Grund sein?

1.1 Bedürfnisse

Mangelgefühle lösen Wünsche aus, die beseitigt werden sollen. Im wirtschaftlichen Sprachgebrauch werden sie **Bedürfnisse** genannt. Bedürfnisse werden nach folgenden Kriterien unterschieden:

- **Dringlichkeit**: Sind die Mangelgefühle dringend oder können sie wahlweise befriedigt werden?
- **Art der Befriedigung**: Hat eine einzelne Person das Bedürfnis, und kann sie es selbst befriedigen? Oder gehen die Bedürfnisse von vielen Menschen der Gesellschaft aus und können auch nur gemeinsam befriedigt werden?

Die beschriebenen Zusammenhänge lassen sich mithilfe einer Baumstruktur übersichtlich darstellen.

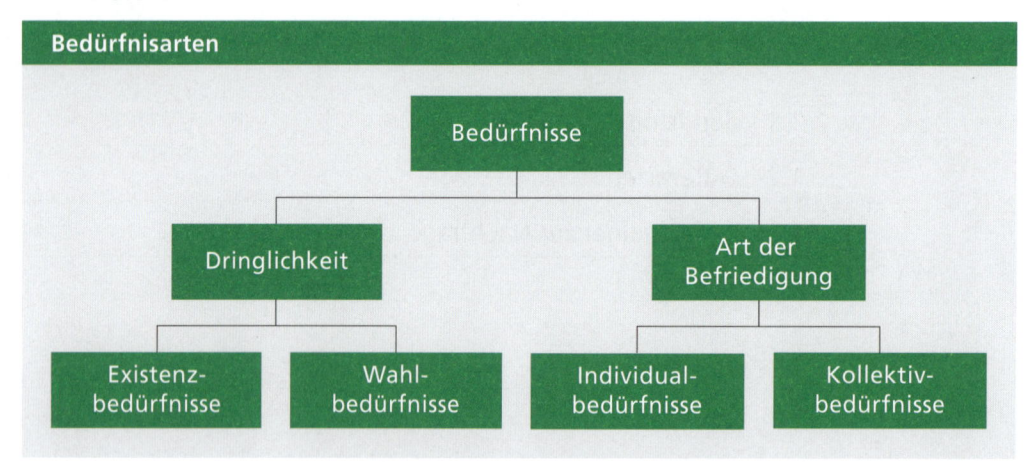

Bedürfnisarten

- Bedürfnisse
  - Dringlichkeit
    - Existenzbedürfnisse
    - Wahlbedürfnisse
  - Art der Befriedigung
    - Individualbedürfnisse
    - Kollektivbedürfnisse

Existenzbedürfnisse sichern das Leben des Menschen und müssen dringend befriedigt werden. Dazu gehören Essen, Trinken, Schlaf, Wohnung, Kleidung, sanitäre Einrichtungen sowie Gesundheits- und Bildungseinrichtungen.

Wahlbedürfnisse sind weniger dringlich als Existenzbedürfnisse und gehen über diese hinaus. Bedürfnisse nach materiellen (Hobbys, Auto, Ferien, Schmuck) wie nach immateriellen Gütern (Sicherheit, soziale Anerkennung, Selbstverwirklichung) zählen dazu.

Individualbedürfnisse sind Bedürfnisse des Einzelnen, die auch von diesem selbst befriedigt werden können. Wer hungrig ist, kann im Normalfall selbst etwas essen.

Kollektivbedürfnisse sind Bedürfnisse, welche viele Menschen einer Gesellschaft haben und die nur befriedigt werden können, wenn die Gemeinschaft die Voraussetzungen dafür schafft. Das Bedürfnis nach Gesundheits- und Bildungseinrichtungen gehört beispielsweise dazu.

Je höher entwickelt die Bedürfnisse des Einzelnen sind, desto stärker nehmen auch die Kollektivbedürfnisse zu. So führen die grössere Mobilität des Einzelnen (Individualbedürfnis) und die damit verbundene zunehmende Zahl an Autos zu höheren Ansprüchen an gut ausgebaute Strassen (Kollektivbedürfnis).

> **Merke** Bedürfnisse sind von Person zu Person unterschiedlich, ändern sich mit den Lebensumständen und dem Lebensalter. Sie gelten aber allgemein als unbegrenzt und beeinflussbar von aussen. Bedürfnisse sind der Motor für wirtschaftliches Handeln.

A E-Aufgaben 1 bis 3, W-Aufgaben 4 und 5

1.2 Güterarten

Es gibt eine Vielfalt von Gütern und nicht alle werden von Unternehmen geschaffen, sondern sind sog. freie Güter. Wirtschaftliche Güter lassen sich weiter gliedern.

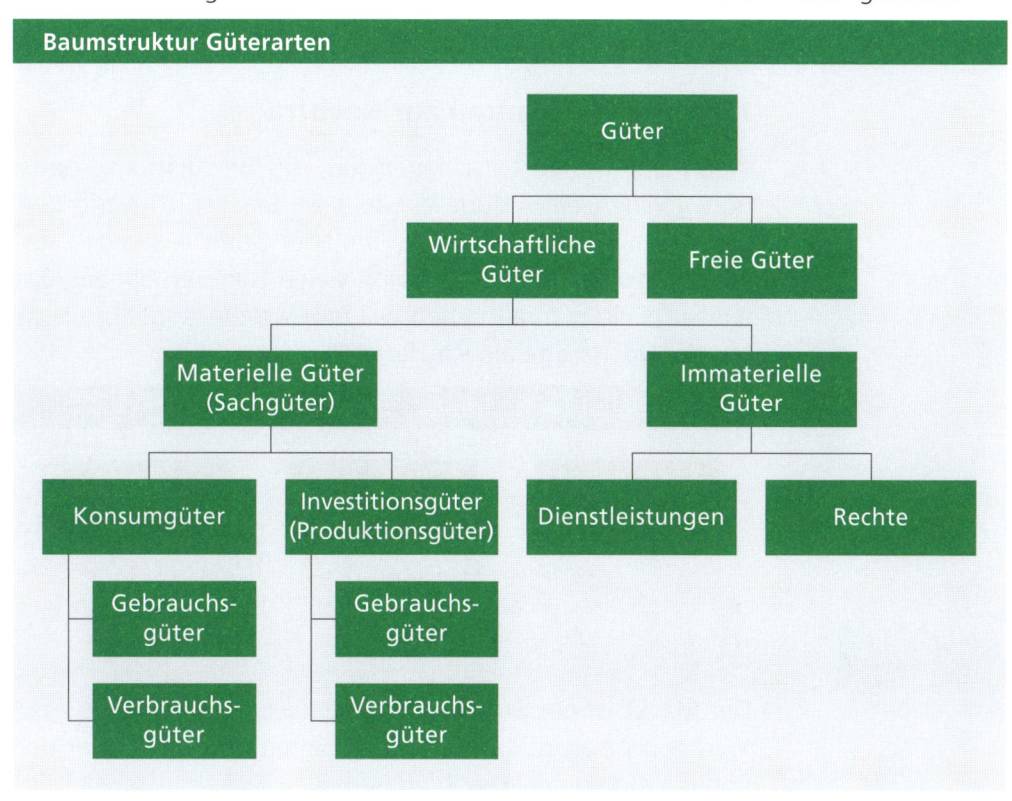

Baumstruktur Güterarten

```
                        Güter
                          |
            ┌─────────────┴─────────────┐
       Wirtschaftliche              Freie Güter
           Güter
            |
   ┌────────┴────────┐
Materielle Güter   Immaterielle
 (Sachgüter)          Güter
      |                 |
 ┌────┴────┐      ┌─────┴─────┐
Konsum-  Investitions-  Dienst-   Rechte
güter    güter          leistungen
         (Produktions-
          güter)
  │         │
Gebrauchs- Gebrauchs-
güter      güter
  │         │
Verbrauchs- Verbrauchs-
güter       güter
```

Die **freien Güter** stehen von Natur aus «gratis» zur Verfügung. Beispiele sind Sonne, Luft und Regenwasser. Die **wirtschaftlichen Güter** werden von Unternehmen geschaffen oder aus der Natur gewonnen; somit sind sie in ihrer Verfügbarkeit knapp. Sie haben einen Preis für die Nachfrager. Beispiele sind Fahrzeuge, Computer, Holz. Die **materiellen Güter (Sachgüter)** sind körperlich vorhanden, also anfassbar.
Investitionsgüter (Produktionsgüter) werden in einem Produktionsprozess verwendet, dienen also der Herstellung von Gütern wie z.B. Webmaschinen für Stoffe oder der Haarföhn in einem Coiffeurgeschäft. **Konsumgüter** stehen den Endverbrauchern (Konsumenten) zur Verfügung.
Gebrauchsgüter sind Güter, welche mehrfach verwendet werden können wie z.B. ein Schirm, ein Computer, ein Auto. **Verbrauchsgüter** werden mit dem Gebrauch «zerstört», wie z.B. Getränke oder Esswaren.
Immaterielle Güter sind nicht gegenständlich, das heisst, man kann sie nicht anfassen. Zu den immateriellen Gütern zählen die **Dienstleistungen** wie Bank-, Versicherungsgeschäfte oder Haarschnitte. Genauso wie Dienstleistungen gehören Rechte, z.B. an Marken wie «Ricola», «Nike», und Patente, z.B. an geistigem Eigentum wie Büchern oder Musikerzeugnissen, zur Gruppe der immateriellen Güter.

Bedürfnisse und Güterarten

Es gibt ein weiteres wichtiges Unterscheidungsmerkmal: Sind die Güter für sich allein oder nur zusammen mit einem anderen Gut zu gebrauchen?
Substitutionsgüter können durch ähnliche Güter, welche die gleichen Bedürfnisse befriedigen, ersetzt werden. Beispiele sind Butter und Margarine oder Tafelschokolade und Pralinen.
Sich ergänzende Güter heissen **Komplementärgüter**. Für die Befriedigung des Bedürfnisses braucht es mindestens zwei Güter. Skier benötigen z.B. eine Skibindung und Skischuhe, damit sie zweckbestimmt genutzt werden können. Genauso gehören ein Brillengestell und die entsprechenden Gläser zusammen.

A E-Aufgaben 6 bis 8, W-Aufgaben 9 bis 12

1.3 Vom Mangel zur Nachfrage

Wenn eine Person entschieden hat, das **Bedürfnis** zu befriedigen, und über das notwendige Geld verfügt, entsteht ein **Bedarf**. Nun tritt der Konsument direkt als Kunde am **Markt** auf, um Güter oder Dienstleistungen nachzufragen. Die Wahl eines konkreten Produkts ist von vielen Faktoren abhängig, unter anderem davon, wie viel Geld man ausgeben will und welche Angebote man vorfindet. Jetzt kann aus der **Nachfrage** ein **Kauf** werden.

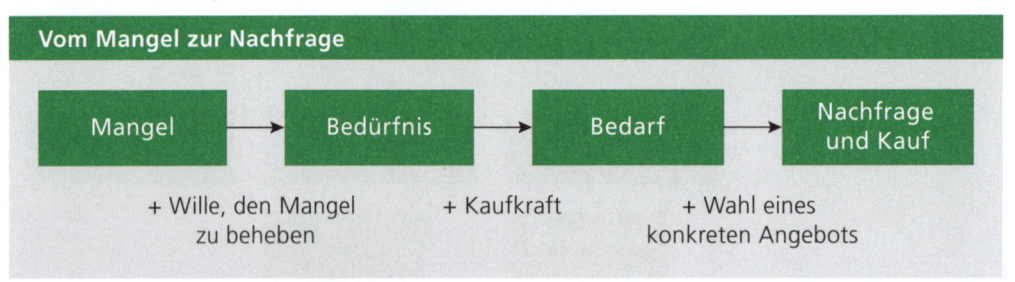

Vom Mangel zur Nachfrage

Mangel → Bedürfnis → Bedarf → Nachfrage und Kauf

+ Wille, den Mangel zu beheben   + Kaufkraft   + Wahl eines konkreten Angebots

Der **Markt** ist der Ort, an dem Angebot und Nachfrage zusammentreffen und der Preis gebildet wird. Unternehmen bieten dort ihre Güter und Dienstleistungen an, und die Kunden decken ihren Bedarf.
Je nachdem, welche Güter resp. Dienstleistungen angeboten werden, heissen die Märkte unterschiedlich. So spricht man vom Konsumgütermarkt, dem Industriegütermarkt oder dem Dienstleistungsmarkt.

Lösung Einführungsfall | Kurz vor Mittag sind alle hungrig, und es ist die letzte Chance, sich abzusprechen, wo gegessen werden soll und wer zusammen mit wem essen gehen will. Das Bedürfnis, den Hunger zu stillen, führt zur Nachfrage nach Mittagessen.

A E-Aufgaben 13 und 14, W-Aufgabe 15

Leistungsziel

1.5.4.1 Bedürfnisse / Güterarten

- Ich erkläre die Bedeutung und die Arten der verschiedenen Bedürfnisse und unterscheide die Güter (freie, wirtschaftliche Güter, Sachgüter und Dienstleistungen, Investitions- und Konsumgüter) als Mittel zur Befriedigung.

E 1.1 Bedürfnisse

1. Bedürfnisarten

Notieren Sie den korrekten Begriff, der wie folgt umschrieben wird:

a) … muss zwingend befriedigt werden.

....

b) … kann nur zusammen mit anderen Personen befriedigt werden.

....

c) Wer den Wunsch verspürt, den Mangel zu beheben, kann dies selbst tun.

....

2. Existenz- oder Wahlbedürfnisse

Kreuzen Sie an, ob die folgenden Bedürfnisse Existenz- oder Wahlbedürfnisse sind und begründen Sie jeweils Ihren Entscheid.

Beispiel	Art		Begründung
	Existenz-bedürfnis	Wahl-bedürfnis	
Michaela Schulze stürzt bei einem Motorradunfall schwer und muss mit dem Krankenwagen in ein Spital gefahren werden.	☐	☐	
Peter Niederer besitzt bereits einen Fernseher. Er kauft sich das neuste Gerät von Sony, damit er ein grösseres, digitales Bild hat.	☐	☐	
Clemens Benz hat sich seine einzige Hose im Secondhandshop gekauft, weil er wenig Einkommen hat.	☐	☐	
Andrea Frey kauft sich das vierte Paar Armani-Jeans.	☐	☐	

Bedürfnisse und Güterarten

3. Individual- oder Kollektivbedürfnis, Existenz- oder Wahlbedürfnis

Kreuzen Sie für die folgenden Beispiele alles an, was zutrifft.

Beispiel	Individual-bedürfnis	Kollektiv-bedürfnis	Existenz-bedürfnis	Wahl-bedürfnis
Chantal Courtin geht nach Frankreich, um Französisch zu lernen.	☐	☐	☐	☐
Mauro Massi arbeitet am Donnerstagnachmittag nicht. Er will im St.-Jakob-Bad schwimmen gehen.	☐	☐	☐	☐
Jakob Binkert und Raphael Schöni sind begeisterte Kletterer. Bei der letzten Tour gerieten sie in ein Unwetter und mussten von der Rettungsflugwacht gerettet werden.	☐	☐	☐	☐

W 1.1 Bedürfnisse

4. Bedürfnisarten

Kreuzen Sie an, ob die folgenden Aussagen richtig (R) oder falsch (F) sind.
Falsche Aussagen korrigieren Sie auf der unteren Zeile in einem vollständigen Satz.

R	F	Aussage
☐	☐	Individual- und Kollektivbedürfnisse bedeuten dasselbe.
☐	☐	Wahlbedürfnisse müssen immer sofort befriedigt werden.
☐	☐	Nahrung stellt ein Existenzbedürfnis dar.
☐	☐	Damit ein Kollektivbedürfnis befriedigt werden kann, braucht es den Willen einer ganzen Gemeinschaft.

R	F	Aussage
☐	☐	Personen mit niedrigen Einkommen können viele Wahlbedürfnisse befriedigen.
☐	☐	Nur nach einer Naturkatastrophe wie einem Erdbeben wird Trinken von sauberem Wasser zum Existenzbedürfnis.
☐	☐	Bedürfnisse können nach dem Kriterium der Dringlichkeit und der Art der Befriedigung unterschieden werden.

5. Bedürfnisse

Naturkatastrophen wie Erdbeben, Tsunamis oder Überschwemmungen erschüttern die betroffenen Menschen sehr.

a) Erklären Sie, weshalb nach einem solchen Ereignis die Existenzbedürfnisse und das Sicherheitsbedürfnis vordringlich zu befriedigen sind.

Bedürfnisse	Begründung
Physische Bedürfnisse (Existenzbedürfnisse)	
Sicherheitsbedürfnisse	

b) Nennen Sie ein Bedürfnis und begründen Sie, weshalb es für die Überlebenden einer Katastrophe in den Tagen unmittelbar danach ohne Dringlichkeit ist.

Bedürfnis	Begründung

Bedürfnisse und Güterarten

c) Erklären Sie, wie in einem Katastrophenfall Kollektivbedürfnisse entstehen können. Geben Sie auch ein Beispiel dafür an.

....

....

....

E 1.2 Güterarten

6. Struktur der Güterarten

Ordnen Sie die Begriffe logisch korrekt und erstellen Sie eine Baumstruktur. Setzen Sie zuoberst den Begriff «Wirtschaftliche Güter».

Dienstleistungen	Investitions-/ Produktionsgüter	Rechte	Verbrauchsgüter (2×)
Gebrauchsgüter (2×)	Konsumgüter	Sachgüter	Wirtschaftliche Güter
Immaterielle Güter			

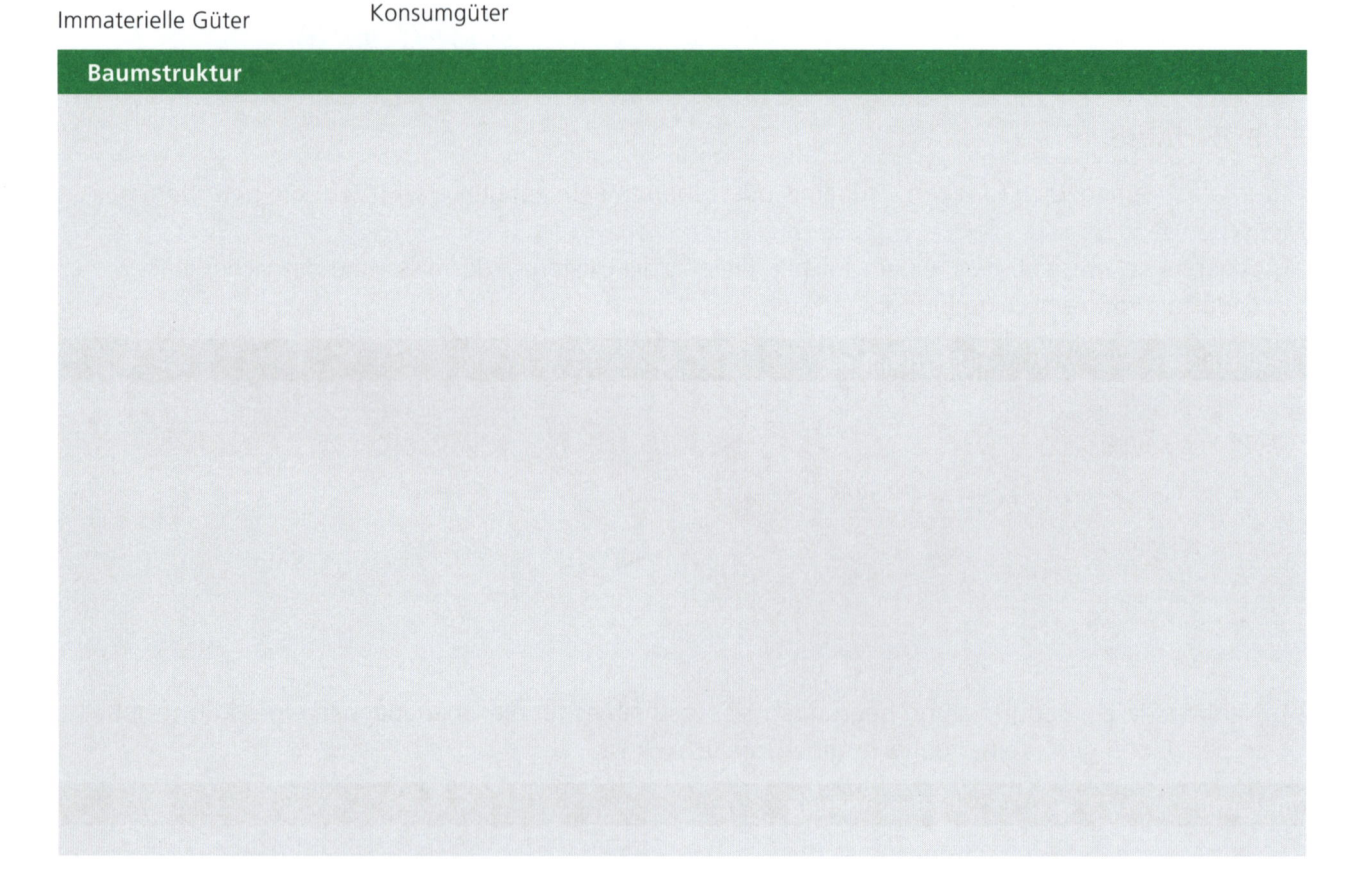

Baumstruktur

7. Güterarten bestimmen

Kreuzen Sie an, zu welcher Gütergruppe das Gut jeweils gehört (es sind mehrere Kreuze möglich).

Güterarten	Wirtschaftliches Gut	Sachgut	Dienstleistung	Investitionsgut	Konsumgut	Gebrauchsgut	Verbrauchsgut
Haarschnitt	☐	☐	☐	☐	☐	☐	☐
Haarföhn zum privaten Gebrauch	☐	☐	☐	☐	☐	☐	☐
Haarschere des Coiffeurs	☐	☐	☐	☐	☐	☐	☐
Privates Auto	☐	☐	☐	☐	☐	☐	☐
Reisebus der Firma Saner Reisen	☐	☐	☐	☐	☐	☐	☐
Pizza	☐	☐	☐	☐	☐	☐	☐
Pauschalreise nach Malaga	☐	☐	☐	☐	☐	☐	☐
Sparkonto bei Post oder Bank	☐	☐	☐	☐	☐	☐	☐

8. Güterarten des Lehrbetriebs

Beschreiben Sie auf den nachfolgenden Zeilen der Tabelle zwei Leistungen, welche Ihr Lehrbetrieb erbringt, und kreuzen Sie an, was für diese Güter zutrifft.

Güterarten	Wirtschaftliches Gut	Sachgut	Dienstleistung	Investitionsgut	Konsumgut	Gebrauchsgut	Verbrauchsgut
	☐	☐	☐	☐	☐	☐	☐
	☐	☐	☐	☐	☐	☐	☐

W 1.2 Güterarten

9. Unterschiede zwischen Güterarten

Notieren Sie in der rechten Spalte die Unterschiede zwischen den folgenden Güterarten:

Güterarten	Unterschiede
Wirtschaftliche und freie Güter	
Materielle und immaterielle Güter	
Konsum- und Investitionsgüter	
Verbrauchs- und Gebrauchsgüter	

10. Produktions- und Konsumgüter

Suchen Sie nach Beispielen dafür, dass dasselbe Gut sowohl als Konsumgut als auch als Produktionsgut verwendet werden kann.

Beispiel	Produktionsgut	Konsumgut

11. Substitutions- und Komplementärgüter

Ordnen Sie die folgenden Güterpaare der Gruppe der Substitutions- resp. der Komplementärgüter zu: Brillenfassung und -gläser, Motorradhelm und Motorrad, Ski und -bindung, Margarine und Butter, Zug und Auto, Schokolade und Schokoladengebäck, Automotor und Auto, Tabakpfeife und Tabak

Substitutionsgüter	Komplementärgüter

12. Freie Güter und wirtschaftliche Güter

Erklären Sie, unter welchen Umständen sauberes Trinkwasser ein freies Gut ist.

E 1.3 Vom Mangel zur Nachfrage

13. Vom Mangel zur Nachfrage

Erik Neubauer hat das Gefühl, von seinen Kollegen «abgeschnitten» zu sein, wenn er nicht von überall telefonieren und ins Internet gelangen kann. Erklären Sie, unter welchen Voraussetzungen er Neukunde bei Swisscom wird, indem Sie die rechte Spalte der Tabelle ausfüllen.

Fachbegriff	Fallbezug
Mangel	Er fühlt sich von seinen Kollegen abgeschnitten.
Bedürfnis	
Bedarf	
Nachfrage, Kauf	

Bedürfnisse und Güterarten

14. Fehlende Nachfrage

Pierre Weiss ist von Beruf Erfinder. Er hat oft gehört, dass es lästig ist, mit einem Fahrrad zu fahren, wenn es regnet. Er entwickelt in der Folge ein Fahrrad mit gewölbtem Dach aus speziell leichtem, aber bruchsicherem Material. Er lässt die Erfindung patentieren und stellt 200 Stück her. Der Preis je Fahrrad beträgt CHF 5500. Nach einem Jahr hat er drei Stück verkauft. Erklären Sie mit Fachbegriffen, was hier möglicherweise schiefgegangen ist.

....

....

W 1.3 Vom Mangel zur Nachfrage

15. Aussagen zu Bedürfnissen, Bedarf, Nachfrage

Bedürfnis und Bedarf sind nicht dasselbe. Kreuzen Sie an, ob folgende Aussagen richtig (R) oder falsch (F) sind. Korrigieren Sie falsche Aussagen, indem Sie den Satz neu schreiben.

R	F	Aussage
☐	☐	Bedürfnis bezieht sich immer auf ein immaterielles Gut, Bedarf dagegen auf ein materielles.
☐	☐	Bedürfnisse beziehen sich ausschliesslich auf freie, kostenlos erhältliche Güter.
☐	☐	Bedarf ist das mit Kaufkraft ausgestattete Bedürfnis.
☐	☐	Alle Bedürfnisse müssen sofort befriedigt werden.
☐	☐	Das Bedürfnis wird zum Bedarf, wenn ein entsprechendes Angebot vorhanden ist.

Stichwortverzeichnis

A

Abgeordneter **236**, **241**
Absatz **220**
Absatzprogramm **157**
Abteilung **121**
AIDA-Formel **188**
Aktiven **37**
Aktivkonto **37**
Anfangsbestand **37**, **42**
Anspruchsgruppen **74**
Artikel **219**, **220**
Aufbauorganisation **120**
Aufgaben **121**
Ausführende Stelle **121**

B

Bankkontokorrent **43**
Bedarf **266**
Bedürfnisse **150**, **264**
Behörde **234**, **235**, **236**
Beleg **36**
Bestandeskonten **36**
Bilanz **46**
Bilanzsumme **46**
Branchen **68**
Breitengliederung **125**
Buchstabe **220**
Buchungstatsache **34**
Buchwert **39**
Bund **235**
Bundesgericht **239**
Bundespräsident **237**
Bundesrat **237**, **238**
Bundesverfassung **235**
Bundesversammlung **236**, **237**
Bundesverwaltung **238**
Bürgerrecht **242**

D

Darlehen **39**
Debitoren **38**
Degeneration (Phase im Produktlebenszyklus) **160**
Demografische Merkmale **151**
Demokratie **239**, **240**
Departement **238**
Detailhändler **186**
Deutschen Zinsusanz **11**
Dienstleistungen **265**
Dienstweg **120**, **124**
Diktatur **240**
Direkte Demokratie **240**
Direkter Absatzweg **186**
Distributionspolitik **186**
Divisionen **121**
Dreisatz **3**

E

Eigenkapital **44**
Eigenkapitalgebende (Anspruchsgruppe) **75**
Eigentumsgarantie **233**
Einführung (Phase im Produktlebenszyklus) **160**
Erfolgskonto **36**
Erfolgspotenzial **105**
Erneuerbare Rohstoffe **68**
Europäischer Gerichtshof für Menschenrechte **239**
Exekutive **237**
Existenzbedürfnisse **264**

F

Faktura **38**
Finanzen (Unternehmungskonzept) **106**
Flüssige Mittel **37**
Föderalismus **235**
Forderungen aus Lieferungen und Leistungen **38**
Freie Güter **265**
Fremdkapital **44**
Fremdkapitalgebende (Anspruchsgruppe) **76**
Führender Anbieter **155**
Funktion **121**

G

Gebrauchsgüter **265**
Gemeinden **235**
Gemeindeversammlung **234**, **240**
Geografische Merkmale **151**
Gerichtsbehörde **239**
Gesättigter Markt **155**
Gesetzgebung **236**
Gewaltenteilung **234**
Gewaltentrennung **233**, **234**, **239**, **240**
Gewohnheitsrecht **11**
Gliederungsarten **121**
Grossbetriebe (GU) **67**
Grosshändler **186**
Grundrechte (Freiheitsrechte) **232**, **240**, **243**
Grundschulpflicht **243**

H

Halbdirekte Demokratie **241**
Horizontale Gewaltentrennung **234**, **235**
Hypothek **43**
Hypothekardarlehen **43**

I

Immaterielle Güter **265**
Indirekter Absatzweg **186**
Indirekte (repräsentative) Demokratie **241**
Individualbedürfnisse **264**
Informative Werbung **188**
Initiativrecht **241**, **242**
Instanz **121**
Institutionen **231**, **232**
Institutionen (Anspruchsgruppe) **76**
Investitionsgüter (Produktionsgüter) **265**

J
Judikative 239

K
Kantone 235
Kantonsvertretung 236
Kapital 41, 11
Kauf 266
KMU 67
Kollegialbehörde 237
Kollektivbedürfnisse 264
Kompetenzen 121
Komplementärgüter 266
Kongruent 128
Konkordanz 237
Konkurrenz (Anspruchsgruppe) 76
Konsumgüter 265
Konto 35
Kontokorrent 37
Kontrollspanne 124
Kostenorientierung 184
Kotierte Wertschrift 40
Kreditoren 42
Kundenverhalten 151
Kundschaft (Anspruchsgruppe) 75

L
Landsgemeinde 240
Lebenszyklus 160
Legalitätsprinzip 232
Legislative 236
Leistung (Unternehmungskonzept) 106
Leitungsstelle 121
Lieferbetriebe (Anspruchsgruppe) 75
Lieferung auf Kredit 38
Linienorganisation 123

M
Marchzins 11
Marketing-Mix 192
Markt 266
Marktanalyse 149
Marktanteil 153
Markterkundung 149
Marktforschung 149
Marktforschungsinstrumente 149

Marktpotenzial 153
Marktsegmentierung 150
Marktvolumen 153
Marktziele 148
Materielle Güter (Sachgüter) 265
Meinungsfreiheit 233
Menschenrechte 232, 243
Militärdienstpflicht 243
Mission 104
Mitarbeitende (Anspruchsgruppe) 75
Mittel (Unternehmungskonzept) 106
Moral 218

N
Nachfrage 266
Nationalrat 236
Niederlassungsfreiheit 242
Nischenanbieter 155

O
Öffentliches (allgemeines) Interesse 233
Öffentliches Recht 230
Ökologische Umweltsphäre 78
Ökonomische Umweltsphäre 78
Organigramm 120
Organisationsform 123

P
Parlament 236
Partei 237
Passiven 45
Passivkonto 42
Persönlicher Verkauf 190
Persönlichkeitsschutz 233
Pflichtenheft 129
Politisches Recht 242
Preisbestimmung 184
Preisdifferenzierung 185
Preispolitik 184
Produktdifferenzierung 183
Produktziel 183
Produktziele 148
Prozessrecht 231
Public Relations 190

R
Randtitel 221
Recht auf Staatszugehörigkeit 242
Rechtsfolge 222
Rechtsgut 233
Rechtsordnung 218
Rechtsprechung 239
Rechtsstaat 232
Referendumsrecht 241, 242
Regierung 237
Reife (Phase im Produktlebenszyklus) 160
Relaunch 160
Repräsentative Demokratie 241

S
Sachverhalt 221
Saldo 35, 37
Saldovortrag 37
Sättigung (Phase im Produktlebenszyklus) 160
Sättigungsgrad 153
Schuldbetreibungs- und Konkursgesetz (SchKG) 231
Schutz vor Ausweisung und Auslieferung 243
Session 236
Sitte 219
Sortiment 157
Souverän 240
Soziales (Unternehmungskonzept) 106
Soziale Umweltsphäre 78
Sponsoring 191
Staat (Anspruchsgruppe) 76
Staatsaufgabe 235
Staatsgewalt 240, 241
Staatsmacht 234
Staatsrecht (Verfassungsrecht) 230
Stablinienorganisation 123
Stabsstelle 125
Ständerat 236
Stelle 121
Stellenausschreibung 128
Stellenbeschreibung 127
Steuerpflicht 243

Stimm- und Wahlrecht **242**
Strafrecht **231**
Subsidiarität **235**
Substitutionsgüter **266**
Suggestive Werbung **188**

T
Tatbestand **222**
Tatbestandsmerkmal **222**
Technologische Umweltsphäre **78**
Teilmärkte **152**
Tiefengliederung **126**
Totalität **232, 240**

U
Umsetzung der strategischen Ziele **105**
Umweltsphäre **78**
Unternehmungskonzept **106**
Unternehmungsleitbild **108**
Unternehmungsstrategie **105**

V
Verantwortung **121**
Verbindlichkeiten aus Lieferungen und Leistungen **42, 44**
Verbrauchsgüter **265**
Vereinigte Bundesversammlung **237**
Verfahren (Unternehmungskonzept) **106**
Verkaufsförderung **189**
Vertikale Gewaltentrennung **234, 235**
Verwaltungsrecht **231**
Vision **104**
Völkerrecht **230**
Volksherrschaft **240**
Volksrecht **241**
Volksvertretung **236**

W
Wachstum (Phase im Produklebenszyklus) **160**
Wachstumsmarkt **155**
Wahlbedürfnisse **264**
Wahlrecht **241**
Werbebotschaft **188**
Werbemittel **188**
Werbeträger **188**
Werbung **188**
Wettbewerbsorientierung **184**
Wirtschaftliche Güter **265**

Z
Ziele **106**
Zielgruppe **150**
Zielharmonie **77**
Zielneutralität **77**
Ziffer **220**
Zinsbetrag **11**
Zinssatz **11**
Zitat **219**

-
-
-
-